디지털시대 동아시아 한자사전 편찬과 정보 서비스 방안

사전학총서 3

디지털시대 동아시아 한자사전 편찬과 정보 서비스 방안

2015년 2월 20일 초판 인쇄
2015년 2월 25일 초판 발행

엮은곳 _ 단국대학교 동양학연구원 편찬실
펴낸이 _ 장호성
기 획 _ 이재석
제 작 _ 김남필
편 집 _ 성두현 · 박보혜
펴낸곳 _ 단국대학교출판부
등 록 _ 1968.2.27 : No. 제03-00095호
주 소 _ 경기도 용인시 수지구 죽전로 152
전 화 _ 031-8005-2405
팩 스 _ 031-8021-7154

값 25,000원

ISBN 978-89-7092-537-0 94700
ISBN 978-89-7092-489-2 (세트)

이 도서는 2014학년도 단국대학교 교비 지원으로 출판되었습니다.

사전학총서 3

디지털시대 동아시아 한자사전 편찬과 정보 서비스 방안

동양학연구원 편

단국대학교출판부

간 행 사

동양학연구원은 한국문화를 기축으로 한 동아시아의 인문학 연구를 목적으로 1970년 설립되었으며, 2011년 교책 연구원으로 승격하였다. 동양학연구원에서는 설립 목적을 수행하기 위해 그간 여러 가지 일을 추진하여 왔다. 동양학학술회의(東洋學學術會議)의 연차적 개최, 전문학술지 『동양학(東洋學)』의 정기적 간행, 귀중자료를 집성한 『동양학총서(東洋學叢書)』의 간행 등이 그 주요 사업이었다. 그러나 무엇보다 가장 역점을 두어 추진한 사업은 『한한대사전(漢韓大辭典)』과 『한국한자어사전(漢國漢字語辭典)』 편찬이었다.

『한한대사전』 편찬사업은 1977년 동양학연구원에 한한대사전편찬실을 신설하고 그 이듬해부터 본격적으로 시작되어, 30여 년간의 공력을 기울인 끝에 2008년 9월 전 16권이 완간됨으로써 그 결실을 보았다. 같은 한자문화권에 속해 있으면서도 중국이나 일본에 필적할 만한 대형 한자사전을 갖고 있지 못하였던 우리로서 『한한대사전』이 완간됨으로써 문화적으로나 학문적으로 다른 나라와 어깨를 나란히 할 수 있게 된 것이다. 이보다 앞서 1996년에는 『한국한자어사전』 전 4권이 완간되었는데, 우리나라 고유의 한자와 한자어휘를 우리 고문헌에서 채록·발췌하여 주석하고 예문을 수록한 최초의 사전이다.

이 두 사전의 편찬은 한문의 주체적 수용이라는 전통적인 어문생

활의 역사성 계승과 중소(中小) 사전에 국한되었던 국내 한문사전의 한계를 극복하고 한자문화권 내에서의 문화적 위상을 확보하였다고 평가되고 있다.

동양학연구원에서는 그간 사전편찬 작업을 진행해오면서 이에 대한 지식과 정보를 공유하고 학계에 의견을 묻고 수렴하기 위하여 여러 노력을 기울여 왔다. 『동양학간보』의 발간과 '사전학학술회의'의 개최는 바로 그러한 노력의 일환이었다. 특히 사전학학술회의는 한자사전 편찬과 관련한 특정 주제를 설정하여 집중적으로 검토하는 기회로 삼았다. 그동안 개최되었던 사전학학술회의의 공동주제는 다음과 같다.

제1회 "동아시아 사전의 역사와 미래"(2008. 12. 17)
제2회 "동아시아 한자사전의 현황과 과제"(2011. 2. 18)
제3회 "동아시아 고유한자의 국제표준화와 사전편찬"(2012. 2. 10)
제4회 "동아시아 한자사전의 웹정보화 현황과 미래"(2013. 2. 1)
제5회 "한국학 사전 편찬의 회고와 전망"(2014. 2. 7)
제6회 "한자사전 편찬 방법론 연구"(2014. 10. 17)

이러한 과정을 통하여 축적된 사전 편찬에 대한 지식과 연구 성과를 일회성으로 끝내지 않기 위하여, 본 동양학연구원에서는 2013년부터 사전학총서(辭典學叢書)의 간행을 시작하였다. 여기에는 그동안 『동양학간보』와 동양학연구원 주최 사전학학술회의에서 발표되거나 『동양학』지에 실렸던 사전편찬 관련 글들이 주제에 맞게 집성되었다. 이러한 기획에 따라 2013년 1월에 "동아시아 한자사전과 『한한대사전』"이라는 제목으로 1집이, 2014년 2월에 "동아시아 고유한자와 사전편찬"이라는 제목으로 2집이 발간되었다.

이번에 발간하는 사전학총서 3집은 2013년 2월에 개최되었던 제4회 사전학학술회의에서 발표된 웹 한자사전에 관한 글들과, 그 외 학술자료의 정보를 어떻게 서비스할 것인가에 대한 글들을 실었다. 그 주 내용은 한국과 중국, 대만, 일본 등 한자문화권에 속한 여러 나라들이 각국에서 한자사전을 어떻게 온라인으로 서비스하고 있는가 하는 점과, 이를 위해 기존의 종이사전을 어떻게 디지털화할 것인가 하는 점이다. 또한 인문학 문헌자료에 대한 정보를 어떻게 서비스할 것인가에 대한 내용의 글도 실려 있다. 이 글들을 통하여 각국의 한자사전 웹서비스 현황과 학술자료 정보서비스에 대한 방안과 문제점을 점검하여 보는 계기가 되었으면 한다. 또한 동아시아 한자문화권의 국가들이 온라인상에서 자국 차원을 떠나 국제적으로 한자사전 및 학술자료를 좀 더 효과적으로 공유할 수 있는 방안도 모색되었으면 한다.

이를 계기로 숱한 공력을 요하는 사전 편찬과 이의 디지털화 작업에 대한 정보교류가 일부나마 이루어지고 새롭게 출발하는 디지털 사전학 분야의 연구도 활성화되기를 기대한다. 끝으로 사전학총서 제3집에 옥고(玉稿)를 수록하도록 허락해 주신 필자 분들께 감사의 말씀을 드린다.

2015년 2월

단국대학교 동양학연구원장 한시준

머 리 말

단국대학교 동양학연구원은 2009년부터 『韓國漢字語辭典』과 『漢漢大辭典』을 통합하는 편찬 작업을 시작하였다. 2013년까지는 온라인 사전 편집기를 개발하였으며, 15,000여 개의 예문을 증보하는 작업을 진행하여 통합 편찬 작업의 준비를 마쳤고, 2017년까지 4개년 동안 디지털 기반 통합 편찬 작업을 완료할 예정이다.

동양학연구원은 사전 편찬 역량을 강화하기 위하여 2008년부터 매년 지속적으로 사전학학술회의를 개최하였고, 2013년부터는 사전학총서를 간행하게 되었다. 2013년에는 사전학총서 제1집으로 "동아시아 한자사전과 한한대사전"을 간행하였고, 2014년에는 사전학총서 제2집 "동아시아 고유한자와 사전 편찬"을 간행하였다. 금년에는 사전학총서 제3집 "디지털시대 동아시아 한자사전 편찬과 정보 서비스 방안"을 간행하게 되었다.

사전학총서 제3집의 제1부는 '웹 한자사전'을 주제로 사전학학술회의에서 발표되었던 4편의 논문을 수록하였고, 제2부는 '학술자료의 정보 서비스 방안'을 주제로 이에 맞는 3편의 논문을 선별하여 수록하였다.

제1부에 실린 논문들은 주로 종이 사전인 한자사전을 디지털 기반 한자사전으로 탈바꿈 시킬 때 발생하는 문제점과 그 처리 방안을 논의하고 있다. 따라서 '웹 한자사전'이 갖추어야 될 정보 서비스 기능에 대한 논의는 다소 소략할 수밖에 없다. 이에 반하여 제2부에 실린 논문들은 학술 자료의 가치를 잘 드러내며 사용자에 친

숙한 정보 서비스 기능 개발에 초점을 두고 있어 '웹 한자사전'의 정보 서비스 기능을 개발할 때 참고가 된다고 할 수 있다.

제1부에 실린 김지영의 "통합디지털한한대사전의 DB구축과 온라인 사전편집기"는 단국대학교 동양학연구원이 진행 중인 통합디지털한한대사전의 DB구조, 온라인 통합사전편집기의 기능, 웹 폰트에 대해 논의하고 있다. DB구조에 관한 논의에서 웹 한자사전의 운용에 필요한 메타데이터 집합 간의 의미 관계를 논의하고 있으며, 메타데이터 상세 요소 등을 일일이 제시하고 있다. 온라인 통합사전편집기에 관한 논의에서는 사전 편찬을 손쉽게 하는 편집기의 메뉴의 구성 방법과 편찬 작업의 정확성을 보증하는 작업 이력 관리의 내용을 다루고 있다. 웹폰트에 관한 논의에서는 63,445자의 한자 집합인 웹폰트의 개발 과정을 기술하고 있다.

邵永海의 "중국 한자사전의 디지털화의 미래"는 중국에서 이미 간행된 디지털 기반 한자사전을 검토하여 사용자 중심의 지능화된 검색 기능과 한자 처리 기능에 대해 논의하고 있다. 사용자 중심의 지능화된 검색 기능에 관한 논의에서 Ontology library 기반 검색 기능을 제안했으나 구체적인 방법론이 상세하게 제시되지 못한 점은 아쉬운 점이다. 한자 처리 기능에 관한 논의에서는 이체자의 검색 방법과 한자입력법의 개선 방법에 대해 기술하고 있다. 이체자 검색 방법의 측면에서 '字族'으로 이체자를 통합하여 이체자의 일괄 검색을 제안하고 있다. '字族'을 모든 이체자의 대표라고 정의할 수 있는데, 무엇을 이체자의 대표로 정하고 이체자를 판별하는 구체적인 기준이 무엇인지를 제시하지 못한 점은 아쉬운 점이다. 한편, 한자입력법의 개선 방법에 관한 논의에서는 字族과 字素의 연구를 반영해야 할 것을 주장하면서 "자족에 속하는 각 형체 간의 연상관계를 형성시킴으로써 어떤 하나의 형체를 입력함과 동시에 다른 형체를 입력하기 위한 선택항을 만드는" 방법을 제안하고 있다.

沖森卓也의 "일본에서의 WEB 한자사전"은 일본에서의 한자사전 수요의 역사를 개관하고 일본에서의 WEB 한자사전의 현황을 개관하면서, 일본에서의 향후 WEB 한자사전의 역할에 대해 논의하고 있다. 일본에서의 한자사전인 漢和辭典의 현대적 기능은 중국 고전어를 이해하기 위한 것이므로 사회 일반의 언어생활을 위한 것은 일본 국어사전으로 그 기능을 이관하고, 漢和辭典은 '국어사전에 표제어가 없는 말의 수록, 한문훈독을 위한 정보의 제공, 漢字漢語에 관한 다양한 지식 제공, 漢字漢語의 표현사전적 기능의 강화, 한자문화권이라는 인식' 등의 문제에 집중해야 함을 역설하고 있다.

許學仁의 "대만 국어사전의 디지털화 현황과 미래"는 대만 교육부 전자사전의 편찬 현황과 미래를 개관하고 있다. 디지털화 현황의 측면에서 『重修國語辭典修訂本』, 『國語辭典簡編本』, 『國語小字典』, 『成語典』, 『異體字字典』 등의 편찬 현황을 소개하고 있다. 『重修國語辭典修訂本』에서는 부수 검색과 독음순 검색 이외에 '全文 검색'의 기능이 제공되고 있음을 말하였으며, 『國語辭典簡編本』에서는 이미지를 이용한 내용 검색 기능에 대해 언급하였고, 『國語小字典』에서는 자전의 전문에 대한 음성 파일이 제공되고 있음을 말하였으며, 『成語典』에서는 의미류 키워드를 제공하고 영문 검색 인터페이스가 제공되고 있음을 말하였다. 『異體字字典』에서는 검색 서비스 메뉴가 간접적으로 소개되어 있다. 대만 국어사전의 디지털화 미래의 측면에서 제 한자사전 간의 호환성을 강조하고 있음은 주목할 만하다.

제2부 김창겸의 "한국민족문화대백과사전 웹서비스의 현황과 발전방안"은 포털싸이트와의 연계 서비스, 한국민족문화대백과사전 웹서비스의 홈페이지 구성과 서비스 기능, 부가 서비스 기능을 설명하고 있다. 포털싸이트와의 연계 서비스란 한국민족문화대백과사전의 내용이 네이버, 네이트 등의 포털싸이트에 서비스되고 있음을 말한 것으로 사용자 확보의 방법을 제안한 것이라 하겠다. 웹서비스의 홈페이지 구성과 서비스 기능에서 눈 여겨 볼 것은 디렉토리 분류 서비스이다. 백과사전 DB의 경우 디렉토리 분류 서비스가 중요한 기능임을 보여 주고 있다.

이건식의 "장서각 디지털 자료관 정보 서비스의 발전 방안"은 기왕의 학술 정보서비스에 제공하는 정보서비스 기능을 상세하게 분석하여 정보서비스 상세 기능의 효과를 기술하고 있으며, 장서각 디지털 자료관 정보 서비스의 발전 방안을 논의하고 있다. 정보서비스 상세 기능 분석의 측면에서는 적재될 자료의 결정, 데이터베이스 관리자, 검색시스템, 사용자 영역 등의 분야에서 필요한 정보서비스 상세 기능을 열거하고, 이들의 일반성과 특수성에 대한 논의를 하고 있다. 정보 서비스 시스템 발전 방안의 측면에서는 정보서비스 시스템이 제공하는 지식의 확장성에 초점을 두어, 데이터베이스 설계 방안, 지식 정보의 확장성 방안, 정보서비스 이용 환경 개선 방안 등을 논의하고 있다.

양창진의 "조선시대 무과 급제자 정보화 사례 연구"에서는 '집단지성에 의한 사료의 복원'을 주안점으로 하여 사료의 복원 절차를 예시하고 있다. 복원 절차로 자료 소재지 정보의 제공, 자료 자체의 제공, 사료 내용 속의 급제 정보 제공, 게시판을 통한 의사소통 등을 제시하고 있다. 무과 급제자 복원을 통해서 집단지성의 조건을 기초 자료 복원, 열성적이고 자발적인 참여, 구심점의 유지, 합리적 조정자의 존재 등을 들고 있다.

이상으로 사전학총서 제3집에 실린 7편의 논문 내용을 개관해 보았다. 이 책에 실린 글들을 통하여 동아시아 웹 한자사전이 발전하여 한자를 통한 동아시아 문화의 정수가 전 세계에 퍼지기를 소망한다.

끝으로 사전학총서 3집에 귀한 글을 게재하도록 허락해 주신 필자 분들께 감사의 뜻을 전한다. 아울러 교내외의 어려운 여건 속에도 『통합디지털한한대사전』의 편찬과 사전학총서를 간행할 수 있도록 지원을 아끼지 않으신 張忠植 이사장님과 張淏星 총장님 이하 학교 당국에 심심한 감사의 말씀을 올린다. 또한 난해한 내용의 책을 보기 좋도록 일목요연하게 만들어 주신 단국대학교 출판부 관계자 여러분에게도 고마운 마음을 전한다.

2015년 2월 25일

단국대학교 동양학연구원 편찬실장 이건식

디지털시대 동아시아 한자사전 편찬과 정보 서비스 방안

제1부

웹 한자사전

『통합디지털한한대사전』의 DB구축과 온라인 사전편집기

김 지 영*

Ⅰ. 머리말

단국대학교 동양학연구원은 1996년 『한국한자어사전』, 2008년 『한한대사전』을 완간하여 한국을 대표하는 한자사전을 보유하게 되었다. 하지만 중국과 대만·일본에서 『한어대사전』과 『중문대사전』·『대한화사전』을 기반으로 다양한 유형의 학술사전과 자료집을 발간하거나 웹 서비스 또는 전자사전을 구현[1)]하고 있는데 비해 우리나라에서는 각종 포탈사이트에서 소형 한자사전류를 서비스하고 있는 수준에 머무르고 있는 실정이다.

현재 학계에서 인문학 분야의 토대가 되는 공구서의 역할이 중요해지고 있고, IT 산업의 발전을 바탕으로 우리나라가 지식정보 강국으로 부상하면서 각종 콘텐츠에 대한 수요가 증가하고 있다. 이

---

* 단국대학교 동양학연구원 편찬원 / zhiying91@dankook.ac.kr

1) http://ap6.pccu.edu.tw/Dictionary/index.asp (중문대사전)
http://www.zdic.net/ (한어대사전)

에 동양학연구원은 『한국한자어사전』과 『한한대사전』을 통합한 웹 정보시스템을 구축하고, 이를 바탕으로 『한한대사전』의 대중화를 이루어 다양한 학술적 성과를 촉진시킬 수 있는 방안을 적극 모색하게 되었다.

본고에서는 현재 진행 중인 『통합디지털한한대사전』의 편찬 기획, DB[2] 구축, 온라인사전 편집기 제작, 웹 폰트 정비, 『한국한자어사전』과 『한한대사전』의 통합 및 증보의 과정과 쓰임새에 대한 소개와 논의를 통하여 인문학 분야에서 『통합디지털한한대사전』의 활용 가치를 조명하고자 한다.

Ⅱ. 『통합디지털한한대사전』 편찬 기획

『한한대사전』은 고대부터 현대까지 한자문화권에서 사용해 온 한자와 한자어를 수합·정리하고 체계화한 뒤, 이를 주석하고 용례를 첨부한 사전이다.[3] 기존에 간행된 운서·자서·사전 등을 총망라하여 집대성하고, 중국의 고문헌과 우리나라의 문헌에서 자료를 채록하여 한자문화권에서 사용된 모든 한자와 한자 어휘를 가

---

2) 데이터베이스(database)란 관련 있는 데이터를 최소한의 중복으로 통합해 놓은 데이터의 집합체를 말한다. 김경민, 『데이터베이스관리론』, 한경사, 2009, 13쪽 참조.

3) 『한한대사전』은 오랜 기간 축적된 우리의 문화를 이해하고 계승하는 길잡이 역할을 하며, 아울러 국학 및 동양학 연구의 필수적 도구를 제공한다는 데에 그 목적을 두었다.

능한 한 빠짐없이 수록하고자 하였다. 또 일반 어휘뿐만 아니라, 제도어 · 종교어 등 전문어와 함께 지명 · 인명 · 서명 · 동식물명 · 광물명 등의 고유명사도 수록하여 백과사전적 면모를 갖추었다. 그에 따라 『한한대사전』은 전 16권(색인포함), 본권 20,786면, 표제자 54,964자, 어휘 약 420,269개로 이루어져 지금까지 간행된 한자 사전 중 가장 방대한 저작물이 되었고, 편찬에는 총 212만 매의 원고와 31년의 기간이 소요되었다.

『한국한자어사전』은 우리나라 고유의 한자와 한자 어휘를 우리나라의 고문헌에서 채록 · 발췌하여 주석하고, 우리나라의 고문헌에서만 예문을 취하여 제시한 최초의 사전이다. 1978년 착수하여 1990년 전 4권을 완간하였고, 총 4410면, 표제한자 5,222자, 어휘 약 89,439 개로 이루어졌다. 두 사전은 같은 한자사전이지만 편찬 방향과 수록 자료의 범주가 다르고, 오랜 기간의 시차를 두고 편찬된 사전이다. 그러므로 웹 기반에서 하나의 사전으로 이용하기 위해서는 두 사전의 한자 및 한자 어휘의 항목을 통합해야 한다. 따라서 주석 및 용례, 고유명사 등의 통합 재편집, 각종 부호와 형식의 통일, 예문자료의 보완 등 일관된 사전의 체제를 위한 연구 및 편찬 작업이 필요하였다.

동양학연구원은 『통합디지털한한대사전』을 만들기 위해 2009년 편찬실을 중심으로 사업을 구상하고, 2009년 12월부터 2013년 11월까지 총 4년에 걸쳐 추진하는 것으로 계획안이 마련되었다. 동양학연구원 편찬실은 단국대학교 당국의 승인을 거쳐 2009년 12월 (주)한테크미디어와 계약을 맺고 웹 서비스를 위한 데이터 변환 및 통합 DB 구축과 통합편집기 개발을 추진하여 2년여에 걸친 작업 끝에 2012년 2월 20일 통합편집기 개발을 완료하였고, 통합 및 증보 작업을 진행 중에 있다.[4] 한편 이 과정에서 2010년 6월에는 한국학진흥사업 한국학기초사전편찬 분야에 『통합디지털한한대사전』 편찬 과제가 선정되어 2013년 6월까지 3년간 연구비를 지원받게 되어 『통합디지털한한대사전』 사업에 힘이 실렸다.

『통합디지털한한대사전』 사업은 『한국한자어사전』과 『한한대사전』을 DB로 구축하고 이를 통합 및 편집할 수 있는 편집기를 개발하여 두 데이터를 하나의 체제로 통합·증보하고, 웹 기반에서 원활하게 활용하기 위한 웹 폰트(서체)를 확정·개발하며, 웹 시스템을 통해 정보서비스를 제공하는 4단계를 거쳐 완성된다.

첫 번째 단계는 기 출판된 사전의 DB 구축이다. 기 출판된 『한국한자어사전』과 『한한대사전』의 인쇄 조판 파일을 토대로, 조판 워드 프로그램에서 텍스트로 자료를 변환[5]하고 단계별 검수·검증 작업을 진행하여 가공이 가능한 원시 DB로 구축한 뒤, 지속적인 수정과 보완을 거치도록 한다.

두 번째 단계는 웹폰트 정비 및 개발이다. 이는 인쇄용 폰트를 웹 폰트로 전환하여 웹 환경에서 한자가 원활하게 구현되고 검색될 수 있도록 하는 것이다. 이를 위해 『한국한자어사전』과 『한한대사전』에 수록된 모든 한자를 웹 기반에서 구현될 수 있도록 하고, 표준 웹 폰트로 정비·개발하며, 검색에 편리할 수 있도록 한다.

세 번째 단계는 통합사전 편찬이다. 통합사전 편찬은 기 발간된 『한국한자어사전』과 『한한대사전』의 통합 편집 및 예문 증보 작업

4) 윤승준, 「『漢韓大辭典』의 편찬과정과 향후 계획」, 『東洋學』 52, 檀國大學校 東洋學硏究院, 2012, 161쪽 참조.

5) 『한국한자어사전』 전권과 『한한대사전』 1권~4권은 네오메인, 『한한대사전』 5권~15권은 네오유니, 『한한대사전』 제5권의 일부분은 페이지스타로 입력되어 있었다.

이다. 이 단계에서는 두 사전의 내용을 효과적으로 종합하고 편집할 수 있도록 온라인 통합편집기를 제작하여, 사전의 전체 체제를 통일하며, 한국문헌을 중심으로 예문 채록에 초점을 맞출 것이다.

네 번째 단계는 웹 서비스이다. 『통합디지털한한대사전』의 웹 정보시스템을 구현하여 대중에게 정보를 제공한다. 부수 · 총획 · 자음 등의 색인 검자는 물론 풀 텍스트 · 분류별 검색 · 용어별 검색 등 종합적인 검색 시스템을 구현하고, 응용프로그램 인터페이스(API)를 공개해 기본 서비스를 다른 학술사이트에서 연계하여 사용할 수 있도록 한다. 나아가 "위키피디아"형태의 양방향 커뮤니티 사전으로 발전시켜, 새로운 용례를 신속하고도 지속적으로 수용하여 미래지향적 사전으로의 진화를 도모할 것이다.

Ⅲ. 『통합디지털한한대사전』 편찬 과정

1. 『한국한자어사전』과 『한한대사전』의 자료 변환

DB를 구축하기 전, 기 발간된 사전들의 자료를 변환해야 했다. 『한국한자어사전』과 『한한대사전』은 1980년대에 사용된 조판 프로그램(네오메인)과 2000년대 초기의 조판 프로그램인 페이지 스타, 네오유니 등으로 입력되었는데, 입력된 데이터 파일들은 표준

폰트 체계 없이 만들어졌으므로, 현재 사용되는 웹 환경에서 완벽하게 구현될 수 없었다. 이에 데이터파일을 텍스트로 1차 변환한 뒤 구현되지 않는 문자에 대한 사용자 코드값을 출력하고, 코드값에 대한 사전 원문을 확인하여 그에 대한 unicode 문자 정보를 DB에 반입·재변환(2차 변환)하여 사전 원문과 축자 대조하였다. 변환 과정에서 유니코드로 맵핑시킬 수 없는 글자들은 신출자로 분류하고 신출자 목록을 작성하였다. 최종 변환 후 변환 결과를 검증한 뒤 코드가 깨졌거나 변형된 코드를 찾아 최종 맵핑 작업을 하고 DB를 구축하였다. 『한국한자어사전』과 『한한대사전』 자료 변환의 세부단계와 상세 내역은 다음과 같다.

〈표 1〉『통합디지털한한대사전』 자료 변환 상세 내역

구분	세부단계	설 명
자료 변환	자료 변환 방법 설계	ㅇ조판용 Text 자료 분석 ㅇ조판용 부호/한자 코드를 유니코드로 변환하기 위한 코드 테이블 구성
	프로그램을 통한 일괄 변환	ㅇ상기 분석 자료를 기반으로 일괄 변환 프로그램 제작 ㅇ변환 프로그램을 통한 일괄 작업 ㅇ미 변환 코드 추출/검증
	비표준문자 통합 목록 작성	ㅇ변환 과정에서 미 변환된 (유니코드 비매칭) 자료 중 비표준문자 (한자/부호)에 대한 통합 목록작성
	변환 결과 검증 작업	ㅇ미 변환 코드(깨짐 또는 변형) 자료 추출 및 검증 ㅇ이미지 파일 매칭

2. 『통합디지털한한대사전』의 데이터 모델링

『통합디지털한한대사전』의 데이터를 효과적으로 이용할 수 있도록 정리・보관하기 위해 RDBMS[6]를 채용하였고, 개념 모델은 가장 넓게 통용되는 개체관계 다이어그램(ERD : Entity Relationship diagram)으로 표현하였다. 사전의 특성상 새로운 데이터가 저장되기도 하고 기존의 데이터가 갱신되거나 삭제되기도 하는데, 이러한 데이터 저장 및 관리 기능은 DBMS의 주요 기능이다. 동양학연구원 편찬실에서는 DB를 계획하기 위해 기존의 『한한대사전』과 『한국한자어사전』의 구성요소를 빠짐없이 검토하였으며, 데이터베이스 요구사항 도출을 위해 시스템개발자와 수십 번의 회의를 거쳐 사전을 분석하고 의견을 조율하였다. 편찬자와 DB기술자의 의견을 수합하여 사전을 구성하는 문자정보, 주석, 어휘목록, 어휘주석 등 분류 가능한 항목을 모두 세분화하고, 이를 구분할 수 있는 지시부호를 지정하고 아이디 값을 부여하여 누락되는 데이터가 발생하지 않도록 하였다. DB계획 단계와 DB요구사항 도출 단계, 분류체계 작성 단계의 상세내역을 살펴보면 〈표 2〉와 같다.

---

6) 데이터베이스 관리 시스템(DBMS)의 모델 중 하나로, 사용자가 데이터베이스의 생성, 유지 및 사용을 제어하는 프로그램의 집합, 즉 사용자와 데이터베이스를 연결시켜주는 소프트웨어 시스템을 말한다. 이해하기 쉽고, 데이터 조작 면에서 명확하여 현재 기업에서 가장 보편적으로 사용하는 DBMS이다. 오세종, 『데이터베이스 설계 및 구축』, 생능출판사, 2012, 17쪽 참조.

〈표 2〉『통합디지털한한대사전』 DB계획 · 요구사항도출 · 분류체계작성 단계 상세 내역

구분	세부단계	설 명
DB 계획	정보와 관련된 문제	○사전 정보의 내용, 적시성, 정확성, 형식 분석
	통제와 보안과 관련된 문제	○데이터 입출력 오류, 정보 유출 및 백업 대책
	성능	○시스템 기능 문제 발생 예측 및 대안 마련
요구 사항 도출	사전 분석	○DB 구축을 위하여 주요 시스템 최종사용자, 사용자 부서관리자, 시스템 개발관련자가 한자리에 모여 사전 분석 및 시스템 요구사항을 수집 · 조율
분류 체계 작성	분류 코드 목록 작성	○사전을 구성하는 문자별 문자정보, 문자주석, 어휘주석 등 분류 가능한 항목으로 세분화
	지시 부호 아이디 작성 및 부여	○사전 통합 과정에서 중복되거나 어긋난 주석문의 순서나 부호 등을 고유한 아이디값을 부여하여 누락되는 데이터가 발생하지 않도록 하고 편집이 용이하도록 설계

3. 『통합디지털한한대사전』 DB 설계

『통합디지털한한대사전』 DB를 구축하기 위하여 기 발간된 『한한대사전』과 『한국한자어사전』의 DB를 먼저 구축하였다. 이를 바탕으로 『통합디지털한한대사전』 DB가 구축 되었는데, 이 세 개의 DB 구조는 모두 같은 구조로 이루어져 있다. 자료 변환, DB계획,

요구사항 도출, 분류체계 작성의 과정을 거쳐 E-R모델을 생성하여, DB를 구축하고 최적화하는 정규화[7] 과정을 거쳐 〈표 3〉과 같은 테이블[8]이 생성되었다.

〈표 3〉『통합디지털한한대사전』 DB의 주요 테이블

부수마스터	한자인덱스	한자마스터	한자뜻갈래
표제자음정보	어휘정보	어휘정보세부	클립

『통합디지털한한대사전』 DB 설계 상세내역은 〈표 4〉와 같다.

〈표 4〉『통합디지털한한대사전』 DB설계 상세 내역

구분	세부단계	설　　명
DB 설계	ERD[9] 설계	○문자정보, 문자주석, 어휘주석 영역 등 각 분류항목별 필드 정의 및 테이블 설계 ○생성된 테이블 간 연관관계 정의
	자료 필드화 변환	○1차 변환된 텍스트 자료를 설계된 ERD의 세분화된 필드별로 분류하여 변환하는 프로그램 제작 ○1차 변환된 텍스트 파일을 해당 필드로 일괄 분류

7) 정규화란 잘못 설계된 테이블에서 발생할 수 있는 데이터 중복(redundancy)이나 데이터 삽입, 삭제, 갱신 시에 발생할 수 있는 이상(anomaly) 현상들을 제거하기 위한 데이터베이스 설계상의 한 단계를 말한다. 김경민, 『데이터베이스관리론』, 한경사, 2009, 62쪽 참조.

8) 관계형 데이터 모델은 테이블이라는 데이터 구조를 사용하여 데이터를 저장, 관리한다. 테이블은 행과 열로 구성되는 2차원 구조를 갖고, 릴레이션이라고도 한다. 김경민, 『데이터베이스관리론』, 한경사, 2009, 34쪽 참조.

9) 사용자의 데이터 요구사항을 모델링하기 위해 가장 보편적으로 사용되는 개체관계(E-R)모델을 표현하는 도구이다. ERD는 현실 세계에 존재하는 데이터, 데이터의 속성, 데이터 간의 관계 등을 그림 형태로 표현하며, 세 개

세 개 DB의 공통 테이블로, "로그인기록", "부수정보", "유저정보" 3개의 테이블이 있고, 각각의 DB는 모두 "부수마스터", "한자인덱스", "한자마스터", "한자뜻갈래", "표제자음정보", "어휘정보", "어휘정보세부", "클립" 8개의 테이블로 구성되었으며 간단히 소개하면 다음과 같다.

(1) 부수마스터

한자의 부수 ID와 부수, 부수획수, 부수음 등의 칼럼으로 나누어 다른 테이블과 연결하여 부수 관련 자료를 뽑을 수 있다.

〈표 5〉 부수마스터 테이블

ID	ColumnName	Comments
1	RADICAL_ID	부수ID, 부수에 고유값을 부여하였다.
2	STROKES	부수 획수
3	RADICAL_HANJA	부수 한자
4	RADICAL_SOUND	부수 음
5	IS_USE	사용유무

(2) 한자인덱스

한자인덱스테이블은 한자를 설명하는 데 필요한 기본적인 요소인 부수, 부수획수, 표제자, 표제자부수, 음정보 그리고 편집담당자 등 16개의 칼럼을 두었다. 편집담당자 칼럼을 두어, 편집 담당자를 밝히고 편집 내용을 기록할 수 있게 하여 다음차수 편집에 참고할

의 기본요소인 개체(entity), 속성(attribute), 관계(relationship)로 구성된다. 김경민, 『데이터베이스관리론』, 한경사, 2009, 26쪽 참조.

수 있도록 하였다.

〈표 6〉 한자인덱스 테이블

ID	ColumnName	Comments
1	SEQ	관리번호
2	RADICAL_HANJA	부수
3	RADICAL_STROKES	부수획수
4	DIC_GUBUN	사전구분 (TO=통합, HH=한한대사전, HK=한국어사전)
5	HANJA	표제자
6	HANJA_STROKES	표제자부수(부수획수제외)
7	KOREAN_SOUND_1	음정보
8	KOREAN_SOUND_2	한자_ID
9	KWON	권
10	PAGES	페이지
11	UNICODE	유니코드
12	IS_USE	사용유무
13	IN_CHARGE	편집담당자(표제어의 편집담당연구원 이름)
14	PROC_STEP	진행상태
15	HISTORY	편집이력
16	GUBUN	자료상태=기존, 수정, 신규

(3) 한자마스터

한자마스터 테이블은 한자와 관련된 모든 정보와 관련된 부수, 부수획수, 한자, 한자획수, 고문자이미지, 설문, 이체자, 유니코드, 구분 등 23개의 칼럼을 두었고, 기본키(primary key)[10]를 이용하

10) 릴레이션(테이블)이 투플(행)을 식별하기 위한 도구로 데이터베이스 설계자가 지정한 하나의 후보키를 기본키(primary key)라 한다. 기본키로 지

여 각각의 테이블을 연결하여 필요한 칼럼을 자유롭게 뽑아 새로운 자료를 만들 수 있다. 한자마스터 테이블을 구성할 때, 편찬원들은 『한한대사전』의 표제자 구성요소를 분석하여 『통합디지털한한대사전』 편찬 완료 후에도 이 자료를 어떻게 확장할 수 있는가를 고려하였다. 만국 공통의 국제 문자부호 체계인 유니코드를 한 칼럼으로 두어 데이터의 교환을 원활하게 할 수 있도록 하고, 『한한대사전』의 표제자 뜻갈래 부분에 포함된 "-와 같다", "-와 통용", "-의 속자", "-의 와자", "-의 고자" 등의 표현을 바탕으로 확인과 검증 작업을 통해 이체자 칼럼작업을 함으로써 또 하나의 자전을 만들 수 있도록 확장의 여지를 남겼다. 『한한대사전』에서 제공되는 "고문자이미지"도 칼럼을 따로 두어, 현재 글자의 형태로 형성된 과정과 본의(本義)를 파악할 수 있는 자료로 쓸 수 있다. 좀 더 나아가 고문자를 시대별 파일로 나누어 甲文, 金文, 小篆 등 문자연구 자료로도 쓸 수 있는 방향을 모색하고 있다. 또한 표제자 작업의 진행 현황을 알 수 있도록 PROC_STEP이라는 칼럼을 두어 그 표제자의 작업 진행 현황이 완료인지 진행 중인지를 알 수 있으며, GUBUN이라는 칼럼으로 그 표제자가 기존 『한한대사전』에서 온 것인지, 『한국한자어사전』에서 온 것인지, 신규채록한 것인지도 알 수 있다. 이러한 칼럼들은 편찬자의 작업을 편리하게 해줄 뿐만 아니라 작업의 명확성을 높여주고, 『통합디지털한한대사전』이 완성된 이후에도 확장할 수 있는 수많은 가능성을 열어 둔 것이다.

정되지 않은 나머지 후보 키들은 대체키(alternate key)라 한다. 이석호, 『데이타베이스 시스템』, 正益社, 2010, 88쪽 참조.

〈표 7〉 한자마스터

ID	ColumnName	Comments
1	HANJA_ID	한자ID
2	DIC_GUBUN	사전구분 : 통합(TO), 한한(HH), 한국(HK)
3	HANJA	한자
4	ALL_STROKES	총획수
5	DESCRIPTION	설문
6	VOLUMN_NUMBER	권수
7	PROC_STEP	진행상태 : 완료(C), 진행(H)
8	START_PAGE	시작페이지
9	REGISTER	등록자
10	REGIST_DATE	등록일
11	END_PAGE	종료페이지
12	MODIFIER	수정자
13	MODIFIED_DATE	수정일
14	OLD_CHAR_IMAGE	고문자이미지
15	RADICAL_ID	부수ID
16	STROKES	부수획수를 제외한 나머지 획수
17	IS_USE	사용유무
18	ICHEJA	이체자
19	RADICAL_HANJA	부수한자
20	RADICAL_STROKES	부수획수
21	UNICODE	유니코드
22	INDEX_SEQ	마스터인덱스(MASTER_INDEX)의 SEQ
23	GUBUN	자료상태=기존, 수정, 신규

(4) 한자 뜻갈래

한자 뜻갈래 테이블은 〈표 8〉과 같다. 표제자의 음에 따라 달라지는 뜻갈래의 칼럼을 따로 두어, 뜻갈래 수정이 반영되고, 뜻갈래의 주석 수정, 추가, 삭제, 정렬순서 수정을 반영할 수 있도록 하였다. 또한 삽도이미지 칼럼을 따로 두어 삽도를 수정, 추가, 삭제 할 수 있으며, 이용자들의 이해를 돕기 위해 삽도를 사진파일로 대체할 수도 있다.

〈표 8〉 한자 뜻갈래

ID	ColumnName	Comments
1	HANJA_ID	한자ID
2	HANJA_SOUND_ID	한자음ID
3	MEAN_ID	뜻갈래 레벨1
4	MEAN_ID2	뜻갈래 레벨2
5	MEAN_ID3	뜻갈래 레벨3
6	DIC_GUBUN	사전구분
7	ORDER_IDX	정렬순서
8	DESCRIPTION	주석
9	CLIP_ID	예문ID
10	IMAGE_FILE	삽도이미지
11	ETC	기타
12	REGISTER	등록자
13	REGIST_DATE	등록일
14	MODIFIER	수정자
15	MODIFIED_DATE	수정일
16	IS_USE	사용유무
17	REF_WORD	참고어
18	PROC_STEP	진행상태
19	GUBUN	자료상태=기존, 수정, 신규

(5) 표제자음정보

〈표 9〉와 같이 구성된 표제자음정보 테이블은 표제자의 음, 운자, 운서, 병음, 성조, 반절, 직음 등의 음과 관련된 정보 19개의 칼럼으로 구성되어 있으며, 성운학과 음성학에 필요한 자료를 뽑거나 웹서비스 할 수 있는 기초가 될 것이다.

〈표 9〉 표제자음정보

ID	ColumnName	Comments
1	DIC_GUBUN	사전구분
2	ORDER_IDX	정렬순서
3	KOREAN_SOUND	한글음
4	RHYME_CHAR	운자
5	REGISTER	등록자
6	REGIST_DATE	등록일
7	SOURCE	운서
8	MODIFIER	수정자
9	MODIFIED_DATE	수정일
10	HANJA_ID	한자ID
11	ROME_SOUND	병음
12	HANJA_SOUND_ID	한자음ID
13	SHARE_MEAN_SOUND_ID	뜻공유_한자ID
14	IS_USE	사용유무
15	FOUR_TONES	성조
16	HALF_SOUND	반절
17	DIRECT_SOUND	직음
18	GUBUN	자료상태=기존, 수정, 신규
19	OTHER_SOUND	음순서

(6) 어휘정보

어휘와 관련된 정보로 구성된 테이블로 어휘 ID, 이음동의, 결합어휘, 어휘 음정보 등 16개의 칼럼으로 구성되어 있으며, 어휘의 수정, 추가, 삭제와 관련된 테이블이다.

〈표 10〉 어휘정보

ID	ColumnName	Comments
1	VOCA_ID	어휘ID
2	VOCA_SID	어휘구분(표제어휘 : 0, 파생어휘 : 1 ~)
3	DIC_GUBUN	사전구분
4	PROC_STEP	진행상태
5	IS_USE	사용유무
6	REGISTER	등록자
7	REGIST_DATE	등록일
8	MODIFIER	수정자
9	MODIFIED_DATE	수정일
10	HANJA_ID	한자ID
11	ALL_WORD	이음동의
12	UNI_WORD	결합어휘
13	VOCA_HANJA	한자음
14	GUBUN	자료상태=기존, 수정, 신규
15	HISTORY	작업이력서 내역
16	IN_CHARGE	담당자

(7) 어휘정보세부

어휘의 뜻갈래 주석, 동의어, 참고어, 삽도 등 24개의 칼럼으로 구성되었으며, 어휘 뜻갈래의 수정, 추가, 삭제와 관련된 테이블이다. 특히 동의어, 참고어 칼럼을 따로 두어 향후 웹서비스를 하게 될 경우, 동의어와 참고어를 직접 링크시킬 수 있으며, 어휘의 내용을 좀 더 풍부하게 표현할 수 있는 수단이 될 것이다.

〈표 11〉 어휘정보세부

ID	ColumnName	Comments
1	VOCA_ID	어휘ID
2	VOCA_SID	어휘구분(표제어휘 : 0, 파생어휘 : 1 ~)
3	DIC_GUBUN	사전구분
4	SOUND_ID	음ID
5	SN_ID	뜻갈래 레벨1
6	SN_ID2	뜻갈래 레벨2
7	SN_ID3	뜻락래 레벨3
8	ORDER_IDX	정렬순서
9	VOCA_HANJA	어휘한자
10	VOCA_SOUND	어휘한글음
11	CLIP_ID	예문ID
12	SYN_WORD	동의어
13	REF_WORD	참고어
14	REGISTER	등록자
15	ETC	기타
16	IMAGE_FILE	삽도
17	HANJA_ID	한자ID
18	REGIST_DATE	등록일
19	DESCRIPTION	주석
20	MODIFIER	수정자
21	MODIFIED_DATE	수정일
22	IS_USE	사용유무
23	SHARE_MEAN_SOUND_ID	뜻공유 음ID
24	GUBUN	자료상태=기존, 수정, 신규

(8) 클립

예문의 조대, 저자, 출전, 예문내용 등 13개의 칼럼으로 이루어져 있으며, 예문의 수정, 추가, 삭제 등 편찬자의 편집을 정확하고 빠르게 할 수 있으며, 출전이나 조대의 표기 등 편집 체제 통일을 용이하게 할 수 있다.

〈표 12〉 클립

ID	ColumnName	Comments
1	CLIP_ID	클립ID
2	SEQ	등록순서
3	ORDER_IDX	정렬순서
4	TIMES	조대
5	AUTHOR	저자
6	SOURCE	출전
7	SENTENCE	예문
8	IS_USE	사용유무
9	REGISTER	등록자
10	REGIST_DATE	등록일
11	MODIFIER	수정자
12	MODIFIED_DATE	수정일
13	GUBUN	기존'예문인지, '신규'로 등록된 예문인지 구분

4. 『통합디지털한한대사전』 DB의 ERD

ERD(Entity Relationship Diagram)란 사용자의 데이터 요구사항을 모델링하기 위해 가장 보편적으로 사용되는 도구인 E-R모델(Entity Relationship Model)을 표현하는 데 가장 많이 사용되는 도구이다. ERD는 현실 세계에 존재하는 데이터, 데이터의 속성, 데이터 간의 관계 등을 그림 형태로 표현한 것으로, 개체(entity), 속성(attribute), 관계(relationship)로 구성된다. 『통합디지털한한대사전』의 E-R모델은 〈그림 1〉과 같다.

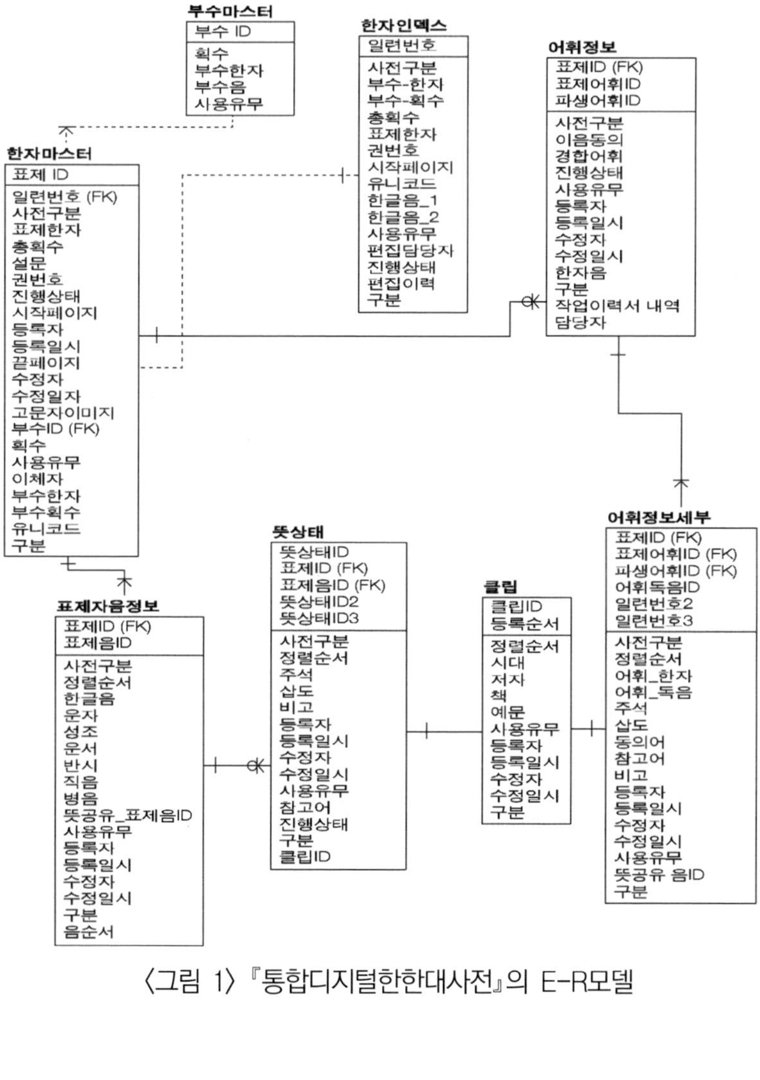

〈그림 1〉『통합디지털한한대사전』의 E-R모델

〈그림 설명〉

실선으로 표시되는 부분 : 부모테이블의 키가 자식테이블의 키들 중에 존재하는 경우. 한자마스터 테이블의 표제 ID가 어휘정보 테이블 키의 하나로 존재한다.

- 점선으로 표시되는 부분 : 부모테이블의 칼럼이 자식테이블의 키를 사용하는 경우 한자마스터 테이블의 부수ID가 부수마스터 테이블의 키로 존재한다.
- 1대1로 설정 : 한 테이블의 데이터가 타 테이블의 데이터로도 하나만 존재하는 경우 뜻갈래 테이블의 클립 ID와 클립 테이블의 클립 ID
- 1대다로 설정 : 한 테이블의 데이터가 타테이블의 데이터로 여러개로 존재하는 경우. 부수마스터 테이블의 부수 ID와 한자마스터 테이블의 부수 ID
- 기호 'O, ㅣ, 〈'의 의미

O : 없을 수 있다. ㅣ : 반드시 하나는 존재한다. 〈 : 여러 개 존재한다.

5. 온라인 통합사전편집기

(1) 온라인 통합사전편집기 제작

동양학연구원은 『통합디지털한한대사전』 DB를 구축하고 관리하기 위하여 2011년 6월 온라인 통합사전 편집기 개발에 착수하여 2012년 2월 개발을 완료하였다. 온라인 통합사전편집기는 웹을 기반으로 한 편집기로, 기 발간된 『한한대사전』과 『한국한자어사전』의 내용 통합, 수정 및 증보 등의 편집 작업을 정확하고 신속하게 처리할 수 있다. 작업 수행 중 수작업 오류 가능성을 최소화하고, 정보 접근성 및 편찬 작업의 편리를 위해 편찬원과 편집기 제작업체는 수 십 차례의 회의를 거쳐 편찬원의 의견을 적극 반영하였다. 따라서 온라인 통합사전편집기는 편집 기능면에서 『통합디지털한한대사전』의 맞춤 편집기라고 할 수 있다.

온라인 통합사전편집기 시스템은 표제어 찾기(부수, 권수), 기존 『한국한자어사전』과 『한한대사전』의 표제자 정보보기, 통합작업

미리보기, 표제어 정보, 표제어휘 정보 편찬, 표제어 관리(추가/이동/삭제), 사용자 관리(신규/수정/삭제) 등을 기본 구성 기능으로 갖추었다. 편집기 메인 화면은 메뉴영역, 표제자 영역과 어휘 영역으로 나누고, 표제자 영역은 표제자정보, 뜻갈래, 뜻갈래작업, 작업내용확인, 어휘영역은 어휘목록, 어휘정보, 뜻갈래작업, 작업내용확인 창으로 나누어 분야별 작업을 할 수 있도록 하였다. 이를 바탕으로 편찬자들이 최대한 정확하고 신속하게 통합 및 수정, 증보 작업을 할 수 있는 기능을 추가하였고, 작업 완료 후 작업내용을 즉시 점검하여 오류발생을 최소화 하고, 수정할 수 있는 작업내용확인창을 두었다. 온라인 통합사전편집기의 구조를 보면 다음과 같다.

〈표 13〉 온라인 통합사전 편집기 구조

<table>
<tr><td>메뉴 영역</td><td colspan="2">사용자매뉴얼/작업이력서/부수찾기/권별찾기/특수기호 · 문자/한한대사전/한국한자어사전/작업내용확인</td></tr>
<tr><td rowspan="3">표제자 영역</td><td colspan="2">표제자정보 : 표제자/고문자/자원/음</td></tr>
<tr><td rowspan="2">뜻갈래</td><td>작업내용확인</td></tr>
<tr><td>뜻갈래작업</td></tr>
<tr><td rowspan="3">어휘 영역</td><td rowspan="3">어휘목록</td><td>어휘정보 : 표제어휘/음정보/뜻갈래</td></tr>
<tr><td>작업내용확인</td></tr>
<tr><td>뜻갈래작업</td></tr>
</table>

(2) 온라인 통합사전 편집기 기능

온라인 통합사전편집기는 편찬자의 편리함과 편찬 내용의 정확성에 초점을 두어 제작되었다. 편집기는 『통합디지털한한대사전』 DB와 직접 연결되어 있기 때문에 편집기의 보안과 관리도 매우 중요한 부분이다. 편집기는 허가된 사용자만이 편찬 작업을 할 수 있도록 아이디와 패스워드를 부여하고, 지정된 IP주소와 ID, 패스워드를 통해야만 편집기에 접속이 가능하다.

1) 통합사전편집기 메인페이지-상단 메뉴 영역

편집기 주 화면으로 상단에 표제어 및 사용자를 관리하기 위한 기능버튼들이 있고, 그 아래에는 현재 선택된 표제자에 대한 전체 정보를 편찬할 수 있도록 보여준다.

기능버튼 영역으로는 왼쪽부터 이전, 다음, 사용자매뉴얼, 작업이력서, 부수찾기, 권별찾기, 특수기호/문자, 한한대사전, 한국한자어사전, 작업내용확인, 편찬원별작업이력, HELPDESK, 관리자페이지, 로그아웃 버튼으로 구성되어 있다.

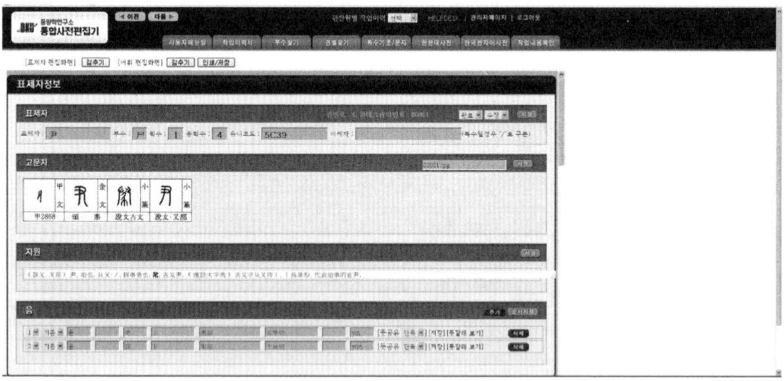

〈그림 2〉 통합사전편집기 메인페이지

① 작업이력서 : 작업이력서는 편집자가 통합, 수정 및 증보작업 수행 중, 작업 이력을 기록하여 둠으로써 다음 차수 편집자의 이

해를 돕기 위한 기능이 있다. 주담당자 란에 편집자의 이름이 저장되기 때문에 차수별 편집자를 확인하고, 해당 표제자 혹은 어휘의 수정 이력을 살펴 볼 수 있다. 작업이력서 버튼을 클릭하면 작업이력을 보여주는 팝업화면이 열린다. 팝업화면에는 해당 표제어의 주담당자가 누구인지, 해당 표제어를 작업함에 있어서 유의할 사항이 무엇인지를 보여준다. "저장"버튼을 클릭하면 주담당자와 작성한 작업이력서의 정보가 저장되고, "창닫기" 버튼을 클릭하면 변경된 내용이 저장되지 않고 작업이력서 팝업창이 닫힌다. "통합작업" 버튼을 클릭하면, 작업이력서 팝업창이 닫히면서 뒤의 메인 편집창에 해당 표제자 정보가 표시된다.

〈그림 3〉 작업이력서

② 부수찾기 : 부수찾기 버튼은 부수로 표제자를 찾는 기능으로, 버튼을 클릭하면 팝업창이 열린다. 원하는 부수를 클릭하고, 찾고자 하는 한자의 나머지 획수를 정한 뒤, 선택버튼을 클릭하면, 선택된 부수+획수에 해당하는 한자들이 오른쪽에 표시된다. 편집자가 작업할 한자를 클릭하면 부수찾기 팝업창이 닫히고, 작업이력서 팝업창이 열린다.

〈그림 4〉 부수찾기

③ 권별찾기 : 권별찾기 버튼은 표제어를 『한한대사전』 기준 권별 등록된 순서로 표제자를 찾을 수 있는 버튼이다. 권별찾기 버튼을 클릭하면, 팝업화면이 열린다. 『한한대사전』의 권번호를 선택하고, 권별로 약 200여 개씩 순서대로 묶어 놓은 번호를 클릭하면, 선택된 인덱스에 해당하는 한자가 화면에 표시된다. 작업이력서 화면을 통해서 편집 주담당자가 지정되어 있을 경우, 표제어 바로 밑에 해당 담당자 이름이 자동으로 표시된다. 권별로 권내 편찬이 완료된 표제자 수, 총 표제자수, 담당자, 진행률 정보를 자동으로 나타낸다.

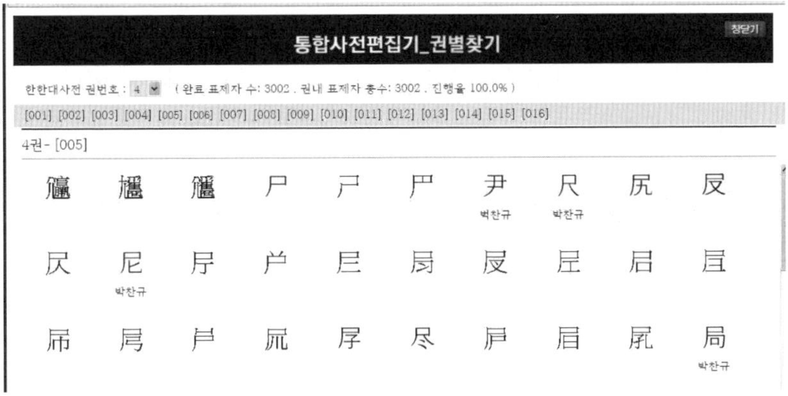

〈그림 5〉 권별찾기

④ 특수기호/문자 : 특수기호/문자 버튼은 키보드를 통해서 입력할 수 없는 특수기호나 문자를 입력하기 위한 버튼으로, 클릭하면 팝업창이 열린다. 사용할 특수문자나 기호를 마우스로 클릭하면 클릭된 문자가 화면 오른쪽 입력란에 표현되고, 필요에 따라 복사하여 사용할 수 있다.

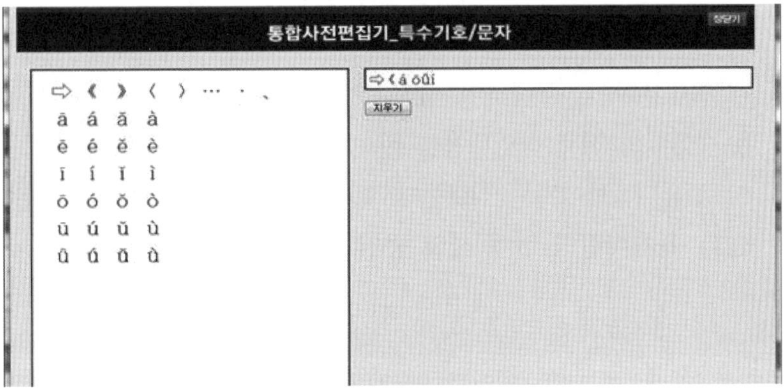

〈그림 6〉 특수기호/문자

⑤ 『한한대사전』과 『한국한자어사전』 : 『한한대사전』과 『한국한자어사전』 버튼은 표제자 관리화면에 나타난 표제자의 『한한대사전』과 『한국한자어사전』의 수록 내용을 볼 수 있다.

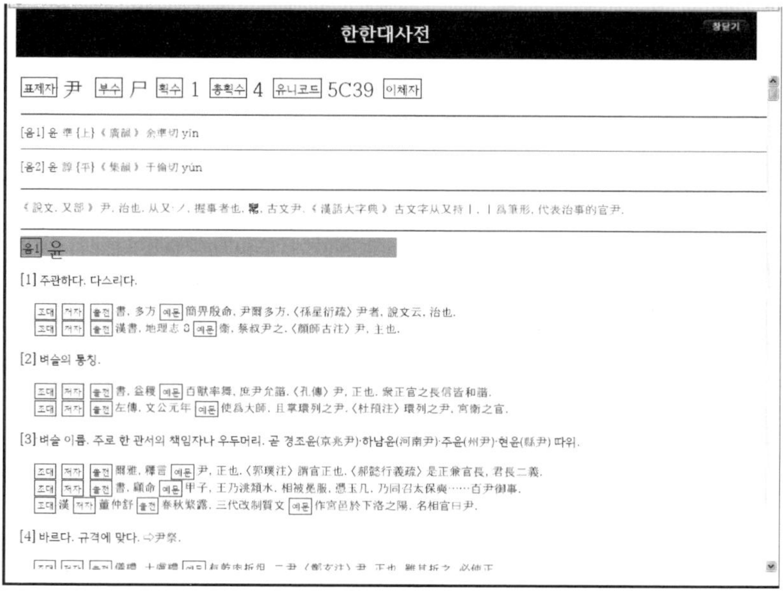

〈그림 7〉 한한대사전

⑥ 작업내용확인 : 클릭하면 편집자가 작업하고 있는 표제자 또는 표제어휘의 전체 작업내용을 한 눈에 볼 수 있는 화면이 팝업창으로 뜬다. 보여지는 정보는 표제자, 부수, 획수 등 해당 표제자 또는 표제어휘의 현재 작업 중인 전체 내용이 보인다.

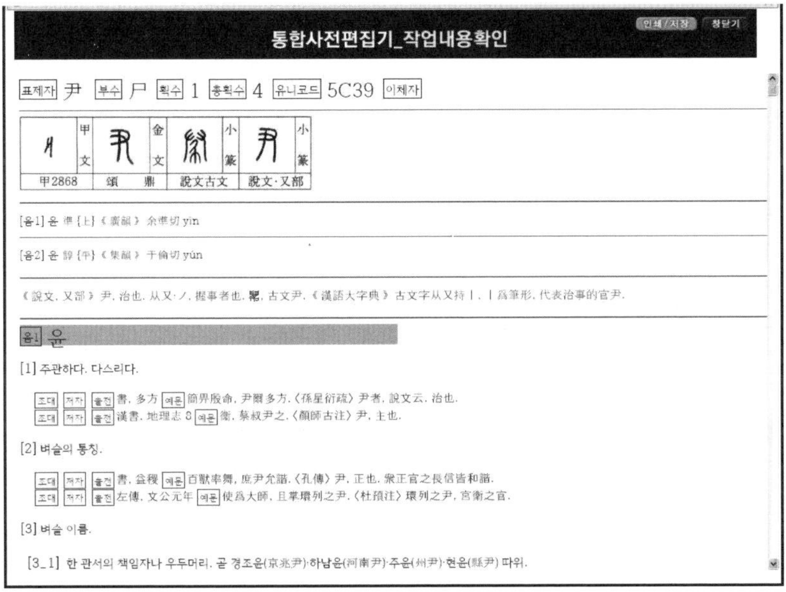

〈그림 8〉 작업내용확인

⑦ 관리자페이지 : 관리자 페이지는 권한을 부여받은 관리자만이 접근할 수 있는 페이지로, 표제자의 등록, 수정, 삭제 및 사용자의 등록, 수정 탈퇴를 관리할 수 있다. 관리자페이지를 클릭하면, 관리자 화면으로 이동하며, 표제자와 사용자를 용이하게 관리할 수 있다.

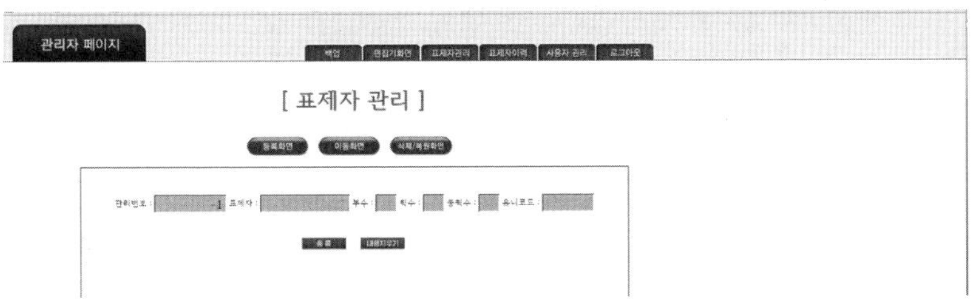

〈그림 9〉 관리자페이지

2) 표제자 정보 영역

① 표제자 정보 영역 : 편집기 주 화면으로 상단에 표제어 및 사용자를 관리하기 위한 기능 버튼들이 있고, 그 아래에는 현재 선택된 표제자에 대한 전체 정보를 편찬할 수 있도록 보여준다. 표제자 정보 편집영역은 크게 표제자, 고문자, 자원, 음정보 영역으로 나누어진다.

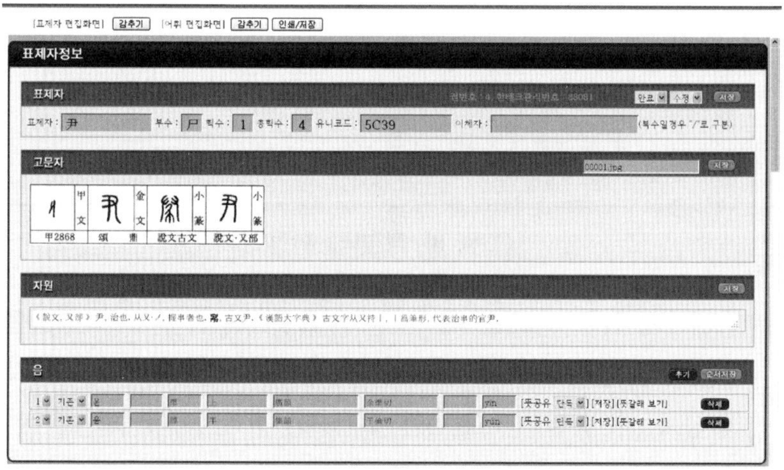

〈그림 10〉 표제자 정보

② 표제자 영역 : 표제자 영역은 해당 표제자, 부수, 획수, 총획수, 유니코드, 이체자를 화면에 제시해준다. 왼쪽 상단 한테크관리번호는 해당 표제자가 데이터베이스에서 지정되어 있는 고유값으로, 편찬원과 개발사간 정보교류가 필요할 경우 이 관리번호로 소통한다. 작업진행 상황을 "보류/완료"로 구분하여 표제자 작업 상황을 쉽게 파악할 수 있다. 또한 "기존/수정/신규"로 구

분하여 『한한대사전』을 기준으로 해당 표제자의 정보에서 수정된 것인지, 신규로 추가된 것인지 쉽게 파악할 수 있다.

〈그림 11〉 표제자

③ 고문자 영역 : 표제자의 고문자 이미지를 보여줄 수 있으며, 모든 고문자이미지를 파일화하여 수정 및 삭제 할 수 있고, 신규 입력도 가능하다.

〈그림 12〉 고문자

④ 자원영역 : 표제자의 자원 정보를 보여주며, 수정, 삭제가 가능하다.

〈그림 13〉 자원

⑤ 음영역 : 표제자의 음 정보를 보여주며, "추가"버튼을 클릭하면 신규로 음정보를 추가할 수 있는 입력란이 현재의 음정보 리스트 제일 아래에 생긴다. 음정보의 순서를 변경할 경우, 선택키에서 순번을 선택한 뒤 "순서저장"버튼을 클릭하여 저장한다.

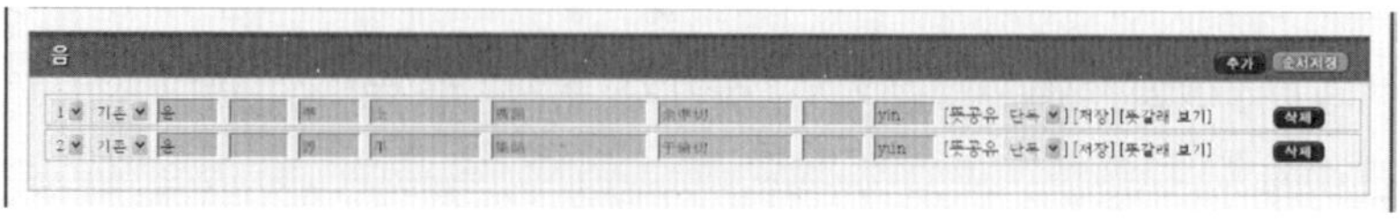

〈그림 14〉 음

3) 표제자 뜻갈래 편집 영역

표제자의 뜻갈래를 편집할 수 있는 영역으로, 왼쪽 "뜻갈래" 영역은 개략적인 뜻갈래를 보여주어 뜻갈래를 추가하거나 순서를 편집할 수 있다. "작업내용확인" 부분은 편집자가 편집 작업을 하면서 중간중간 뜻갈래 영역의 작업내용을 확인할 수 있으며, "뜻갈래 작업" 부분은 뜻갈래의 주석, 참고어, 삽도, 및 예문을 수정, 추가, 삭제할 수 있고, 주석과 예문은 "기존/수정/신규"의 선택키로 작업내용의 출신성분을 표시하여, 차후 작업에 혼선을 줄이도록 하였다.

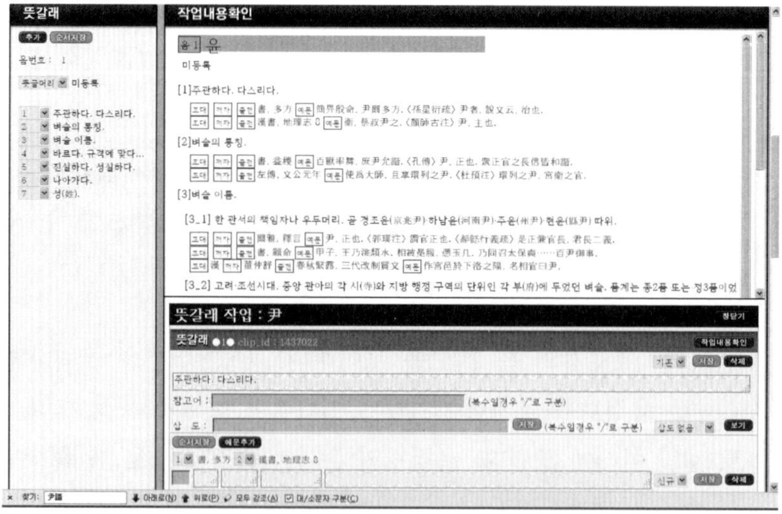

〈그림 15〉 뜻갈래 편집 영역

① 뜻갈래 : 표제자의 뜻갈래 정보를 보여주는 영역으로, "추가"버튼을 클릭하면 신규로 뜻갈래 정보를 추가할 수 있는 편집화면이 우측 하단 영역에 열린다. "순서저장"은 뜻갈래 순서를 바꾼 뒤 순서를 바꿀 수 있는 버튼이며, "음번호"는 해당 표제자의 음번호를 표시해준다. "뜻글머리"는 『한한대사전』의 주석 체제의 모두주석을 표현한 것으로 새롭게 등록하려면 미등록 부분을 두 번 클릭하고 작업창이 열리면 새로운 뜻글머리를 등록할 수 있다.

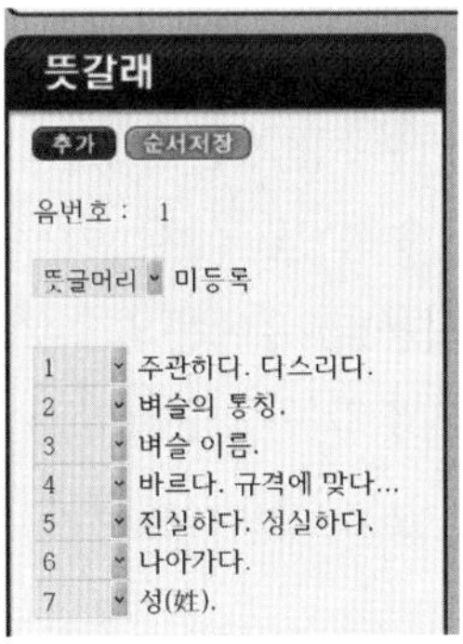

〈그림 16〉 뜻갈래

② 작업내용확인 : 편찬자가 작업한 표제자의 뜻갈래 부분을 확인하는 창으로, 해당 뜻갈래에 커서를 두고 두 번 클릭하면 해당 뜻갈래의 "뜻갈래작업"창이 하단에 생성된다.

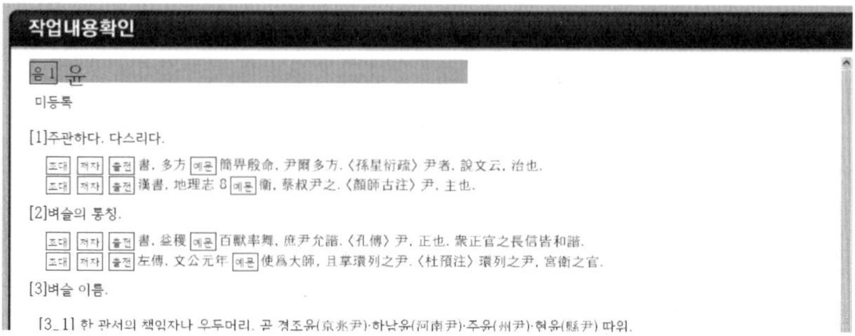

〈그림 17〉 작업내용확인

③ 뜻갈래 작업 : 해당 표제자에서 작업할 뜻갈래를 클릭하면 뜻갈래 작업창에 해당 뜻갈래가 〈그림 18〉과 같이 열린다. 주석, 참고어, 삽도, 예문을 수정 및 삭제 할 수 있으며, "순서저장"과 "예문추가" 버튼을 이용하여 예문의 순서를 바꾸거나 예문을 추가 할 수 있다. "하위뜻갈래추가"를 누르면 해당 뜻갈래의 하위 뜻갈래를 추가할 수 있고, 칼럼은 기본 뜻갈래의 칼럼과 동일한 구성이다.

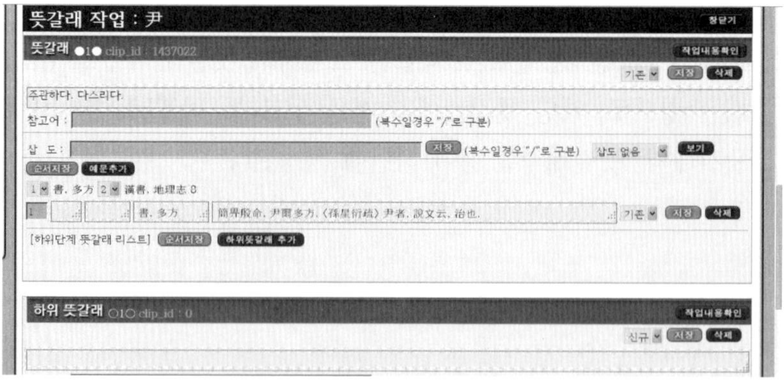

〈그림 18〉 뜻갈래 작업

4) 어휘 편집 영역

어휘 편집 영역은 크게 어휘목록, 어휘정보, 작업내용확인 세 부분으로 나뉘며, 이 영역의 주 목적은 어휘의 추가, 삭제, 순서정렬, 표제어휘, 관용음, 결합어휘, 음정보, 뜻갈래주석, 예문의 수정, 추가, 삭제이다.

① 어휘목록 : 어휘목록 영역은 해당 표제자로 시작하는 모든 어휘를 일람할 수 있고, "추가"버튼을 이용하여 신규어휘를 추가할 수 있다. 어휘목록의 순서는 어휘 바로 앞에 있는 번호를 선택한 뒤, 순서저장 버튼을 누르면 어휘순서가 재정렬된다.

② 어휘정보 : 어휘정보영역은 표제어휘, 음, 뜻갈래 등을 제시해주며, 관련 정보들을 수정, 삭제 및 추가할 수 있는 기능이 있다. 표제어휘에서 특이할만한 기능은 "완료/보류" 선택키로, 작업 진도율을 파악하거나, 차후 작업의 진행 여부를 결정할 수 있고, 작업내용확인 창에 어휘의 특이한 부분을 이력으로 남겨 다음 차수 작업자와 간접적이나마 소통할 수 있다.

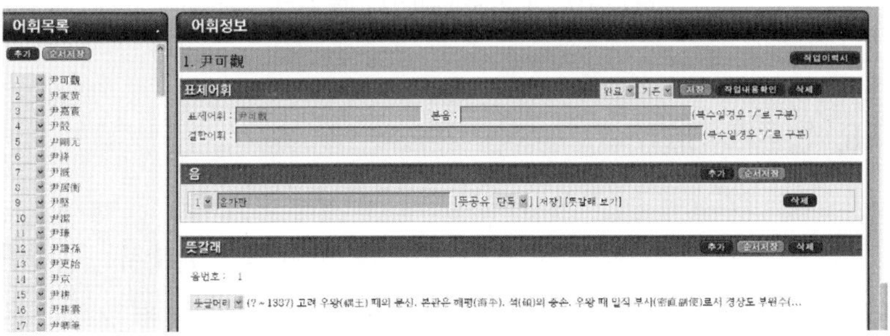

〈그림 19〉 어휘목록과 어휘정보

③ 작업내용확인 : 편찬자가 작업한 표제어휘의 뜻갈래 부분을 확인하는 창으로, 해당 표제어휘에 커서를 두고 두 번 클릭하면 해당 어휘의의 "작업내용확인"창이 "어휘정보" 하단에 생성된다.

④ 뜻갈래 작업 : 해당 표제어휘에서 작업할 뜻갈래를 클릭하면 뜻갈래 작업창에 해당 뜻갈래가 다음과 같이 열린다. 표제어휘의 뜻갈래 작업창의 구성과 기능은 표제자 뜻갈래와 동일하다.

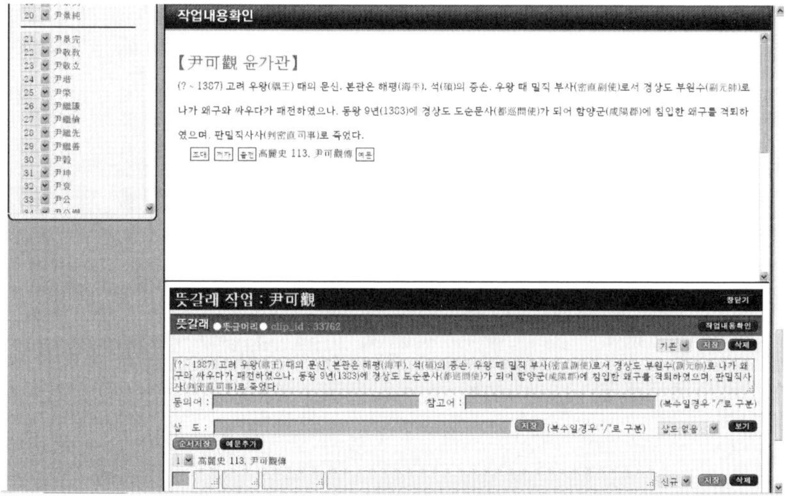

〈그림 20〉 작업내용확인과 뜻갈래 작업

6. 웹폰트 개발

『통합디지털한한대사전』의 원활한 웹 서비스를 위해서는 『한한대사전』의 체제에 부합하는 자형과 문자 정보를 갖춘 체계적인 폰트 구축이 필요하였다. 이를 위해 두 가지 방향에서 폰트 구축을 계획하였다.

첫째는 국내 대표적 워드프로세서 업체인 "(주)한글과 컴퓨터(이하 한컴)"와의 폰트 제휴이다. "한컴"의 대중성과 인지도를 기반으로 『한한대사전』 웹 활용도를 극대화하고 이를 통해 한자 자형에 관한 독자적인 권위를 확립하고 국학과 인문학 발전에 기여하려는 의도이다.

둘째는, 『한한대사전』 자체적인 웹폰트 구축이다. 기존 『한한대사전』의 조판에 이용되었던 인쇄용 서체인 "Neo-Ext 폰트(가칭)"를 온라인 환경에 맞게 전환한 독자적인 웹폰트를 확보함으로써 장기적으로 문화·학술적 수요 변화에 즉각 대응하고 궁극적으로 한자 폰트의 한국적 표준을 제시하고 리드하는 대표주자로 자리매김하려는 의도이다.

이에 따라 동양학연구원은 국내 굴지의 소프트웨어 업체인 "한컴"과 폰트제휴를 기획하였고, "한컴"이 자체적으로 보유한 함초롬 글꼴을 대상으로 290개 구건 확정과 19,780 수정자 개수를 추출하여 "한컴"측에 자형 정비 사업을 제안, 상호 합의에 이른바 있다.

또한 이와 별도로, 웹폰트 구축 계획에 따라 Neo-Ext 폰트를 온라인 서체로 전환한 웹폰트의 구입 계약을 체결하여 페이퍼 『한한대사전』에 기반한 『통합디지털한한대사전』의 온라인용 웹폰트인 "서울단국대체"를 확보할 수 있게 되었다.

(1) 함초롬체 한자 폰트 정비

동양학연구원에서는 『한한대사전』 자형 논리에 기초하여 기존 함초롬체 한자 자형의 오류와 미비점을 수정·개선하고, 유니코드 기반에서 『한한대사전』 검색이 원활하게 이루어지도록 하고자 "웹

폰트 정비 및 개발"의 주 과제인 함초롬체 한자 폰트 정비 작업에 본격적으로 착수하였다. 함초롬체와 『한한대사전』 자형의 상호 비교를 통해 총 290개의 표준 구건을 확정하고 이에 따라 계통적인 수정 목록을 작성한뒤, 함초롬 글꼴에 대한 본격적인 수정 및 개발 작업을 진행중이다.

이로써 함초롬체 한자 폰트는 그 자체로 논리적 일관성을 갖춘 독특한 폰트체계로 탈바꿈하여 『통합디지털한한대사전』의 명실상부한 맞춤형 웹폰트로 기능하게 될 것이다.

이 사업을 원활히 달성하기 위해서 단국대학교 동양학연구원은 지난 2012년 4월 12일 한컴과 "함초롬 글꼴 한자 자형 정비 협력사업"에 관한 양해각서(MOU)를 체결하였다.

(2) 자체 웹폰트 확보를 위한 웹폰트 구입 계약 체결

"한컴"의 함초롬 글꼴 정비사업과는 별도로 동양학연구원의 자체적인 웹폰트 구축 계획에 따라 Neo-Ext 폰트를 온라인 서체로 전환할 웹폰트 구입 계약을 체결하였다. 이는 종래 『한한대사전』 종이사전에 조판용으로 사용된 폰트인 Neo-Ext 폰트(가칭)를 온라인용으로 전환한 독자적인 웹폰트를 확보하기 위한 일이다. 그 결과 Neo-Ext 폰트의 소유권을 가진 폰트개발업체("서울시스템주식회사")와 제휴하여, "Neo-Ext 폰트에 기반한 웹폰트"의 온라인상에서의 사용권과 배포권을 확보하는 계약을 맺은 것이다. 따라서 이 계약에 의거하여 페이퍼 『한한대사전』 조판용 서체에 기반한 온라인용 웹폰트인 "서울단국대체"를 확보하게 되었다.

〈표 14〉 독자적인 웹폰트 내역

구분	내 용
구입 제품	"한한대사전 조판용 서체"에 기반한 웹폰트
제품 내역	1. 웹폰트 총 글자 수 : 63,446개 2. 제품 형태 : TTF(True Type Fonts) 3. 폰트 코드 : 유니코드

7. 『한한대사전』과 『한국한자어사전』의 통합

『한한대사전』과 『한국한자어사전』은 같은 한자사전이지만 편찬 방향과 수록 자료의 범주가 다르고, 오랜 기간의 시차를 두고 편찬된 사전이다. 그러므로 웹 기반에서 하나의 사전으로 이용하기 위해서는 두 사전의 한자 및 한자 어휘의 항목을 통합해야 한다. 통합 과정에서 표제자와 표제어휘의 주석 및 용례, 고유명사 등의 통합 재편집, 각종 부호와 형식을 통일하여 일관된 사전의 체제를 갖추고자 『통합디지털한한대사전』 통합 매뉴얼을 만들었다.

현재 통합작업은 『한한대사전』을 기준으로 1~6권까지 완료된 상태이며, 2013년 6월을 기준으로 7~9권까지 완료될 예정이다.

〈표 15〉 표제자 통합

<table>
<tr><th>구분</th><th>개수</th><th>비 고</th></tr>
<tr><td>한국</td><td>5,174</td><td rowspan="2">* 『한국 』 국자 : 176 (검토 중)
* 『한한 』에 흡수된 『한국』
표제자 : 4,998(5,174-176)
* 삭제 : 799개
[인덱스 삭제자(688) + 중복자 미처리
삭제자(113) - 최종 삭제 취소 글자(2) = 799]</td></tr>
<tr><td>한한</td><td>54,442</td></tr>
<tr><td>통합
표제자</td><td>53,797</td><td>* 54,442(한한) + 176(국자) = 54,596
* 54,596 - 799(삭제) = 53,797</td></tr>
</table>

〈표 16〉 공통 표제자

<table>
<tr><th></th><th>구분</th><th>개수</th><th>비고</th></tr>
<tr><td rowspan="2">공통
표제자
(4,998)</td><td>표제음
통합</td><td>4,551</td><td>- 공통 표제자 : 5,174(『한국 』 표제자 총수)
- 176 (국자) =
4,998 (표제음, 자해 통합 모두 포함)
- 표제음 통합 : 4,998(공통 표제자) - 447(자해 통합 개수) = 4,551</td></tr>
<tr><td>자해
통합</td><td>447</td><td>자해 통합 : 623(『한국 』 자해 존재하는 표제자) - 176(국자) = 447</td></tr>
</table>

〈표 17〉 표제자 통합의 예

『한한대사전』	『한국한자어사전』
▣2▣丈 장 養 〔上〕《廣韻》直兩切 zhàng 《說文, 十部》丈, 十尺也. 从又持十.… ❶명수사(名數詞)의 하나. 길이를 재는 단위의 한 가지. 10자〔尺〕에 해당한다. 《說文, 十部》 丈, 十尺也. 〈段玉裁注〉 周制, 八寸爲尺, 十尺爲丈. … ❷높낮이나 넓이 따위를 재다. 측량하다. … ❸웃어른이 되는 남자. … ❹남편(男便). 장부(丈夫). … ❺지팡이. 또는 붙들다. 杖과 통용. … ❻丈으로도 쓴다. … ❼성(姓). …	▣2▣丈 어른 장 〔國義〕 장. 종이 · 책장 · 문서 등을 세는 단위. "張"과 통용. 《市民謄錄, 乾, 己巳年》 汝矣等設前, 其來亦久, 卒難禁斷, 今姑置之事, 受題一丈. …

통합디지털한한대사전
▣2▣丈 장 養 〔上〕 《廣韻》 直兩切 zhàng 《說文, 十部》 丈, 十尺也. 从又持十.… ❶명수사(名數詞). ① 길이를 재는 단위의 한 가지. 10자〔尺〕에 해당한다. 《說文, 十部》 丈, 十尺也. 〈段玉裁注〉 周制, 八寸爲尺, 十尺爲丈. … ② 장. 종이 · 책장 · 문서 등을 세는 단위. "張"과 통용. 《市民謄錄, 乾, 己巳年》 汝矣等設前, 其來亦久, 卒難禁斷, 今姑置之事, 受題一丈. … ❷높낮이나 넓이 따위를 재다. 측량하다. … ❸웃어른이 되는 남자. … ❹남편(男便). 장부(丈夫). … ❺지팡이. 또는 붙들다. 杖과 통용. … ❻丈으로도 쓴다. … ❼성(姓). …

〈표 18〉 표제어휘 통합

구분	개수	비 고
한국	89,766	* 공통 어휘 15,000여 개
한한	421,450	
한국+한한	496,267	* 511,216(89,766+421,450) - 14,949(공통어휘) = 496,267

〈표 19〉 표제어휘 통합의 예

『한한대사전』	『한국한자어사전』
【洛川 낙천】 ㊀하천 이름. ①하남성(河南省) 황하(黃河)의 지류인 낙하(洛河)의 옛 이름. /三國魏, 曹植《洛神賦》 容與乎陽林, 流沔乎洛川. /南朝宋, 鮑照《擬古詩 4》 日夕登城隅, 周迴視洛川. ②섬서성(陝西省) 유림도(楡林道)에 있는 하천.《水經注, 河水》 ㊁오대 주(五代周) 때 섬서성(陝西省) 부현(鄜縣) 남동쪽에 둔 현(縣).《讀史方輿紀要, 陝西, 延安府, 鄜州, 洛川縣》·《清史稿, 地理志, 陝西, 鄜州直隸州》	【洛川 낙천】 ㊀땅 이름. 전라남도 순천군(順天郡) 낙안(樂安)의 옛 이름.《新增東國輿地勝覽 40, 全羅道, 樂安》 ㊁조선 배신(裵紳)의 호(號).

통합
【洛川 낙천】 ㊀하천 이름. ①하남성(河南省) 황하(黃河)의 지류인 낙하(洛河)의 옛 이름. /三國魏, 曹植《洛神賦》 容與乎陽林, 流沔乎洛川. /南朝宋, 鮑照《擬古詩 4》 日夕登城隅, 周迴視洛川. ②섬서성(陝西省) 유림도(楡林道)에 있는 하천.《水經注, 河水》 ㊁오대 주(五代周) 때 섬서성(陝西省) 부현(鄜縣) 남동쪽에 둔 현(縣).《讀史方輿紀要, 陝西, 延安府, 鄜州, 洛川縣》 ·《清史稿, 地理志, 陝西, 鄜州直隸州》 ㊂땅 이름. 전라남도 순천군(順天郡) 낙안(樂安)의 옛 이름.《新增東國輿地勝覽 40, 全羅道, 樂安》 ㊃조선 배신(裵紳)의 호(號).

8. 증보 작업

증보 작업은 크게 표제자 증보, 표제어휘 증보, 뜻갈래 증보, 예문 증보로 나눌 수 있다. 현재 동양학연구원 편찬실에서는 예문증보에 중점을 두어 작업 하고 있다. 이는 기존에 채록된 표제자와 표제어휘를 기본으로 정확한 주석과 이를 방증하기 위한 적절한 예문을 증보함으로써 독자들이 좀 더 많은 용례를 볼 수 있도록 하기 위해서이다.

『한한대사전』에 『한국한자어사전』을 통합함으로써 한국자료가 적지 않게 반영이 되겠지만, 여전히 『통합디지털한한대사전』에는 한국 자료가 부족하다. 그것은 애초부터 『한한대사전』은 한자문화권에서 보편적으로 사용되어온 자료 위주로 편찬되었고 『한국한자어사전』은 『한한대사전』에는 없는 우리나라 고유의 표제자나 어휘를 대상으로 하여 한국자료 위주로 편찬되었기 때문이다. 기본 편찬방침이 이와 같았으므로, 결과적으로 『한한대사전』에 있는 표제자나 어휘에는 한국 자료가 들어갈 수가 없었다. 때문에 이번 사업을 통해 『한한대사전』에만 있는 표제자나 어휘를 대상으로 하여 한국자료를 증보하려는 것이다.

증보 작업의 순서는 우선 예문 증보 지침에 따라 다양한 원전과 사전류 및 참고자료들을 바탕으로 증보한 예문을 채록양식에 맞추어 작성한 뒤, 검수를 거쳐 최종으로 온라인통합편집기에 넣어 편집한다. 예문의 선정 기준은 다음과 같다.

① 한국 자료를 대상으로 한다. 역사서, 문집 등에서 채록한다.

② 인지도가 높은 문헌, 학술적 가치가 높은 문헌을 위주로 채록

한다.

③ 문맥 상 어휘의 뜻을 용이하게 파악할 수 있고, 뜻갈래의 의미가 적합하게 사용된 예문을 선택한다.

④ 원본을 확인할 수 있는 출처가 분명한 것만을 선택한다. 인용문은 선택하지 않는다. 특히 중국 글을 그대로 인용한 인용문을 사용하지 않는다.

〈표 20〉 증보의 예

예 문	비 고
【一頃 일경】㊀토지 면적의 단위. 1백 묘(畝). 《史記, 孔子世家》孔子冢大一頃. 《晉書, 羊祜傳》賜去城十里外近陵葬地一頃, 諡曰成. /唐, 李賀 《江樓曲》新槽酒聲苦無力, 南湖 一頃菱花白. /高麗, 林椿 《崔文胤將卜居湍州詩》因思卜小隱, 將買田一頃. ㊁눈 깜짝할 사이. 아주 짧은 동안. /宋, 蘇軾 《召還至都門先寄子由詩》荒雞號月未三更, 客夢還家時一頃. /朝鮮, 李堣 《逾楸池嶺宿和川縣詩》況值夏愆陽, 場禾秋不穎, 煙火轉蕭瑟, 民命懸一頃.	뜻 항마다 한국 예문을 1개 보강
【一窠 일과】㊀한 떨기. /北魏, 賈思勰 《齊民要術, 安石榴》栽石榴法：三月初, 取枝大如手大指者, 斬令長一尺半. 八九枝共爲一窠, 燒下頭二寸. ㊁한 그루. /唐, 王建 《宮詞 74》敕贈一窠紅躑躅, 謝恩未了奏花開. /宋, 龐元英 《文昌雜錄 1》揚州所居堂前杏一窠, 極大, 花多而不實. /朝鮮, 申緯 《聞子承修掃水橋宅復用前韻簡寄》健步移花不記年. 〈注〉 貴傚前爲尹伯溫之居, 伯溫曾有白牧丹一窠, 秘栽庭後而奇愛之. ㊂하나의 둥지. /唐, 白居易 《秦吉了詩》鳶捎乳燕一窠覆, 鳥啄母鷄雙眼枯. /朝鮮, 李荇 《次雲卿韻十首 2》若爲化得南飛鵠, 歲晚將雛共一窠. ㊃한 개. /唐, 唐求 《贈行如上人詩》衲補雲千片, 香燒印一窠. /朝鮮, 尹愭 《無名子集文稿 9, 殿策 2》其以印爲譬, 則曰心地不端正, 萬事都差了, 如一窠印子, 刊得不正, 着印隨處千箇萬箇, 都喎斜了.	㊀은 해당 예문을 찾지 못함. ㊁㊂㊃는 한국 예문을 1개씩 보강

예 문	비 고
【洋洋양양】❶성대(盛大)한 모양.《詩, 衛風, 碩人》河水洋洋, 北流活活.〈毛傳〉洋洋, 盛大也. /南朝梁, 劉勰《文心雕龍, 才略》魏文之才, 洋洋淸綺, 舊談抑之, 謂去植千里. ❷끝없이 넓은 모양.《詩, 大雅, 大明》牧野洋洋.〈毛傳〉洋洋, 廣也.《楚辭, 大招》西方流沙, 漭洋洋只.〈王逸注〉洋洋, 無涯貌也. /朝鮮, 金時習《尾閭詩》我昔天遊大方家, 裨海外有大瀛海, 瀛海洋洋渺無涘, 但見日夜流浼浼. ❸많은 모양.《詩, 魯頌, 閟宮》萬舞洋洋, 孝孫有慶.〈毛傳〉洋洋, 衆多也. /漢, 劉向《說苑, 尊賢》蟹堁者宜禾, 洿邪者百車, 傳之後世, 洋洋有餘. /朝鮮, 金澤榮《泗陽書室記》至其孔教已亡孔祠已毁而後, 始乃洋洋作千萬言, 徒以空言洩其感痛, 其何益之有哉. ❹훌륭한 모양. 아름다운 모양.《書, 伊訓》聖謨洋洋, 嘉言孔彰.〈孔傳〉洋洋, 美善.《漢書, 韋賢傳》洋洋仲尼, 視我遺烈. /明, 方孝孺《癸酉歲京府徵考試繼奉蜀王殿下命述事詩》封內數十州, 德聲藹洋洋. ❺충만한 모양.《禮記, 中庸》大哉聖人之道, 洋洋乎發育萬物, 峻極于天.〈孔穎達疏〉洋洋, 謂道德充滿之貌. ❻소리가 우렁참을 형용하는 말.《樂府詩集, 燕射歌辭 3, 周朝饗樂章》衣冠濟濟, 鐘磬洋洋. /明, 劉嵩《題余仲揚畫山水圖爲余自安賦詩》囊琴未發絃未奏, 已覺流水聲洋洋. /高麗, 李穡《泮宮送春丁膰肉詩》晃瑬的的明深殿, 鍾磬洋洋振大庭. ❼느릿한 모양. 느긋한 모양.《孟子, 萬章 上》少則洋洋焉, 攸然而逝.〈趙岐注〉洋洋, 舒緩搖尾之貌.《醒世恒言, 賣油郎獨占花魁》秦重又得親炙一番, 心中愈加疑惑. 挑了油擔子, 洋洋的去. /朝鮮, 申箕善《祭四從姪謐永墓文》然鬼神之情, 不類於人. 旣已昭明上升, 與化爲徒, 則視前劫之茫茫, 曾一夢之不若, 安知不莞爾而笑, 悠悠而適, 洋洋自在於空淸冥漠之中耶. ❽기뻐하는 모양. 자득한 모양.《古文苑, 班固, 十八侯銘》洋洋丞相, 勢謪師旅.〈章樵注〉洋洋, 得意貌. /宋, 范仲淹《岳陽樓記》登斯樓也, 則有心曠神怡, 寵辱皆忘, 把酒臨風, 其喜洋洋者矣. /高麗, 鄭夢周《行次復州呈王指揮兼簡列位指揮相公詩 1》待見功成月, 洋洋奏凱廻. ❾감동하는 모양. /唐,	총 11개의 다수 뜻항으로, ❷❸❻❼❽에 한국 예문을 1개씩 보강함. 나머지 뜻항은 해당 예문을 찾지 못함.

예 문	비 고
韓愈 《上宰相書》枯槁沉溺魁閎寬通之士，必且洋洋焉動其心. ❿돌아갈 곳이 없는 모양.《楚辭，九章，哀郢》順風波以從流兮，焉洋洋而爲客.〈王逸注〉洋洋，無所歸貌也. /宋，司馬光《和王介甫烘虱》大者洋洋迷所適，奔走未停身已墮. ⓫근심하는 모양.《禮記，中庸》使天下之人齊明盛服，以承祭祀. 洋洋乎如在其上，如在其左右.〈鄭玄注〉洋洋，人想思其傍僾之貌.《爾雅，釋訓》悠悠・洋洋，思也.〈郭璞注〉皆憂思.〈邢昺疏〉詩邶風二子乘舟云，中心養養. 此皆想念憂思也. 洋・養音義同.	

Ⅳ.『통합디지털한한대사전』의 미래

『통합디지털한한대사전』의 활용 가치를 조명하기 위하여, 본고에서는『통합디지털한한대사전』의 편찬 기획, DB 구축, 온라인 통합사전편집기 제작, 웹폰트 개발, 한한대사전과 한국한자어사전의 통합 및 증보에 대해 간략하게 소개하였다. 현재 본 연구원에서는 이러한 편찬 과정을 통하여 탄생할『통합디지털한한대사전』을 앞으로 어떻게 활용할 수 있을지 다양한 방안을 모색 중에 있다. 이를 소개하면서 사계의 여러 의견을 구하고자 한다.

1. 『통합디지털한한대사전』의 웹서비스

현재 본 연구원은 『통합디지털한한대사전』의 웹 정보시스템을 구현하여 대중에게 정보를 제공할 수 있는 웹 서비스 준비 작업을 진행하고 있다. 편찬실에서 기획 중인 웹서비스의 방향은 다음과 같이 정리 할 수 있다.

(1) 방대한 종이 사전의 성과를 웹 기반에서 이용함으로써 사전을 평면적으로 이용하였던 단계에서 나아가 입체적으로 이용할 수 있다.

(2) 검색에서 부수, 총획, 음순 등 여러 단계에서 찾는 수고를 덜고 직접 찾고자 하는 문자나 어휘를 입력하여 동시에 정보를 확인하고 관련 정보까지 연속 검색할 수 있다.

(3) 한자의 자원과 변화 과정을 한눈을 볼 수 있는 고문자의 이미지를 웹에서 확인함으로써 더욱 입체적인 정보 이용을 할 수 있다.

(4) 하나의 정보에서 연결정보에까지 이용이 용이하여, 시멘틱웹(semantic web)[11]으로 전환 이용할 수 있다.

(5) 갑골문(甲骨文)·금문(金文)·소전(小篆) 등 한자의 생성과정을 보여주는 문자 이미지와 삽도 이미지를 등을 직접 끌어

---

11) 현재의 컴퓨터처럼 사람이 마우스나 키보드를 이용해 원하는 정보를 찾아 눈으로 보고 이해하는 웹이 아니라, 컴퓨터가 이해할 수 있는 웹을 말한다. 즉 사람이 읽고 해석하기에 편리하게 설계되어 있는 현재의 웹 대신에 컴퓨터가 이해할 수 있는 형태의 새로운 언어로 표현해 기계들끼리 서로 의사소통을 할 수 있는 지능형 웹이다. 네이버 지식백과 http://terms.naver.com/entry.nhn?cid=200000000&docId=1225962&mobile&categoryId=200000782 참조.

붙여서 연구, 번역 등에 손쉽게 이용할 수 있다.

(6) 인명, 지명, 제도명, 서명, 의학, 음악, 민속 등 다방면에 걸친 어휘 및 원전 자료를 이용하여 관련 전문 사전과 쉽게 비교하여 참고할 수 있다.

(7) 표준화된 한자 이용으로, 고전 자료 처리에 용이하며 다양한 형태의 이체자 관계를 확정함으로써, 한자 정보처리의 장애 해소와 국제적 정보소통이 좀 더 용이해 질 것이다.

(8) 웹 기반에서 지속적인 편집과 수정, 증보가 가능하며, 새로운 고전 자료의 전산화에 따라 지속적인 실시간 자료의 탑재와 편집이 가능하다.

(9) 편찬자-이용자 간의 벽을 허물어, 편찬자에서 이용자로 이어지는 일방적인 정보 전달이 아니라 그 역으로 이용자가 편찬자에게 정보를 전해주는 상호간 소통의 장이 될 수 있다.

(10) 한적 전산화를 추구하는 국공립 학술기관과 사립 학술기관이 쉽게 연동되어 정보의 이용과 새로운 콘텐츠 개발의 수단이 될 것이다.

(11) 국제표준문자코드를 기반으로 다국어를 지원하는 웹 페이지를 설계하여 다국어(한국어 · 일본어 · 중국어) 정보서비스가 가능한 웹 정보시스템을 개발하고, 나아가 "위키피디아"형태의 양방향 커뮤니티 사전으로 발전시켜 새로운 용례를 신속하고도 지속적으로 수용하여 미래지향적인 사전으로의 진화를 도모할 것이다.

2. 다양한 활용의 기획

(1) 사전 응용분야

국어학 · 국문학 · 한문학 · 역사학 · 한의학 · 미술사 · 국악 · 민속학 등 한국학 전 분야에 필수적인 사전인 『한국한자어사전』과 동양 고전의 해독과 연구에 필요한 일반 어휘는 물론 인명 · 지명 · 제도명 · 서명 등 전 분야에 걸쳐 광범위한 어휘를 수록한 『한한대사전』의 통합 데이터베이스 구축에 따른 다양한 형태의 콘텐츠 개발을 기대할 수 있다.

예를 들면, 『통합디지털한한대사전』의 데이터베이스를 바탕으로 다양한 출판 콘텐츠와 연계하여 출판 정보를 제공한다.

한자에 대한 정보가 캐릭터코드에 의해서 정보화되어 있으므로 데이터베이스 구축이 이루어진 정보와 연계하여 한자정보를 추가할 수 있으며 출판 콘텐츠와의 제휴를 통하여 한자정보 웹서비스의 이용률을 높일 수 있다.

또한 『한한대사전』의 풍부한 어휘를 바탕으로 한 수준별, 분야별 전문사전의 발행으로 한자사전 사용의 편의 및 범위를 확대할 수 있을 것이다.

(2) 웹 콘텐츠 제공 사업

통합 DB로 구축한 디지털 콘텐츠를 인터넷 포탈사이트에 제공할 수 있다. 현재 포탈사이트 및 한자 교육 사이트에서 제공되는 대부분의 한자사전은 1만 5천자에서 2만 8천여자의 표제어에 대한 검색을 제공하고 있으며 검색 기능으로는 음 · 부수 · 총획수 등의 기본 검색, 고사성어 · 한자주소 · 성씨 · 유의어 · 난이도별 한자 등의 부가적인 정보들을 제공하고 있다. 여기에 『한한대사전』의 풍부한 자원정보(고문자 · 운자 · 반절 · 직음 등)와 주석문 · 예문을 이용자 중심의 인터페이스로 제공하고 부수 보기 등의 추가 콘텐츠 개발이 가능하다.

(3) 모바일 사업

휴대폰 · PMP · 넷북에 이르기까지 모바일 기기의 중요성이 높아졌으므로 모바일 기기에 대한 활용이 가능하며, 구축된 통합 DB의 정보 활용 범위는 콘텐츠 강화 · 모바일 게임 제작 · e-book 제작 · 어플 제작 등으로 확대될 수 있다.

(4) 공공기관 및 대학 콘텐츠 제휴

한자정보가 많이 활용되는 대법원 · 국회 등의 공공기관과 국가지식정보사업으로 구축된 원문 자료에 통합 DB정보를 제공하여 콘텐츠의 질적 향상과 문화적 가치를 높이며 대학을 포함한 교육기관에 풍부한 예문이 포함된 정보를 제공하여 교육발전 및 인재 개발에 기여할 수 있다.

〈참고문헌〉

檀國大學校 東洋學硏究所,『韓國漢字語辭典』 1~4, 檀國大學校 東洋學硏究所, 1992~1996.

檀國大學校 東洋學硏究所,『漢韓大辭典』 1~16, 檀國大學校 東洋學硏究所, 1999~2008.

「漢韓大辭典編纂室 規程」,『단국대학교 40년사』, 단국대학교출판부, 1987.

金東旭 外,「漢韓大辭典 編纂 中間報告」,『東洋學簡報』6, 檀國大學校 東洋學硏究所, 1987.

檀國大學校 東洋學硏究所,「일러두기」,『韓國漢字語辭典』 1, 檀國大學校 東洋學硏究所, 1992.

檀國大學校 東洋學硏究所,「일러두기」,『漢韓大辭典』 1, 檀國大學校 東洋學硏究所, 1999.

東洋學硏究所 漢韓大辭典 編纂室長,「韓國漢字語辭典에서의 難解 語彙(Ⅰ)」,『東洋學簡報』 10, 檀國大學校 東洋學硏究所, 1990.

漢韓大辭典編纂室,「『漢韓大辭典』略解」,『漢韓大辭典 刊行記』, 檀國大學校 東洋學硏究所, 2008.

宋芳松,「韓國漢字語辭典 試案本에 대한 意見」,『東洋學簡報』 8, 檀國大學校 東洋學硏究所, 1988.

宋芳松,「漢韓大辭典 試案本에 대한 意見」,『東洋學簡報』 4, 檀國大學校 東洋學硏究所, 1986.

張忠植,「『漢韓大辭典』 완간을 보는 소회」,『漢韓大辭典 刊行記』, 檀國大學校 東洋學硏究所, 2008.

鄭載喆, 「『漢韓大辭典』의 편찬 방향과 사전사적 의미」, 『東洋學』 46, 檀國大學校 東洋學硏究所, 2009.

編纂室, 「漢韓大辭典 試案本」, 『東洋學簡報』 3, 檀國大學校 東洋學硏究所, 1985.

漢韓大辭典編纂室, 「漢韓大辭典의 집필 및 편찬방향」, 『東洋學簡報』 8, 檀國大學校 東洋學硏究所, 1988.

김경민, 『데이터베이스관리론』, 한경사, 2009.

윤승준, 「『漢韓大辭典』의 편찬과정과 향후 계획」, 『東洋學』 52, 檀國大學校 東洋學硏究院, 2012.

오세종, 『데이터베이스 설계 및 구축』, 생능출판사, 2012.

이석호, 『데이타베이스 시스템』, 正益社, 2010.

[*이 글은 단국대학교 동양학연구원 학술지 『동양학』 54집(2013.8.30.)에 수록된 것이다. 이후 동양학연구원 사전학총서 3집 간행의 취지에 부응하여 재수록하였다.]

中國漢字辭典的數字化與未來

邵 永 海*

序言

漢字辭典，是指匯集漢語中的字詞及短語，分別給予書寫，發音和詞義解釋等項信息，並按字順組織起來，供讀者隨時查檢特定詞語信息的語言工具書[1].

漢字辭典的數字化， 包括使用數據庫結構的數字化工具書， 如《漢語大詞典》[2]；也包括非結構化數據資源，即直接根據數據資料

* 北京大學中文系 教授

1) 工具書是一個含義比較寬泛的概念，包括字典(dictionary)，百科全書(encyclopedia)，年鑒(almanac)，手册(handbook)，指南(directories)，傳記資料(biographical sources)，地理資料(geographical suources)，統計資料(statistical sources)等.

2) 2003年，漢語大詞典出版社和香港商務印書館聯合推出《漢語大詞典》光盤版2.0. 有繁體字版和簡體字版兩個版本；收18,013個字頭，336,385條複詞和861,956條例證；提供20多種查詢方式,能够較好地滿足教師，記者，編輯，作家，翻譯等語文工作者的需要. 2007年，香港商務印書館出版《漢語大詞典》繁體單機3.0版，共收18,014個字頭，336,706條複詞；在易

的內容進行檢索的各種軟件和全文檢索，如北京愛如生數字化技術研究中心推出的十四個大型數據庫，總共收錄歷代典籍七萬種，敦煌漢文文獻三萬件，金石拓片二十萬件，明清檔案一百萬件，近代報刊三千種，基本上構建起涵蓋中國古代歷史文化的數字源；特別是被列爲國家重點電子出版物的代表性產品"中國基本古籍庫"規模宏大，內容豐富，設計實用，被許多大學圖書館採錄，在學術界得到廣泛應用. 北京國學時代文化傳播有限公司建成的《國學寶典》收錄先秦至清末4000餘種傳世原典，總字數逾10億字，近10萬卷，是目前國內最大的古籍全文檢索數據庫.

本文主要從語言學角度討論以漢語中的字詞及短語爲對象的漢字辭典的數字化問題；集中分析數字化漢字辭典發展中的漢字平臺建設問題.

一

工具書是"專供檢索查考的書籍"(《辭海》 1999年版). 可檢索性是工具書不同於一般圖書的重要屬性. 一部好的工具書首先應該具有完備的索引. 在紙版漢字辭典時代，歷代學人在漢字檢索方面進行了艱苦的探索和改進，目前最爲通用的拚音索引，部首查字以及過去曾相當流行的四角號碼檢字法，都各自存在自身固有的優

用性上增加了屏幕取詞，右鍵菜單，單字字頭真人普通話發音等功能. 該版本無法在簡體中文windows系統下直接使用. 2005年，上海數字世紀網絡有限公司發布《漢語大詞典》網絡版2.0，內容上完全依據紙質版，沒有增刪；收複詞约375,000條；版面上保留紙質版繁體字與簡體字並用，正體字與異體字並用，某些專名加專名綫等特殊格式.

點和缺點. 數字化漢字辭典, 首先在查詢方式, 查詢能力, 查詢速度, 查詢結果, 查詢種類等實現了革命性的進步.

數字化漢字辭典在檢索方式的多樣化和便捷化, 查詢能力的強大, 查詢速度的快速直接等諸多方面, 是傳統紙版辭書所無法企及的. 一般情況下, 在數字化漢字辭典提供的檢索窗口中直接輸入查詢對象, 即可快捷獲得查詢結果；而數字化漢字辭典還可以提供各種高級檢索功能, 如邏輯檢索, 組合檢索, 模糊檢索, 使用通配符檢索等, 這些技術手段不僅擴大了檢索範圍, 而且提高了檢索功能和檢索精度.

對於學術研究來說, 數字化漢字辭典可以提供多種智能化, 人性化的檢索. 其檢索結果, 又可以實現一定的統計和排序功能, 這對於相關的研究而言可說是一種極大的便利. 根據相關度和出現時間, 出現次數等進行排序的功能, 爲研究者提供豐富的可資利用的信息.

在利用結構化查詢語言(SQL)的數據庫編程語言或全文檢索搜索引擎, 實現對海量語料庫的查詢時, 可以充分利用語料的巨大關聯能力；例如深圳大學研制的《紅樓夢》檢索系統, 以“寶玉”爲檢索對象時, 可以同時提取“賈寶玉”, “寶二爺”, “二哥哥”, “寶兄弟”, “寶叔”, “怡紅公子”, “絳花洞主”, “神瑛侍者”, “混世魔王”, “孽根禍胎”, “世兄”等對賈寶玉不同稱謂的信息. 北京大學數據分析中心研制的“二十五史研習系統”, 通過建立年代, 地名, 人名, 職官等系列本體庫[3], 實現對二十五史中海量信息的分析和組織, 從而使使用

---

3) 本體庫是知識重用, 知識共享和建模的重要工具. 本體庫在計算機自然語言處理, 語義搜索, 計算機推理和人工智能都是不可或缺的基礎科研數據庫.

者可以在查詢中建立起豐富的知識關聯. 例如, 以某歷史人物爲查詢項, 可以獲得他的籍貫, 生卒年, 擔任官職等信息, 更可進一步獲取跟該歷史人物相關聯的信息, 如與他同時代的人物及其與該歷史人物的各種復雜關係, 重大事件等等. 這樣的研習系統不僅比過去的《人名大辭典》,《地名大辭典》,《古代歷史年表》,《古代人物年里碑傳綜錄》 等各種專業辭典內容更爲系統全面, 檢索更爲便捷快速, 更爲研究者提供了豐富的觀察視角和分析手段.

最後要指出, 計算機多窗口技術可以保證使用者同時打開多個查詢窗口, 實行連環套式的查詢, 各查詢窗口之間任意切換, 從而做到工作同時的實時檢索.

二

2.0.

漢語以漢字爲載體, 所以對漢字的計算機處理能力就成爲漢字辭典建設和發展的基礎性問題. 目前的各種數字化文獻資源, 包括影響巨大的"中國基本古籍庫"和"國學寶典", 存在的最主要問題有二 : 第一, 將古籍轉換成簡體字, 從而失去古籍本來的面目, 在語義上造成大量歧義. 漢字中存在豐富的多音多義字, 漢字簡化時由於歸並同音字, 淘汰異體字, 減少了漢字數量, 因而簡體字系統在記錄古代文獻時先天存在不足. 第二, 數字化古籍在版本選擇上不夠精審, 校對質量普遍比較低下, 錯訛太多, 信譽度低. 這兩方面的問題，均與漢字的計算機處理能力直接相關.

目前中文資源的數字化採用國際標準ISO/IEC10646中，日，韓漢字大字符集(SuperCJK)文字平臺，完整支持國際標準超大字符集全部75814個中日韓越漢字的同臺處理[4)]. 這一文字平臺大大提高了漢字辭典用字的滿足程度. 不過，由於漢字的特殊復雜性，仍存在許多問題.

2.1.

首先是漢字規範問題. 以GB18030－2005(UNICODE, ISO10646－2003)所包括的全部漢字而言，其中不僅存在通用漢字與異體漢字(包括繁體字，生僻字，俗體字，避諱字等等)之間不具有任何連接信息；而且形體錯訛現象亦多有所見，如：

---

4) 通用於Win2000/XP/2003/Vista/x64系統下的Unicode全漢字庫包含近10萬標準字符，其中中日韓越通用漢字字符75814個：

CJK基本	[4E00-9FFF]	20992码位	實際20924字
CJK擴展A	[3400-4DBF]	6592码位	實際6582字
CJK擴展B	[20000-2A6DF]	42720码位	實際42711字
CJK擴展C	[2A700-2BA7F]	4224码位	實際4219字
CJK兼容擴展	[2F800-2FA1F]	544码位	實際542字
CJK部首擴展	[2E80-2EFF]	128码位	實際115字
CJK康熙部首	[2F00-2FDF]	224码位	實際214字
CJK筆畫	[31C0-31EF]	48码位	實際36字
CJK兼容	[F900-FAFF]	512個码位	實際474字.

大陸　臺灣　香港　日本　韓國

漢字平臺存在的形體歧異，直接影響到數字化漢字辭典內容上的穩定性和權威性；並造成數字化漢字辭典檢索方面的障礙. 無論是數據庫結構的數字化工具書, 還是網絡檢索工具, 在檢索方面都會受到漢字形體歧異的嚴重制約. 例如, 文獻中使用“並”, “并”, “併”, “竝”, “竝”, “并”, “併”等各形體存在很大的隨意性；假如以“並”字爲檢索項, 在一般條件下的全文檢索中都不能同時獲得其他形體的信息；而以各形體爲檢索項反覆檢索, 無疑是相當耗時耗力的工作. 更何況對普通使用者來說, 不一定完全瞭解各種不同形體. 又如“釆”與“采”是形音義均不同的兩個字, 但在檢索中會由於字庫不支持而造成“釆”與“采”無法識別.

漢字形體的規範問題是一項極爲復雜和困難的工作. 目前中國大陸地區關於異體字的處理主要依據1955年公佈的《第一批異體字整理字表》；但《第一批異體字整理字表》由於是從漢字簡化和漢字規範出發, 因此對異體字的規定比較寬泛. 從文字學的角度看, 異體字是兩個以上的字, 音義相同而外形不同.《第一批異體字整理字表》收錄的異體字包括了用法全同(如：暖-煖)和部分用法相同(如：雕-鵰-彫-琱-凋)；也包括同一字形在書寫方面的變異形式(如：戲-戱；厮-廝；謚-諡；等)；也包括一部分古今字(如：勤-懃；梁-樑；等). 仔細分析《第一批異體字整理字表》, 可以發現其收錄的異體字性質相當複雜；從漢字簡化和漢字規範的角度將多種不同性質的漢字關聯都用“異體字”的概念進行統一處理, 是完全可以的；但是從計算機漢字平臺建設的角度看, 這多種不同性質的異體字需要作不同的處理.

因此正體和異體之間的界限需基於文字學的深入研究和對古代典籍的海量分析, 同時也需要權威機構的協調和最終確認. 例如下列漢字形體在不同漢字圈中有不同的正體規範：

裏-裡；黃-黄；淚-泪；恥-耻；幫-幇；牀-床；昇-陞〔升〕；穽-阱；徑-逕；舉-擧；貍-狸；犁-犂；弔-吊；匯-滙；群-羣；剋-尅；妬-妒；荊-荆；够-夠；諮-咨；眾-衆；歎-嘆；啟-啓；髕-臏；腳-脚；汙-污……[5]

由於上述不同形體均佔據獨立的unicode編碼, 因此如此規範的結果, 必然人爲地造成對不同漢字圈中的漢字文獻的檢索無法通用.

基於上述討論, 結合多年來學者提出的各種觀點, 我們認爲, 建設漢字屬性本體庫是漢字平臺建設的基礎工作；雖然文字學界, 語言學界, 計算機學界等在這方面都作了大量工作, 但對於數字化漢字辭典的需求而言還是很不充分. 漢字屬性本體庫應以字位爲基本單元, 將具有若干不同變異的漢字形體進行歸並, 試舉例如下：

“鬥”和“鬭”, “鬬”是造字角度形成的變異, 可以歸並爲字位[鬥].

“門”和“门”, “间”和“閒/間”, “闲/閑”是漢字簡化和漢字規範造成的變異, 可以分别歸並爲字位[門]和[間], [閑].

留-畱-畄-甾；《說文解字》收“畱”字；《玉篇》收“留”字；按：《王力古漢語字典》以“留”爲“畱”的後起字,《類篇》以“留”爲正體, 或作“畱”. “畄”, “甾”均爲“留”之俗體形式. 按：依據文獻中的使用

5) 舉例來說, 中國大陸地區以“裏”爲正體, 而臺灣地區以“裡”爲正體. 其他的字形在不同地區規範方面的規定各有不同.

情況，一般爲“留”；故可歸並爲字位[留].

克-尅/剋；“克”與“剋”二字大體同義，不過在“能”的意義上，寫作“克”，不寫作“剋”；在“勝”的意義上，一般衹寫作“克”. 因此，這兩個字形在具體處理時應當建立兩個獨立的字位：[克]，[剋]. “剋”與“尅”是單純的異體字的關係；從文獻中的使用情形來看，一般多用“剋”而少用“尅”. 不妨合併爲“剋”.

總之，經過歸並之後，每個字位下領屬若干形體，構成一個字族；同一字族中，包含一個字位各種不同的形體，如甲骨文，金文，小篆，隸書，各種異體和異寫形式等；由於內部建立了有效的連接，無論選擇哪個形體作爲檢索項，都可以獲得該字位的全部形體的查詢結果.

2.2.

漢字輸入是計算機應用的關鍵技術；尤其對於漢語和漢字信息處理，漢字輸入堪稱瓶頸之一. 因此漢字輸入法的研究一向是計算機業界和相關領域的熱門課題，新的輸入法不斷提出. 目前漢字輸入法中常用的漢字編碼主要分四類：形碼(筆順碼)，音碼，形音碼和音形碼. 無論哪一種輸入法，在處理常用漢字方面都各有優勢，基本可以滿足使用者的需求；但是在調用大字符集的時候則會遇到諸多棘手的難題. 因爲需要查檢的漢字往往是音不明或形復雜者，音不明則無法使用音碼，形復雜則形碼難以確定.

如果充分考慮到數字化漢字辭典的需求，漢字輸入平臺的建設仍是大有可爲的領域. 大體說來，面向數字化漢字辭典需求的漢字輸入平臺應著力解決以下問題：

一, 漢字輸入法技術的改進和完善. 既然需查檢的字詞讀音往往是未知的, 因此應以形碼或手寫輸入爲基本方向.

形碼的改進和完善需對每個漢字的偏旁部首, 筆畫, 筆順, 筆形, 音, 調等方面的基本屬性信息有精確的描述, 並且這些描述具有規範性和權威性, 如此可爲各種形碼的編制提供統一的漢字結構的依據, 避免各種形碼分析漢字形體結構時各行其是的狀況, 使不同的形碼輸入法具備一定的相互兼容性；如此使用者不致於在精通一種形碼輸入法之後, 遇到不同計算機環境使用不同的形碼則束手無策, 即使對自己熟悉的形碼輸入法, 對漢字形體的拆解經常按照常規卻無法成功, 衹能靠反覆嘗試, 耗時費力；尤其是面對形體比較生僻的漢字時更是要花費比較長的時間方能完成輸入.

二, 需加入字族和字位的研究成果, 即在輸入法中建立起同字族內各形體之間的聯想關係, 在輸入某一形體後可以同時調用其他形體作爲備選項. 此項技術或許會在一定程度上影響形碼輸入的效率, 但對於大字符集而言, 這種關聯性爲使用者提供的方便足以抵償效率損失的代價.

2.3.

GB18030－2005(UNICODE, ISO10646－2003)所包括的全部漢字, 對於數量龐大形體復雜的漢字而言, 衹是其中的主體部分；許多難字, 僻字無法在計算機環境下體現；特別是相對於古代典籍和漢字辭典的需求, 難字, 僻字是無法回避的麻煩. 目前各種數字化漢字辭典在這個問題上的處理方法有二：一是臨時造字；二是嵌入圖像. 這兩種方法都不會解決問題的根本途徑, 都會影響辭典的完整性與標準化程度.

因此, 要徹底解決問題, 需要在漢字平臺建設中仔細研究清楚漢字的個體總量和漢字字位的總量, 對於具有個體獨立價值的漢字形體無一遺漏地收錄到漢字平臺的字庫中, 同時通過字族的整理和字位的建立有效地消除冗餘信息.

三

建立完備的漢字屬性本體庫具有多層面的重大意義；同時這又是一項需要學術界(包括文字學界, 語言學界, 計算機學界等)和政府規範共同作用協力完成的課題. 下面就我們對漢字屬性本體庫的構想作簡要論述.

3.1.

漢字屬性本體庫的核心理念是, 應當給每個漢字形體盡可能充分的特徵描述, 包括：

甲, 讀音：給出每個漢字形體的現代規範讀音, 上古音, 中古音, 近古音地位；附加歷代反切, 直音, 譬況等音注信息. 其中上古音信息以音類的描述爲主, 可適當列出王力, 李方桂等少數幾家影響比較大的音值構擬；近古音主要是在《中原音韻》音系中的地位.

乙，形體構造：給出每個漢字的古文字到現代漢字的各種形體，包括甲骨文，金文，小篆，戰國秦漢簡帛印璽文字，隸書至楷書（包括歷代重要的俗字）等[6]；盡量依據現有研究成果作出字形源流分析，標明該形體在歷史文獻中的首次出現時代，活躍度，生存周期，高頻時代等信息；在某些情況下，可能需要標明漢字形體的地域分佈特徵，語體分佈特徵.

丙， 語義描寫：全面呈現一個漢字形體所具有的語義；同時從詞源角度確定與漢字形體直接相關的義位（本義），由此梳理清楚其他義位與本義之間的關係；標明各義位在歷史文獻中的首次出現時代，活躍度，生存周期，高頻時代等信息；標明同義字和反義字；在可能的情況下，標注類義字和語義相關度高的字，語義相關度高的字的聚合，比如人體部位名稱，與手的動作相關的字，等等.

丁，音義配合：漢字是形音義的結合體，每個漢字的語義與特定的讀音，形體之間存在復雜的聯係，因此需要從音義關係，漢字與其所記錄的語言符號之間的聯係入手，通過科學分析，展現多音多義的漢字在古代的音義配合的具體情況. 在以漢字爲單位建立起音義之間的對應關係的基礎上，又可以呈現漢字之間的同源關係.

戊，字組搭配：給出每個漢字形體的使用環境的描述，包括句法功能，最常見的搭配字等；標明字組搭配的緊密度，搭配方式和性質等；對搭配緊密度高的字組標注初見時代等信息，並作出語義

---

6) 劉半農先生在1930年編寫出版《宋元以來俗字譜》，收集宋元明清12種民間刻本中所用的簡化字6240個；6240個簡化字合繁體字爲1604字， 平均每個繁體字有3.9個不同的簡化字. 與後來《簡化字總表》相同的字有“实，宝，礼，声， 会，怜，怀，搀，罗，听，万，庄，梦，阳，虽，医， 凤，义，乱，皱，台，办，战，归，党，辞，断”等330多個. 此書可使我們瞭解近千年間簡化字的演變過程.

描寫.

3.2.

在漢字屬性本體庫的基礎上，可以進一步展開漢字諧聲聲符分析，各不同時代層面上的斷代音節系統分析，漢字構詞能力分析，詞語历史層次分析等專題的深入研究；研究成果又可豐富漢字屬性本體庫.

漢字當中形聲字是最能產的一類，占到漢字總量的90%以上. 諧聲聲符分析不僅是漢字構形學研究的重要領域，同時也是上古音研究不可或缺的資料. 依靠漢字屬性本體庫的強大平臺，可以更系統而科學地進行漢字諧聲聲符分析，從而不僅在上古音研究方面有更加可靠的資料保證，而且對形聲字在不同時代平面上，不同地域的具體情形能夠有詳實深入的材料分析.

在對漢字音義關係，形義關係進行全面分析的前提下，每個漢字所記錄的漢語詞語面貌將系統而歷史性的呈現出來，我們可以直觀地追蹤一個字詞從開始到現在，其語義演化的歷史細節；結合海量語料庫的支持，更可詳細論述其變化的動因和機制.

3.3.

高精確度和智能性的漢字屬性本體庫，可以幫助我們尋找和抽繹漢語在不同時代層面上的規則體系. 比如，字與字的組配，受句法，語義，韻律等多重制約；又具有比較強的時代性和地域性特徵. 在個體手工爲主的研究過程中, 揭示和描述字字組配的規則體系, 是需要耗費高強度勞動的工作；過分個體化的研究也難以提供豐富的事實以提取有效的規則. 漢字屬性本體庫與海量語料庫的結合就使這樣的研究建立在規模化和批量化的基礎上, 從而將研究者從繁瑣的體力勞動中解決出來, 可以投入更多的精力識別和抽取規則；而且同時佔有充分的材料和數據, 也使規則的建立覆蓋更全面.

漢語在不同時代層面上的規則體系, 可以支持開發用於文獻校勘的工具；而經過反覆校勘日臻完善的文獻語料庫自然會反過來充實和豐富漢字屬性本體庫.

由以上論述可以看出, 漢字屬性本體庫的建設是一個過程與結果相互推動, 研究與新課題相互促進, 從而內容與成果逐漸豐富和深化的龐大的系統工程. 這一系統工程下包含了無數個具有重要學術價值的小課題, 每個小課題的具體解決, 都對漢語史(文字, 音韻, 詞彙, 語法等諸方面)的研究, 對於古代典籍的研究, 對於漢字辭典的編纂等起到建設性的作用.

四

在比較完善地解決了漢字平臺建設的基礎上, 數字化漢字辭典的建設可以有諸多可觀的預期：

首先, 漢字屬性本體庫的建設, 在某種程度上已經構建起漢語歷史大詞典的基本框架和具體內容. 自從二十世紀初黎錦熙, 劉半農等先生先後提出編寫漢語"大辭典/大字典"的構想, 此後王力先生等老一代中國語言學家都對這一歷史性的課題表示了熱情的關切[7]；特別是王力先生，從理論到實踐都對《漢語歷史大詞典》的編纂有全方位的深入思考；在辭書理論方面，《王力文集》 19卷第二類“字典”收五篇文章：〈理想的字典〉（1945），《新訓詁學》（1947），〈《同源字典》的性質及其意義〉，〈詞典和語言規範化〉，〈字典問題雜談〉．在辭書编纂實踐方面，王力先生從上世紀四十年代發表〈了一小字典初稿〉，到八十年代出版《同源字典》，《古漢語常用字字典》；王力先生去世後出版的《王力古漢語字典》與《古漢語常用字字典》都是在王力先生策劃下，體現他的學術思想并且有王力先生親自參加完成的集體項目[8]．正如吕叔湘先生在〈悼念王力教授〉所指出的：“王先生對於分析字義，特別是古今字義變遷，一直很留心．”

7) 1923年黎錦熙先生推動成立並領導“國語辭典編纂處”，1928年更名爲“中國大詞典編纂處”，下設搜集，調查，整理，編著，統計五部，以編纂專以語言文字爲內容的能夠爲中國數千年文化中出現的詞作系統總結的《中國大辭典》爲目標．編纂處將五代，北宋的詞和金元戲曲，明清小說當中凡古今字書詞典沒有收錄的詞語一概搜集整理注釋，建立並排定三百多萬張卡片，並先後印出《中國大辭典樣本稿》，《中國大辭典長編》．1927年劉半農向北京大學研究所國學門提出〈編纂《中國大字典》計劃概要〉，分十个部分，從編寫體裁，編制，取舍，形體，聲音，意義，形音義合參，文法，詞名等方面作了全面而科學的詳細論述．此後劉半農先生一直爲編纂大字典作準備，積累資料，並在報紙上發表論文〈打雅〉，解釋了“打”字的本義和引申義一百零一條，後來幾年間又徵集到有關“打”字的詞條八千多，後又撰寫〈“一”字稿本〉，以〈釋“一”〉爲題刊於北京大學《國學季刊》．

8)《王力古漢語字典》實踐了王力先生的字典學思想：第一，明字義孳乳；第二，分時代先後；第三，盡量以多字釋一字．特別值得注意的是，《王力古漢語字典》在音義關係的處理方面，比以前的字典都有巨大的進步．可以说，《王力古漢語字典》爲“漢字屬性本體庫”在每個漢字的具體處理方面提供了很好的範例．当然，《王力古漢語字典》收錄的字頭衹有二萬多，“漢字屬性本體庫”需要處理的漢字數倍於此，會遇到更多棘手的問題．

但是，漢語歷史文獻的數量實在太龐大了，歷史跨度太久遠了；特別是，漢字作爲表意文字的特殊性，《漢語歷史大詞典》課題一直被視爲至少數代人的工程，其難度致使這一課題始終没有能夠啟動. 如今，計算機技術的飛速發展，數字化漢字辭典的進步，海量古典文獻的數字化，都爲“漢語歷史大詞典”的建設提供了可靠的技術支撐與條件保障，從而這一課題的啟動具有了現實的可行性. 功能強大的漢字屬性本體庫的構建，正是《漢語歷史大詞典》的編纂最堅實可靠的基礎.

其次，強大的漢字屬性本體庫與海量文獻數據庫的結合，特別是《漢語歷史大詞典》的編纂，必將爲數字化漢字辭典的未来提供豐富的資源，必將直接推動數字化漢字辭典朝多樣化，個性化發展. 各類面向不同對象，不同目的，不同特色的漢字辭典將隨時依據需求非常方便地開發出來. 例如利用匹配檢索功能，可以從漢字屬性本體庫開發出同義詞，通假字，異體字，繁體字，成語等專類辭典；利用智能化統計分析系統提供的檢索，統計，分析，評價於一體的信息檢索咨詢能力，生成學習型辭典，規範型辭典，内向型大中小學生分階辭典，外向型辭典，公務員辭典，考試辭典，幼兒辭典，少年辭典，老年辭典等等.

結語

漢字辭典的數字化，網絡化在近年來發展速度非常快；但是總體而言，人們一方面驚嘆數字化和網絡化漢字辭典在檢索功能等方面的無比強大，其所具備的多媒體處理能力使工具書的表現力大爲增加；另一方面，在使用數字化和網絡化漢字辭典時，人們又對其權威性和穩定性心存疑慮．事實上，數字化漢字辭典的錯訛確實往往明顯高於紙質版，這其中有技術條件的局限，如掃描識別過程中產生的差錯；更爲關鍵的原因，在於漢字系統的高度復雜性造成計算機處理的客觀困難．

漢字辭典，漢字是根本；漢字字形繁複，漢字字形與字音和字義之間存在復雜的關係，這些問題能否得到科學的處理，是各種漢字辭典成功的根本；數字化，網絡化漢字辭典自然也不例外；而計算機處理漢字的能力，正是漢字辭典數字化的關鍵問題．《漢語大詞典》單機版和網絡版所存在的問題，包括內容本身的錯訛，檢索能力方面存在的問題，都與漢字和計算機處理漢字的能力直接相關．

因此，建設漢字屬性本體庫和優質語料庫與數據庫，同時積極開發辭書編纂，編校軟件，是實現傳統辭書生產方式的現代化變革的當務之急．

參考文獻

桑良至，《數字化工具書》，北京師範大學出版集團，安徽大學出版社，2010．

畢慧玉，張繼春，〈《漢語大詞典》2.0光盤版的使用技巧〉，《辭書研究》，2006年6期．

楊琳，〈《漢語大詞典》光盤版與紙質版的區別〉，《辭書研究》，2010年7期．

《信息處理用GB13000.1語言文字規範》, 國家語言文字工作委員會, 1997.

張小衡, 〈《信息處理用GB13000.1字符集漢字部件規範》在輸入法應用中的難點討論〉, 《中文信息學報》, 2004年4期.

俞劍, 〈新詞典 新觀念——關於網絡詞典的思考〉, 《辭書研究》, 1996年6期.

劉奇暢, 〈漢語網絡工具書的現狀與前景〉, 《辭書研究》, 2005年4期.

亢世勇, 〈《現代漢語新詞語信息電子詞典》的開發與應用〉, 《辭書研究》, 2001年2期.

亢世勇, 〈《現代漢語新詞語信息詞典》的結構〉, 《信息網絡時代中日韓語文現代化國際研討會論文集》, 香港文化教育出版社, 2000年12月.

亢世勇, 〈語料庫技術在新詞語詞典開發中的具體應用〉, 《辭書研究》, 2001年5期.

亢世勇, 〈《漢字義類類信息庫》的研究與實現〉, 《2001中文電腦國際會議論文集》, 新加坡國立大學出版; 《漢語語言與計算學報》, 2002年2期.

亢世勇, 〈《漢字義類電子字典》的開發與應用〉, 《中國辭書論集(2002)》, 陝西人民出版社, 2003.

亢世勇, 〈面向多種語言信息處理的通用漢語詞典〉, 《多種語言信息處理技術國際研討會論文集》, 瀋陽, 2001年12月.

楊德炎, 〈數字化走進辭書編輯出版領域〉, 《辭書研究》, 2000年5期.

張普, 〈計算機與語文詞典編纂工作的現代化〉, 《詞典研究叢刊》第七輯.

《2004年辭書與數字化研討會論文集》, 1994-2013 China

Academic Journal Electronic Publishing House. http://www.cnki.net.

《中國大百科全書・圖文數據光盤》.

【附錄】常用網絡漢字辭典和古代文獻全文檢索系統

1. http://www.zdic.net, 漢典, 包括《漢語字典》,《漢語詞典》,《成語詞典》等查詢.
2. http://www.ourdict.cn, 中華在綫漢語詞典, 收錄十二部詞典中的漢字15702個, 詞語36萬個(常用詞語28770), 成語31922個, 近義詞4322個, 反義詞7691個, 歇後語14000個, 謎語28071個, 名言警句19424.
3. http://zidian.teachercn.com, 漢字字典, 中教網, 工具書上網工程.
4. http://xh.5156edu.com, 在綫新華字典, 查詢漢字, 相關解釋相當詳細, 並提供有關字相關成語.
5. http://www.cshu.org, 與在綫新華字典類似, 功能強大, 直接在搜索框中輸入一個漢字或是成語後即可得到詳細的結果.
6. http://www.er07.com, 愛如生公司主頁, 提供14種全文檢索版大型數據庫, 7種全文檢索版系列數據庫, 16種全文檢索版數字叢書等豐富的數字化文獻資源和檢索服務.
7. http://www.guoxue.com, 國學網主頁, 國學寶典, 經史子集四部.
8. http://162.105.161.32/h25, 二十五史研習系統, 北京大學數據分析中心研制.

중국 한자사전의 디지털화와 미래

邵 永 海*

서 론

한자사전이란 중국어의 글자와 낱말이나 구를 수집하여 쓰기, 발음, 의미해석 등에 관한 정보를 주며, 체계화된 배열순서에 따라 독자가 언제든지 특정한 단어에 대한 정보를 검색할 수 있는 공구서이다.[1] 한자사전의 디지털화는 《한어대사전》[2]과 같이 데이터베이

---

* 北京大 中文系 教수

1) 공구서는 그 함의가 비교적 넓은 개념으로, 자전(dictionary), 백과사전(encyclopedia), 연감(almanac), 편람(handbook), 안내책자(directories), 전기 자료(biographical sources), 지리자료(geographical sources), 통계자료(statistical sources) 등을 포함한다.

2) 2003년 한어대사전출판사와 홍콩 상무인서관(商務印書館)에서 연합출판한 《한어대사전(漢語大詞典)》 CD 2.0판은 번체자와 간체자판으로 구분되어 있다. 18,013자 336,385개 어휘, 861,956 가지 예문을 수록하였으며 20여 가지 검색방식을 제공하여 교사, 기자, 편집자, 작가, 번역가 등 어문활동 종사자의 수요를 비교적 잘 만족시켜준다. 2007년, 홍콩 상무인서관에서 출판한 《漢語大詞典》번체 stand alone 3.0 version은 표제자 18,014자, 336,706개 어휘를 수록하였고 화면에서의 단어 캐취, 마우스 오른쪽버튼 클릭 메뉴, 표제자 육성 표준어발음제공 등의 기능이 추가되었다. 이 판본

스를 사용하여 디지털화한 공구서를 포함할 뿐만 아니라, 데이터의 내용을 직접 검색하는 각종 프로그램과 전문(全文) 검색 등과 같은 비정형 데이터 [unstructed Data]를 포함한다. 예를 들어 북경애여생디지털연구센터 [北京愛如生數字化技術研究中心]에서 구축한 14개의 대형 데이터베이스는 역대 전적 7만종, 돈황 한문문헌 3만 건, 금석문 탁본 20만 건, 명청당안(明淸檔案) 100만 건, 근대 신문 3천종을 수록하여 거의 대부분의 중국고대역사문화 자료를 망라하였다. 특히 중국 국가중점전자출판물의 대표작인 "중국기본고적고(中國基本古籍庫)"는 방대한 규모, 풍부한 내용, 실용적인 설계로 인해 많은 대학도서관에서 사용됨으로써 학술계에서 널리 응용되고 있다. 북경국학시대문화커뮤니케이션유한회사 [北京國學時代文化傳播有限公司]에서 구축한《國學寶典》은 선진(先秦)시기부터 청말(淸末)에 이르는 4000여 종의 현존하는 원전을 수록하였는데, 그 분량이 약 10억 글자 10만 권에 달하여 현재 중국에서 가장 큰 고적원문검색 데이터베이스로 꼽힌다.

본문에서는 주로 언어학의 관점에서 중국어의 글자와 낱말, 구를 대상으로 하는 한자사전의 디지털화 문제를 논의할 것이며 한자사전의 디지털화 과정 중에 한자 처리 시스템 구축 문제에 대해 집중적으로 분석하겠다.

은 간체자 중문 windows운영체계에서는 직접 사용이 불가능하다. 2005년, 상해 디지털 세기 인터넷 유한회사(上海數字世紀網絡有限公司)에서 서비스하는《한어대사전》인터넷판 2.0은 종이책《한어대사전》의 내용을 증보하지 않고 그대로 수록하였다. 수록어휘는 약 375,000개이며, 번체자와 간체자 병용, 정체자와 이체자 병용, 고유명사에 밑줄 표시 등 종이책《한어대사전》의 체제를 그대로 보존하고 있다.

一

공구서는 “검색과 조사를 위해 전문적으로 제공되는 서적”(《辭海》1999년판)이다. 검색기능은 공구서가 일반도서와 구분되는 가장 중요한 속성이다. 좋은 공구서는 먼저 색인을 완비해야한다. 종이책 사전에서는 역대의 학자들이 한자검색방면에서 오랜 탐색과 개선 과정을 거쳐 현재 병음(중국어발음표기법)색인, 부수검자 등이 통용되고 있으며, 그것은 각기 일장일단이 있다. 디지털 한자사전은 검색방식, 검색능력, 검색속도, 검색결과, 검색유형 등에 있어 혁신적인 진보를 이루었다.

디지털 한자사전은 검색방식의 다양화와 편리성, 강력한 검색능력, 검색속도 등 여러 방면에서 전통적인 종이책 사전이 따라잡을 수 없는 수준에 이르렀다. 일반적으로 디지털 한자사전이 제공하는 검색창에 검색하려는 대상을 직접 입력하면 바로 검색결과를 볼 수 있다. 또 디지털 한자사전은 불리언 논리검색 [Boolean Logic Search], 조합검색 [Combine Search], 퍼지검색 [fuzzy search], 와일드 카드 문자를 이용한 검색(wildcard Search) 등 각종 고급검색 기능도 갖추고 있는데 이러한 기술은 검색범위를 확대시켰을 뿐만 아니라 검색기능과 검색의 정밀도 역시 제고시켰다.

학술연구 방면에 있어서 디지털 한자사전은 사용자 중심의 지능화된 다양한 검색기능을 제공한다. 그 검색결과가 통계 및 배열 순서를 보여주므로 관련 연구에 매우 편리하다. 상관성, 출현시간, 출현빈도 등에 의거하여 배열하는 기능은 연구자에게 풍부하고 유용한 정보를 제공한다.

관계형 검색 언어(SQL)로 구축된 데이터베이스를 이용하여 검색

엔진을 프로그래밍하면 대량의 언어자료를 검색할 때 관련 기능을 충분히 활용할 수 있다. 예를 들면 심천대학(深圳大學)에서 연구 제작한 《홍루몽》 검색시스템에서 "寶玉"을 검색어로 하면 "賈寶玉", "寶二爺", "二哥哥", "寶兄弟", "寶叔", "怡紅公子", "絳花洞主", "神瑛侍者", "混世魔王", "孽根禍胎", "世兄" 등 가보옥과 관련된 호칭에 대한 모든 정보를 얻을 수 있다. 최근 북경대학 데이터분석센터에서 만든 二十四史 검색시스템은 연대, 지명, 인명, 관직 등 계통별 온톨로지 라이브러리(Ontology library, 本體庫)[3] 구축을 통해 二十四史에 포함된 대량의 정보를 분석 조직하여 검색 시 풍부한 관련 지식정보를 구축할 수 있도록 하였다. 예를 들어 어떤 역사인물을 검색어로 하면 그의 출신지, 생몰년, 관직 등에 대한 정보뿐만 아니라 그 인물과 관련된 동시대 인물 및 각종 관련사건 등 더 많은 관련 정보를 얻을 수 있다. 이러한 검색시스템은 과거의 《인명대사전(人名大辭典)》, 《지명대사전(地名大辭典)》, 《고대역사년표(古代歷史年表)》, 《고대인물년리비전종록(古代人物年里碑傳綜錄)》과 같은 전문사전보다 그 내용이 훨씬 체계적이고 검색이 용이할 뿐만 아니라 연구자에게 풍부한 시야와 분석방법을 제공해준다.

마지막으로 지적할 점은 컴퓨터 멀티윈도 기술이다. 사용자가 동시에 여러 개의 창을 열 수 있도록 해야 하고, 그것이 연결되어 검색되어야하며 검색창 간 전환이 자유자재로 이루어지도록 하여 실

3) 온톨로지 라이브러리(Ontology library)는 지식중시(知識重用), 지식공유(知識共享), 모델링(建模)의 중요한 도구이다. 온톨로지 라이브러리(Ontology library)는 컴퓨터 자연언어처리 [Computer natural language processing], 의미검색, 컴퓨터 자동 추리 [Automated reasoning]와 인공지능 등에서 반드시 필요한 기초과학연구 데이터베이스이다.

시간 검색이 가능하도록 해야 한다.

二

2.0

중국어는 한자를 매개로 한다. 그러므로 한자의 전산처리능력은 곧 한자사전구축과 발전의 기본과제가 된다. 현재 그 영향력이 막대한 "중국기본고적고(中國基本古籍庫)"와 "국학보전(國學寶典)"을 포함한 각종 데이터베이스 문헌자료가 가지고 있는 가장 주요한 문제는 2가지이다. 첫째는 고적의 한자를 간체자로 전환하여 고적의 원래 모습을 잃어버림으로써 의미가 여러 개로 갈라지는 경우가 허다하다는 것이다. 한자의 다음다의자(多音多義字)가 간체자로 전환될 때 동음자(同音字)에 병합되거나 이체자를 도태시킴으로써 한자의 글자 수가 감소되었기 때문에 간체자 시스템으로 고대문헌을 기록하면 많은 글자가 누락될 수밖에 없다. 둘째, 디지털 고적의 판본 선택이 정밀하지 못한 점이다. 보편적으로 교감작업이 제대로 이루어지지 않은지라 많은 오탈자가 있으므로 신뢰도가 떨어진다. 이 두 가지 문제는 모두 한자의 전산처리능력과 직접적으로 관련된 것이다.

현재 중문자료의 데이터베이스화는 국제표준 ISO/IEC 10646 中·日·韓 한자 코드 [SuperCJK]체계를 사용하고 있는데, 이것은 국제 표준 문자코드체계의 中·日·韓·越 한자 75,814자 전부를 같은 시스템에서 처리하도록 완벽하게 지원한다.[4] 이러한 문자 체계는 한자사전에서 사용할 글자의 만족도를 크게 제고시켰다. 그러나 한자의 복잡성으로 인해 여전히 많은 문제가 존재한다.

2.1

먼저 한자의 규범화 문제를 살펴보자. GB18030－2005(UNICODE, ISO10646－2003)가 포함하는 한자 전체 중에서 통용한자와 이체자(번체자, 벽자, 속자, 피휘자 등이 포함됨) 사이에 어떤 연관된 정보가 존재하지 않으며, 글자 형태상의 착오현상도 자주 보인다. 아래 예를 보자.

4) Win2000/XP/2003/Vista/x64 시스템에서 운영되는 유니코드 한자데이터는 거의 10만개의 표준글자코드를 포함하고 있으며, 그중 中·日·韓·越 통용한자코드는 75,814개이다. :

CJK基本	[4E00-9FFF]	20992碼位	實際20924字
CJK擴展A	[3400-4DBF]	6592碼位	實際6582字
CJK擴展B	[20000-2A6DF]	42720碼位	實際42711字
CJK擴展C	[2A700-2BA7F]	4224碼位	實際4219字
CJK兼容擴展	[2F800-2FA1F]	544碼位	實際542字
CJK部首擴展	[2E80-2EFF]	128碼位	實際115字
CJK康熙部首	[2F00-2FDF]	224碼位	實際214字
CJK筆畫	[31C0-31EF]	48碼位	實際36字
CJK兼容	[F900-FAFF]	512個碼位	實際474字

한자 처리 시스템에 존재하는 자형상의 차이는 디지털 한자사전의 권위와 안정성 및 검색에 직접적인 영향을 미친다. 데이터베이스형식의 디지털 공구서든 인터넷 검색 도구이든 검색방면에서 한자 자형의 차이에 의한 제약은 심각하다. 예를 들면 "並", "幷", "倂", "竝", "傡", "并", "併" 등의 자형은 모두 임의성을 지니고 있다. 만약 "並"자를 검색어로 정하면 일반적인 조건하의 전문(全文) 검색에서 다른 자형에 관한 정보를 동시에 얻을 수 없다. 따라서 각각의 자형을 검색어로 하여 반복 검색을 하다보면 상당히 많은 시간과 공을 들여야 한다. 일반사용자들은 이러한 각기 다른 자형에 대해 잘 알지도 못한다. 예를 들어 "釆", "采"와 같이 形音義가 모두 다 다른 이 두 글자는 검색시 데이터에서 지원되지 않으므로 두 글자의 차이를 식별할 수 없다.

한자 자형의 규범화 문제는 매우 복잡하고 힘든 작업이다. 현재 중국 대륙지역에서는 이체자 처리를 1955년에 공표한 《제1비이체자정리자표(第一批異體字整理字表)》에 의거하고 있다. 그러나 《제1비이체자정리자표(第一批異體字整理字表)》는 한자의 간화(簡化)와 한자의 규범화에서 출발한 것이므로 이체자의 규범화에 대해서는 비교적 관대하다. 문자학의 각도에서 보면 이체자는 2개 이상의 글자가 音·義는 같지만 자형이 서로 다른 것을 말한다. 《제1비이체자정리자표(第一批異體字整理字表)》에 수록된 이체자는 용법이 완전히 같은 것(예:暖-煖), 부분적으로 용법이 같은 것 (예: 雕-鵰-彫-琱-凋), 동일자형의 자체(字體) 변이(예: 戱-戲, 廝-厮, 謚-諡, 등), 일부 고금자(古今字)(예: 勤-懃, 梁-樑 등)를 모두 포함한다. 《제1비이체자정리자표(第一批異體字整理字表)》를 자세히 분석해보면 수록된 이체자의 성질이 상당히 복잡함을 알 수 있다. 한자의 간화와 한자 규범화라는 각도에서는 다양한 성질의 관련 한자를 "이체자"의 개념으로 통일하여 처리하는 것은 가능한 일이지만, 컴퓨터의 한자 처리 시스템이라는 각도에서 보면 이러한 이체자는 각기 다른 방식으로 처리되어야한다.

따라서 정체자와 이체자는 문자학 연구와 고대 전적 분석의 기초 위에 권위 있는 기구의 협조와 최종 확인이 필요하다. 아래에 든 한자 자형은 서로 다른 한자권에서 각기 정한 정체자이다.

裏-裡；黃-黄；淚-泪；恥-耻；幫-幇；牀-床；昇-陞［升］；穽-阱；徑-逕；舉-擧；貍-狸；犁-犂；弔-吊；匯-滙；群-羣；尅-剋；妬-妒；荊-荆；夠-够；諮-咨；眾-衆；歎-嘆；啟-啓；髕-臏；腳-脚；汙-污…… 5)

위에 나열한 자형은 모두 독립된 유니코드 번호를 가지고 있기 때문에 서로 다른 한자권의 한자문헌 검색에서 서로 통용되지 못한다.

이상의 서술에 의거하여 여러 해에 걸친 학자들의 관점을 종합하자면 한자 속성 온톨로지 라이브러리(Ontology library) 구축은 한자 처리 시스템 건설의 기초 작업이 된다. 비록 문자학계, 언어학계, 컴퓨터학계 등에서 이 방면의 작업을 많이 수행했지만 디지털 한자사전의 수요로 보면 여전히 부족한 면이 많다. 한자 속성 온톨로지 라이브러리(Ontology library)는 한자의 표준자형을 기본단위로 해야 하지만 약간의 변형된 자형은 귀납하여 합병해야한다. 예를 들면 아래와 같다.

---

5) 예를 들면 중국 대륙 지역에서 "裏"자를 정체로 삼고 대만 지역에서는 "裡"자를 정체로 삼는 것처럼, 각 지역 마다 정한 규범에 의해 정체자형(正體字形)은 서로 다르게 규정된다.

"鬥"와 "鬬": "鬬"는 조자(造字) 방면에서 변이가 형성된 것이므로 [鬥]자에 병합할 수 있다.

"門"-"门", "间"- "閒/間", "闲/閑": 한자의 간화(簡化)와 한자의 규범화에 의해 변이된 것이므로 각기 [門]과 [間], [閑]자에 합병할 수 있다.

留-畱-畄-甾: 《說文解字》에는 "畱"자가 수록되었고, 《玉篇》에는 "留"자가 수록되었다. 살펴보건대, 《왕력고한어자전(王力古漢語字典)》에서는 "留"자를 "畱"자의 후기자(後起字)라 했고, 《類篇》에는 "留"자가 정체이며 혹 "畱"자로 쓴다고 했다. "畄"와 "甾"자는 모두 "留"자의 속자이다. 또 문헌중에 사용된 상황을 살펴보면 일반적으로 "留"자가 상용되므로 이 글자들은 모두 [留]자에 병합할 수 있다.

克-尅/剋: "克"자와 "剋"자는 대체로 같은 의미로 쓰이나 "能"의 의미일 때는 "克"자를 쓰고 "剋"자를 쓰지 않는다. "勝"의 의미일 때는 일반적으로 "克"자만 쓴다. 따라서 이 두 자형은 독립된 2개의 글자 [克], [剋]으로 세워야한다. "剋"과 "尅"은 단순한 이체자 관계로, 문헌중에 사용된 상황을 보면 주로 "剋"자를 많이 쓰고 "尅"자를 적게 쓰므로 "剋"으로 합병해도 무방하다.

종합하면, 귀납 합병을 거친 뒤 매 표준자형 아래에 약간의 변이된 자형을 귀속시켜 하나의 자족(字族)을 구성한다. 같은 자족(字

族) 안에는 甲骨文, 金文, 小篆, 隸書 및 각종 이체자와 이사자(異寫字)와 같은 그 글자의 다른 자형을 모두 포함시킨다. 그 안에서 유효한 연관성을 만들어두면 검색어로 어떤 자형을 선택하든 그 글자와 관련된 모든 자형이 포함된 검색결과를 얻을 수 있다.

2.2

한자 입력법은 전산 응용의 관건이 되는 기술이다. 특히 중국어와 한자정보처리에 있어서 한자 입력법은 하나의 걸림돌이라 할 수 있다. 따라서 한자입력법 연구는 지금까지 전산업계 및 관련된 분야의 주요 관심사였으며 새로운 입력시스템이 끊임없이 개발되었다. 현재 한자입력방식 가운데 가장 널리 사용되는 한자코드는 필순, 음, 形音, 音形 네 종류이다. 어떤 입력시스템을 사용하든 상용한자를 처리하는데는 각각 그 장점이 있어 기본적으로 사용자의 요구에 부합한다. 그러나 한자코드 [大字符集][6]에 적용할 때는 여러 가지 어려움에 부딪친다. 검색하려는 한자의 자음을 알 수 없거나 자형이 복잡한 경우, 음을 알 수 없는 글자는 자음 코드를 사용할 수 없고, 자형이 복잡한 경우는 자형코드로 확정하기 어렵다.

만약 디지털 한자사전의 요구를 충분히 고려한다면 한자 처리 시스템의 개발은 여전히 발전의 여지가 많은 영역이다. 디지털 한자사전의 수요에 부응해야할 한자입력법은 아래와 같은 문제를 해결해야 한다.

6) 중국 국가기술감독국(國家技術監督局)에서 2000년 3월에 공표한 새로운 한자코드표준(漢字字符集標准) GB18030-2000을 간략하게 칭하는 말이다.(역자주)

(1) 한자입력법 기술의 개선과 완비

검색하려는 글자나 어휘의 자음을 알 수 없는 경우가 자주 있으므로 자형 입력시스템이나 필기인식방법 입력시스템을 기본 방향으로 삼아야한다.

자형 입력시스템의 개선과 완비는 매 한자의 편방부수, 필획, 필순, 필형(筆形), 음, 성조 [調]와 같은 기본 정보를 정확하게 나타내주어야 하고, 이러한 정보는 규범화되고 권위가 있어야한다. 그래야 각종 자형 입력시스템마다 통일된 한자구조 표준에 의거할 수 있으며, 각종 자형 입력시스템이 한자 자형구조를 분석할 때 각기 독립적으로 편제되는 상황을 피하려면 서로 다른 자형 입력시스템이 어느 정도는 상호 겸용될 수 있어야한다. 이렇게 해야 하나의 자형 입력시스템에 정통한 사용자가 다른 환경의 컴퓨터에서 다른 자형 입력시스템을 사용할 때 속수무책이 되어 자기가 익숙한 자형 입력시스템의 한자자형 분해규칙에 의해 시도를 해도 성공적이지 않아 그저 반복해서 시도해보는 수밖에 없어 많은 시간과 노력을 허비하게 되는 상황에 이르지 않게 된다. 더군다나 자형이 비교적 생경한 한자를 대했을 때는 더욱 긴 시간을 소비해야 입력이 가능하다.

(2) 자족(字族)과 자소(字素)의 연구 성과를 넣어야 한다. 즉 입력법 가운데 같은 자족에 속하는 각 형체간의 연상관계를 형성시킴으로써 어떤 하나의 형체를 입력함과 동시에 다른 형체를 입력하기 위한 선택항을 만들 수 있다. 이러한 기술은 자형 입력시스템의 효

율성에 어느 정도 영향을 미칠 수 있을 것이다. 다만 한자코드 [大字符集]에 있어서는 사용자의 편의를 위해 제공되는 이러한 연관성은 효율성 저하라는 댓가를 보상하기에 충분할 것이다.

2.3

GB18030-2005(UNICODE, ISO10646-2003)에 포함된 한자는 방대한 수량과 복잡한 자형을 가진 한자 전체에서 보면 그중의 주요부분에 지나지 않는다. 많은 난자(難字), 벽자(僻字)를 컴퓨터 환경에서 구현하는 것, 특히 고대전적과 한자사전이 요구하는 難字, 僻字의 구현은 몹시 번거롭다. 현재 각종 디지털 한자사전은 이러한 문제를 2가지 방법으로 처리한다. 하나는 임시로 글자를 만드는 것이고 다른 하나는 이미지 파일을 삽입하는 것이다. 이 두 방법은 문제를 근본적으로 해결할 수 없으며 사전의 완정성과 표준화에 영향을 미칠 수 있다.

따라서 이 문제를 철저히 해결하려면 한자 처리 시스템 구축에 있어서 한자의 개체 총량과 한자 표준자형 총량을 정밀하게 연구하여 독립될 가치가 있는 개체 한자의 자형이 누락되지 않고 모두 한자 처리 시스템의 데이터베이스에 수록되도록 해야한다. 또한 자족(字族)의 정리와 표준자형의 건립을 통해 중복된 정보를 효과적으로 제거할 수 있다.

三

잘 완비된 한자 속성 온톨로지 라이브러리(Ontology library) 구축은 여러 측면에서 중대한 의의를 지닌다. 또한 이것은 문자학(文字學), 언어학, 전산처리학 등 학술계와 정부가 협력하여 규범을 정해야할 과제이다. 아래에서 한자 속성 온톨로지 라이브러리(Ontology library) 구축에 대한 의견을 간략하게 논하겠다.

3.1

한자 속성 온톨로지 라이브러리(Ontology library) 의 핵심개념은 매 한자 자형마다 그 특징을 충분히 설명해야한다는 것이다. 거기에는 아래와 같은 내용이 포함된다.

1) 독음: 매 한자 자형마다 현대표준독음, 상고음(上古音), 중고음(中古音), 근고음(近古音)을 표기하고, 역대의 반절(反切), 직음(直音), 비황(譬況) 등의 독음주석 정보를 수록한다. 그중 상고음은 음류(音類)에 대한 설명 위주로 하면서 왕력(王力), 이방계(李方桂)와 같은 비교적 영향력이 큰 전문가가 재구한 음가를 표시해준다. 근고음은 주로 《중원음운(中原音韻)》의 음계 지위를 표시한다.

2) 자형구조: 매 한자의 고문자(古文字)부터 현대까지 각종 자형을 표시한다. 갑골문(甲骨文), 금문(金文), 소전(小篆), 전국진한

(戰國秦漢) 시기의 죽간, 백서, 도장 문자, 예서(隸書)에서 역대 주요 속자를 포함한 해서까지 모두 포함시킨다.7)

가능한한 현재까지의 연구성과에 근거하여 자형의 원류를 분석하여, 역사문헌 중 최초로 출현한 시기, 사용정도, 생존주기, 출현빈도가 가장 높은 시기 등에 관한 정보를 수록한다. 어떤 경우에는 한자 자형의 지역분포 특징, 어체(語體)분포 특징을 설명할 필요가 있다.

3) 어의: 하나의 한자가 가진 모든 의미를 표시한다. 또한 자원(字源)에 의거하여 한자 자형과 직접적으로 관련된 본의를 확정함으로써 기타 다른 의미항과 본의 사이의 관계를 정리한다. 각 의미항이 역사 문헌 중에 최초로 출현한 시기, 사용정도, 생존주기, 출현빈도가 가장 높은 시기에 관한 정보를 알려준다. 동의자(同義字)와 반의자(反義字)를 표시하고 가능하다면 유사한 글자와 어의 상관성이 높은 글자를 함께 표시해준다. 어의 상관성이 높은 글자를 제시하는 예로 신체 각 부위 명칭, 손동작과 관련된 글자 등이 있다.

4) 음과 의미의 결합: 한자는 형(形) · 음(音) · 의(義)의 결합체

---

7) 유반농(劉半農)이 1930년에 편찬 출간한 《송원이래속자보(宋元以來俗字譜)》는 송(宋), 원(元), 명(明), 청(淸) 시대 12종 민간 판각본 가운데에 사용된 간체자 6,240개를 수록하였다. 이 6,240개 간체자는 번체자 1604자에 해당하므로, 평균적으로 각 번체자는 3.9개의 간체자를 가지고 있는 셈이다. 후대의 《간화자총표(簡化字總表)》와 같은 글자는 "实、宝、礼、声、会、恰、怀、搀、罗、听、万、庄、梦、阳、虽、医、凤、义、乱、皱、台、办、战、归、党、辞、断" 등 330여 개이다. 이 책은 근 천 년간의 간체자 변화과정을 보여준다.

이므로 매 글자의 의미와 특정한 독음과 자형 사이에는 복잡한 관계가 존재한다. 그러므로 음(音)·의(義)관계 및 한자와 거기에 기록된 언어부호 사이의 관계로부터 과학적인 분석을 거쳐 다음다의(多音多義)한 한자가 고대에 음(音)·의(義)가 결합되는 구체적인 상황에 관한 정보를 보여주어야 한다. 한자를 단위로 하는 음(音)·의(義)간의 대응관계를 구축하면 각 한자 사이의 동원(同源)관계를 밝힐 수 있다.

5) 단어(字組)의 조합: 매 한자 자형의 사용 환경을 설명한다. 여기에는 구법(句法)기능과 가장 자주 배합되는 글자, 글자조합의 긴밀도, 조합방식과 성질 등이 포함된다. 조합긴밀도가 높은 단어의 경우 최초 출현 시기에 관한 정보 및 어의 설명을 한다.

3.2

한자 속성 온톨로지 라이브러리(Ontology library)에서 더 나아가 한자 해성성부(諧聲聲符)분석, 시대별 음절체계 분석, 한자 단어구성 능력 분석, 언어역사 층차분석 등 전문분야의 심도 있는 연구를 전개할 수 있다. 그 연구 성과는 또한 한자 속성 온톨로지 라이브러리(Ontology library)를 풍부하게 할 것이다.

한자 중에서 형성자(形聲字)는 가장 많이 생성되는 유형으로 한자 총수의 90% 이상을 차지한다. 해성성부(諧聲聲符)분석은 한자 자형구조 연구의 중요한 영역이며 상고음(上古音) 연구에서도 꼭 필요한 자료이다. 한자 속성 온톨로지 라이브러리(Ontology library)의 처리 시스템에 의거하면 더욱 체계적이고 과학적으로 한자 해성성부(諧聲聲符)분석이 가능하다. 상고음 연구에 더욱 믿을 만한 근거자료를 제공해줄 뿐만 아니라 서로 다른 시대 서로 다른 지역의 형성자의 구체적 상황에 대한 자료 분석이 가능하다.

한자의 음(音) · 의(義) 관계 형(形) · 의(義) 관계에 대한 전면적인 분석을 진행한다고 전제하면 매 한자가 기록한 중국어 단어의 면모가 체계적 역사적으로 드러나게 될 것이다. 그러면 한 글자의 시작부터 현재까지 그 의미 변화의 역사적 추이를 추적할 수 있으며 대량의 언어자료 데이터베이스의 도움으로 그 변화의 동인과 기제를 더욱더 상세하게 설명할 수 있을 것이다.

3.3

고도의 정확성과 지능성을 갖춘 한자 속성 온톨로지 라이브러리(Ontology library)는 서로 다른 시대의 중국어 규칙 체계를 찾는데 도움을 줄 수 있다. 여기에는 글자와 글자의 배합, 구법(句法), 어의, 운율 등과 같은 다양한 제약을 받는 것, 비교적 현저한 시대적 · 지역적 특징과 같은 것들이 포함된다. 개인의 수작업 위주의 연구방법으로 글자 조합 규칙을 찾아내는 것은 아주 높은 강도의 노동력을 요하며, 풍부한 사실에 근거한 유효한 규칙을 찾기 어렵다. 한자 속성 온톨로지 라이브러리(Ontology library)와 대량의 언어자료데이터베이스가 결합되면 이러한 연구가 대규모화될 수 있다. 그로부터 연구자는 번다한 체력 노동을 절감할 수 있고 규칙을 찾아내는데 더 많은 정력을 쏟을 수 있게 되므로 충분한 자료와 데이터에 의거하여 더욱 전면적으로 규칙 체계를 찾을 수 있다.

서로 다른 시대의 중국어 규칙체계는 문헌교감의 도구를 개발하는 데 쓰일 수 있다. 반복적인 교감작업을 통해 문헌언어자료데이터베이스가 나날이 완벽해지면 그것은 다시 한자 속성 온톨로지 라이브러리(Ontology library)를 더욱 충실하고 풍부하게 할 것이다.

상술한 바에서 알 수 있듯이 한자 속성 온톨로지 라이브러리(Ontology library) 구축은 하나의 과정과 결과가 서로 추동하며 연구와 새 과제가 서로 촉진하여 내용과 성과가 차츰 풍부하고 심화되는 방대한 공정이다. 이러한 공정에는 무수한 학술적 소과제가 포함되며, 매 소과제가 해결되면 문자학, 음운학, 어휘학, 문법학 등 다양한 방면을 포함하는 중국어학사 연구, 고대전적 연구 및 한자사전편찬 등에 큰 역할을 할 것이다.

四

비교적 완전한 한자 처리 시스템이 구축되면 디지털 한자사전 구축 역시 볼만한 성과를 이룰 수 있다.

첫째, 한자 속성 온톨로지 라이브러리(Ontology library) 구축은 이미 어느 정도 한어역사대사전(漢語歷史大詞典)의 기본적인 틀과 구체적 내용을 구성했다. 20세기 초 여금희(黎錦熙), 유반농(劉半農) 등이 한어(漢語)"대사전(大辭典)/대자전(大字典)" 편찬에 대한 구상을 제기한 이래, 왕력(王力) 등 전배 중국 언어학자들이 이에 대해 깊은 관심을 표명했다.[8] 특히 왕력은 이론과 실천 방면에서

《한어역사대사전(漢語歷史大詞典)》편찬을 전방위적으로 고려했다. 사전이론 방면으로는《王力文集》19권 "자전(字典)"류에 〈이상적인 자전 (理想的字典)〉 (1945), 〈신훈고학(新訓詁學)〉 (1947), 〈《동원자전》의 특성과 그 의의 (《同源字典》的性質及其意義)〉, 〈사전과 언어 규범화(詞典和語言規範化)〉, 〈자전문제잡담(字典問題雜談)〉 등 5편의 논문이 있다. 사전편찬의 실천에 있어서 왕력은 지난 세기 40년대에 〈了 소자전 초고(了一小字典初稿)〉를 발표했다. 그의 사후 80년대에 출판된《동원자전(同源字典)》과《고한어상용자자전(古漢語常用字字典)》은 모두 왕력의 기획아래 그의 학술사상을 체현한 것으로 왕력이 몸소 참여하여 완성된 프로젝트였다.[9] 呂叔湘은 〈왕력 교수님을 애도하며(悼念王力教授)〉에서 "왕

---

8) 1923년 黎錦熙 선생은 "국어사전편찬처(國語辭典編纂處)"를 성립하고 이끌었다. 1928년 "중국대사전편찬처(中國大詞典編纂處)"로 개명한 뒤, 그 아래에 수집부, 조사부, 정리부, 편저부, 통계부를 설치하고 언어문자를 내용으로 하는, 중국 수천년 문화 가운데에 출현한 어휘를 체계적으로 총정리한《중국대사전(中國大辭典)》편찬을 목표로 삼았다. 편찬처는 오대(五代) 북송(北宋)의 사(詞)와 금(金) 원(元) 희곡(戲曲), 명청(明淸) 소설 가운데 고금자서(古今字書)사전에 수록되지 않은 어휘를 모두 수집, 정리, 주석하여 300만 장이 넘는 카드를 만들었고,《중국대사전 샘플고(中國大辭典樣本稿)》,《중국대사전장편(中國大辭典長編)》을 출간하였다. 1927년 유반농(劉半農)은 북경대학(北京大學) 연구소 국학부문에 〈《中國大字典》 편찬 계획 개요 (編纂《中國大字典》計劃概要)〉를 제출했다. 모두 10개 부문으로 나누어 편찬제재, 편제, 취사선택, 형체, 성음, 의미, 형음의(形音義), 문법, 사명(詞名) 등 각 방면에서 전면적이고 과학적으로 논의를 전개하였다. 이후 劉半農 선생은 대자전 편찬을 위한 준비 작업으로 자료를 수집하고 신문에 〈打雅〉라는 논문을 발표하여 '打'자의 본의와 파생의 101개 조항을 해석하였다. 이후 수년간 '打'자와 관련된 단어 8000여개를 수집하였다. 또한 〈"一"字稿本〉을 쓰고 〈釋"一"〉이라는 제목으로 북경대학의《國學季刊》에 발표하였다.

9)《왕력고한어자전(王力古漢語字典)》은 왕력선생의 자전학(字典學) 사상의 실제를 보여준다. 첫째, 자의(字義)의 파생의를 명확하게 한다. 둘째, 시

선생님은 자의(字義) 분석에 있어서 고금자의(古今字義)의 변천에 특별히 주의를 기울이셨다"고 했다.

그러나 한어(漢語) 역사 문헌 수량은 너무나 방대하고 매우 유구한 시대에 걸쳐있다. 특히 한자의 표의문자적 특성 때문에《漢語歷史大詞典》프로젝트는 최소 수대에 걸쳐 진행되어야하는 것으로 간주되었고, 그 어려움 때문에 시작되지도 못했다. 현재 전산기술의 발전과 디지털 한자사전의 진보 및 대량의 고전문헌 데이터베이스화를 통해 "漢語歷史大詞典" 구축에 기술적 조건이 갖추어지면서 이 프로젝트를 수행할 수 있는 현실적 가능성이 마련되었다. 강력한 기능을 갖춘 한자 속성 온톨로지 라이브러리(Ontology library) 구축은 바로《漢語歷史大詞典》편찬에 가장 견실한 기초가 된다.

강력한 기능을 갖춘 한자 속성 온톨로지 라이브러리(Ontology library)와 대량의 문헌 데이터베이스가 결합된《漢語歷史大詞典》편찬은 디지털 한자사전의 미래에 풍부한 자원을 제공할 수 있으며 디지털 한자사전의 다양화, 개성화를 직접적으로 추동할 수 있다. 그리하여 다양한 대상, 목적, 특색을 지닌 한자사전이 수요에 따라 매우 편리하게 개발되어 나올 수 있을 것이다. 일치검색 [Matching Search]기능을 이용하여 동의어, 통가자(通假字), 이체자, 번체자,

---

대의 선후를 구분한다, 셋째, 가능한한 다자(多字)로 일자(一字)를 해석한다. 특히 주의할 점은《王力古漢語字典》이 음의(音義)관계를 처리하는 방면에 있어서 이전의 자전보다 크게 진보한 것이다.《王力古漢語字典》은 한자 속성 온톨로지 라이브러리(Ontology library)의 매 한자에 대한 구체적 처리 방법에 있어서 매우 좋은 범례를 보여준다고 할 수 있다. 물론,《王力古漢語字典》에 수록된 한자 수는 2만 자에 지나지 않지만 한자 속성 온톨로지 라이브러리(Ontology library)가 처리해야 할 한자 자수는 그것의 몇 배나 되므로 더욱 어려운 문제가 생길 수 있을 것이다.

성어 등 전문사전을 개발할 수 있고, 지능통계분석 시스템이 제공하는 검색, 통계, 분석, 평가가 일체화된 정보검색자문능력을 이용하여 학습형 사전, 규범형 사전, 내수용 대학생 중고등학생 초등학생용 단계별 사전, 외수용 사전, 공무원 사전, 고시용 사전, 유아용 사전, 소년 사전, 노년 사전 등을 만들 수 있다.

결론

한자사전의 디지털화 웹정보화는 최근 그 발전 속도가 매우 빠르다. 그러나 대체적으로 사람들이 막강한 검색기능과 다중매체 기능 구비로 인한 공구서의 활용도가 크게 증가된 점 등으로 인해 디지털 한자사전과 웹 한자사전에 경탄하기는 하지만 다른 한편으로는 그것을 사용하는 사용자들이 그 권위성 및 안정성에 대해서는 의문을 가지기도 한다. 사실 디지털 한자사전의 착오는 종이책 사전보다 확실히 높다. 여기에는 스캔 식별 과정 중에 생기는 착오와 같이 기술적 한계도 있지만 더욱 관건이 되는 요인은 한자 체계의 복잡성으로 인해 전산처리과정에서 야기되는 객관적인 어려움이다.

한자사전에서 한자는 근본이 된다. 한자 자형의 복잡성, 한자 자형과 자음·자의 사이에 존재하는 복잡한 관계가 과학적으로 처리될 수 있는지 여부가 각종 한자사전의 성공을 좌우한다. 디지털 웹 한자사전 역시 예외가 될 수 없다. 한자의 전산처리 능력이 바로 디지털 한자사전의 관건이 된다. 《漢語大詞典》의 독립 구동 버전과 인터넷 버전이 지닌 내용 자체의 착오 및 검색능력 문제는 모두 한자의 전산처리능력과 직접적으로 관련되어 있다. 이 때문에 한자 속성 온톨로지 라이브러리(Ontology library)와 양질의 언어자료 데이터베이스 구축 및 적극적인 사전편찬 프로그램 개발은 전통적인 사전 생산방식의 개혁과 현대화에 가장 우선적으로 요구되는 사항이다.

【參考文獻】

桑良至,《數字化工具書》, 北京師範大學出版集團, 安徽大學出版社, 2010.

畢慧玉, 張繼春, 〈《漢語大詞典》2.0光盤版的使用技巧〉,《辭書研究》, 2006年6期.

楊琳, 〈《漢語大詞典》光盤版與紙質版的區別〉,《辭書研究》, 2010年7期.

《信息處理用GB13000.1語言文字規範》, 國家語言文字工作委員會, 1997.

張小衡, 〈《信息處理用GB13000.1字符集漢字部件規範》在輸入法應用中的難點討論〉,《中文信息學報》, 2004年4期.

俞劍, 〈新詞典　新觀念——關於網絡詞典的思考〉, 《辭書研究》, 1996年6期.

劉奇暘, 〈漢語網絡工具書的現狀與前景〉,《辭書研究》, 2005年4期.

亢世勇, 〈《現代漢語新詞語信息電子詞典》的開發與應用〉, 《辭書研究》, 2001年2期.

亢世勇, 〈《現代漢語新詞語信息詞典》的結構〉, 《信息網絡時代中日韓語文現代化國際研討會論文集》, 香港文化教育出版社,

2000年12月.

亢世勇,〈語料庫技術在新詞語詞典開發中的具體應用〉,《辭書研究》, 2001年5期.

亢世勇,〈《漢字義類類信息庫》的硏究與實現〉,《2001中文電腦國際會議論文集》, 新加坡國立大學出版;《漢語語言與計算學報》, 2002年2期.

亢世勇, 〈《漢字義類電子字典》的開發與應用〉, 《中國辭書論集(2002)》, 陝西人民出版社, 2003.

亢世勇,〈面向多種語言信息處理的通用漢語詞典〉,《多種語言信息處理技術國際硏討會論文集》, 瀋陽, 2001年12月.

楊德炎,〈數字化走進辭書編輯出版領域〉,《辭書硏究》, 2000年5期.

張普,〈計算機與語文詞典編纂工作的現代化〉,《詞典硏究叢刊》第七輯.

《2004年辭書與數字化硏討會論文集》, 1994-2013 China Academic Journal Electronic Publishing House. http://www.cnki.net.

《中國大百科全書・圖文數據光盤》.

【附錄】 상용 인터넷 한자사전

1. http://www.zdic.net, 漢典, 《漢語字典》,《漢語詞典》,《成語詞典》 검색을 포함.
2. http://www.ourdict.cn, 中華在綫漢語詞典, 12종 사전 중의 한자 15,702개, 어휘 36만개, (상용어휘 28,770), 성어(成語) 31,922개, 유의어 4,322개, 반의어 7, 691개, 헐후어(歇後語)

14,000개, 수수께끼 28,071개, 명언경구(名言警句)19, 424개 수록.

3. http://zidian.teachercn.com, 漢字字典, 中教網, 工具書上網工程
4. http://xh.5156edu.com, 在綫新華字典, 한자 검색, 관련 해석이 상당히 상세하며 관련 성어도 제공함.
5. http://www.cshu.org, 在綫新華字典과 유사하나 기능이 강화된 것으로 검색창에 직접 한자나 성어를 입력하여 상세한 결과를 얻을 수 있음.
6. http://www.er07.com, 愛如生 회사 홈페이지, 14종의 전문검색(全文檢索) 대형 데이터베이스, 7종의 전문검색시스템 데이터베이스, 16종의 전문검색 디지털총서 등 풍부한 디지털 문헌자료의 검색 서비스를 제공한다.
7. http://www.guoxue.com, 國學網 홈페이지, 국학보전(國學寶典), 경사자집(經史子集).
8. http://162.105.161.32/h25, 25사(二十五史) 연구 시스템, 북경대학 데이터 분석 센터.

[번역 : 강경희(이화여대)]

[*이 글은 단국대학교 동양학연구원 주최, 제4회 동양학연구원 사전학 국제학술회의, “동아시아의 사전학(Ⅳ) 동아시아 한자사전의 웹정보화 현황과 미래”(2013.2.1.)에서 발표하였던 것을 수정 보완한 것이다.]

日本におけるＷＥＢ漢字辞典

沖森卓也*

1．辞典・字典という位相

日本の辞書は、その見出しの扱い方によって、大きく「ことば典(辞典)」(単語、主として普通語を見出しとする辞典)、「もじ典(字典)」(漢字を見出しとする辞典)、「こと典(事典)」(百科項目を見出しとする辞典)の３つに分類される。表題の「漢字辞典」とはこのうちの「もじ典」(以下、「字典」と称することにする)をさす。「辞典」は語句を見出しとして、その意味や使い方を解説したもので、国語辞典や対訳辞典(「英和辞典」「和英辞典」など)がその代表である。「字典」は一定の配列基準にしたがって文字を見出しとして、字形・字義・字音、その字の使い方を解説したもので、漢字について言えば、漢和辞典がその代表となる。「事典」は事物や事柄を表す語句、またはそれに準じるものを見出しとして

* おきもりたくや　立教大学 教授

その意味などを解説したもので、百科事典や専門語辞典がその代表である。

ただし、このような分類基準は相対的なものであって、現代の国語辞典では前述の「ことば典」としての色彩が色濃くあるものの、五十音にしたがって、見出しとして語とともに、親字としての漢字をも配列し、その項目に字義や熟語などをも解説してあるものも少なくない。なかには、巻末に簡単な漢和辞典風の記述が付載されている国語辞典もある。さらには、中型国語辞典の場合は、先を競って百科項目の充実ぶりを唱えており、「こと典」との差異はなくなってきている。

たとえば、三省堂ホームページの『大辞林第三版』の説明として、「本格派日本語［国語+百科］辞典の最高峰」とあり、岩波書店ホームページの『広辞苑第六版』の説明には「現代語と百科項目を飛躍的に充実」という見出しの下に、次のように記されている。

> 21世紀の言語生活にいっそうかなった辞典にすべく，一般語については，新しい意味や用法の広がりを的確に捉えることに重点をおきました．百科項目については，現代の急速な社会の変動やさまざまな分野での研究の進展，科学技術の進歩に伴って生じた新しい動きを反映させています．

さらに、小学館ホームページの『大辞泉』の特長として、「圧倒的な収録語数」という見出しの下に次のように説明されている(各社ホームページとも2013年6月のものである)。

テレビ・新聞・雑誌で目にする「時事用語」、観光地名・動植物・食品・人名・スポーツで使われる「日常語」、インターネットや世間で話題の「流行語」や「新語」など。時代を映す国語＋専門語辞典としてあらゆるジャンルをカバー。(以下略)

そもそも、語を解説する辞書にあっては、主として普通語を見出しとするのが国語辞典、専門語を見出しとするのが百科事典であり、見出し語を普通語以外にも広げていくと、百科事典的性格を強く持つようになるのは自然の流れである。このように、語や漢字の解説を１冊に盛り込もうとする傾向が近年ますます強まっていて、先のような三分類は相対的なものに過ぎなくなっている。

今後は普通語・専門語という区別意識はますます薄れ、語を見出しとする総合的辞典がその収録語数をますます増加させていくことは疑いない。すでに紙媒体の辞書に対する需要は弱まり、電子化された辞書の利用が大半を占めるようになっている。そうなると、印刷物としての量的な制約はなくなる。つまり、製本するための技術的な課題である、一冊分の本の厚みに対する制限はなくなるため、ページ数すなわち解説の量的制約はなくなる。すでに『日本国語大辞典』のような大型国語辞典、平凡社や小学館などの百科事典などが電子化されているが、これらを総合してもそのデータ量は現代の情報管理技術からすればほんのわずかなものである。このように、電子辞書においては見出し語数や解説の字数などにおける量的制限はまったく存在しないのである。要は情報の質の問題だけであると言える。

ただ、先の各中型国語辞典の売り文句に見えるように、収録語数の多さ、語の解説の充実さを唱うものの、漢字という面にはあまり触れていないのが現状である。なぜ漢字に対して期待値が低いのか、それについて次に少し考えてみたい。そこで、漢字というものの扱い、そして、現代日本におけるその扱いについてまず概観することにしたい。

2. 文字としての漢字

文字とは、ある言語において社会習慣的に、その言語形式(形態素、または単音もしくは音素など)を、一定の規則に基づいて体系的に記録する記号をいう。文字は線または点によって構成された形態をもち、主として視覚によって認識されるが、点字のように触覚によって認識されるものもある。それは相互の形態の差異に基づいて記号化されたものである。

文字は、筆書されたり印刷されたりして、具体的な形をもって物理的に外面化される。このような可視的に、もしくは指先などで感じられるように示された文字の形を「字形」と呼ぶ。これには、同じ書き手でも書くごとに形が異なったりすることもあるように、個人的な書きぶりとして、実際にはさまざまな形で実現される手書きの文字から、きちんと書いた楷書体、少し崩した行書体など書きぶりとして体系性を有するもの、また、明朝体・教科書体、あるいは、ローマン体・イタリック体など印刷文字としてデザインされた体系的な様式に包摂されるべきものまで含まれる。このような、さまざまな文字の具体的な形態を総称して「字形」と呼んでいる。

字形としての形態を指す場合に、文字の下位概念としていくつかの単位が想定されている。線や点からなる全体の骨組みについての抽象的な概念をさす場合に「字体」という。たとえば、「吉」は「士」の下に「口」を組み合わさせたものという概念によって識別される。「土」の下に「口」を組み合わせたものも「吉」に包摂されると意識されるものの、「口」の上の「士」と「土」は骨組みが違うことから、別の字体ということになる。字体とは、ある文字を別の文字と弁別する形態上の観念をいう。

他方、「口」の上が「士」であっても「土」であっても「吉」で代表されるものと認められる。また、「邊」も、「邉」を始め、さまざまな字体が戸籍上の表記などに用いられているが、それらも「邊」で代表される文字であると意識されている。このように、字体はそれぞれ異なるが、複数の字体が同一の文字に帰すると認められる場合、それを一つの「字種」であるという。漢字を例にとると、音や訓という読み方、その用法(意味や品詞など)などが同じであるが、字体が異なる字体を異体字という。「会」と「會」、「曽」と「曾」など、それぞれが異体字であると定義されるが、一般には代表的もしくは標準的な字体に対する、それとは異なる漢字を異体字と呼ぶことが慣用的である。したがって、通俗的には「邉」は「邊」の異体字というように言われることが多い。このような異体字をその性質によって区別する場合に、次のような名称がよく用いられる。

本字　字の成り立ちから考えて、本来的であると見られる字体

「灋」(法)

俗字 本来の字体ではないが、世間一般に使われている字体「卆」(卒)「耻」(恥)

略字 字画の一部を省くなどして簡略にした字体「医」(醫)

新字 当用漢字表や人名用漢字別表で新たに採用された字体「状」(狀)「為」(爲)

旧字 新字体に対して、それ以前に用いられていた字体「藝」(芸)。「舊」(旧)

正字 字の成り立ちや新字体に対して、本来的である字体「証」(證)

別体字 同義で用いられるが、成り立ちも形態も異なる字体「烟」(煙)

別字 本来は別の漢字である文字 たとえば、「芸(ウン)」は「藝(ゲイ)」とはもともと別字などという。

このように、一つの字種には、いくつかの字体が包摂されている場合が少なくないのである。そして、字種はそれぞれ他の漢字とは異なる示差的特徴を有するものとして、他の字種に対して別の文字であると認められることになる。その結果、たとえば「常用漢字の字種は２１３６である」と言い、現代日本語の漢字表記においては、その漢字の集合を構成する一つ一つのものを字種ということになる。

「字種」の考え方は、何を標準もしくは基準とするかによって、その内容が異なることがある。たとえば、「邉」「邊」は「辺」という字種に包摂されると考える立場もあれば、「邉」は「邊」という字種に包摂されると考えることもできる。つまり、新字体を含む常用漢字の字体を基準するのか、略字(「辺」は「邊」の略字である)などでない正字(もしくは旧字)を基準とするかによって、内容が異なってくるのである。

字形がさまざまに異なるということは、実際に書き表わされた場合、一般に見受けられる現象である。たとえば、同じ文字を書いても個人によって字形が異なり、また、楷書か行書かなどによっても違いがある。印刷物でも、明朝体・教科書体、あるいは、ゴシック体・アンチック体など、そして、欧文ではローマン体・イタリック体など、実にさまざまな字形が観察される。このうち、一定の様式(スタイル)を共通してもっていたり、その歴史的成り立ちを同じくしたりする字形の集合を「書体」という。たとえば、明朝体は縦画が太く横画が細いという一定のデザイン様式があり、ゴシック体は太めの線で文字全体をデザインしたものである。また、隷書は篆書を省略して簡略にしたものを、行書は楷書を少し書き崩した字体を指すなど、筆記体においても、文章全体を一定の文字スタイルで書き綴っていく。ふつう、楷書に篆書を交えたり、草書に楷書を交えたりすることはない。篆書で書き始めれば、篆書で文章全体を書き記すのである。印刷字体でも、最初に明朝体を用いれば、文章を最後まで明朝体で統一するというのが原則である。このことは、書体には一貫性、統一性があるということであり、それぞれが体系性を有していることを意味する。このような字形における一定のスタイルというは、個々人の書きぶりにも見られる。たとえば、「彼らしい書体だ」とか、「この書は王羲之の書体に似ている」などのように、文字の書きぶりをも「書体」ということがある。ただ、特に個人的な特徴を意識した場合には「書風」と呼んで、区別した方がわかりやすいであろう。また、筆記体・印刷字体などの書体は、字種というレベルでは扱わないのが一般的である。

以上のような文字において定義される単位からみると、漢字に対しては「字種」を基準に扱うのが慣例であるということがわかる。そして、そこでは、さまざまな異体字を問題とするなかで、字形において、線の長さ、点の位置、撥ねの有無、起筆の位置などの字形上の特徴とともに、特に筆書する場合には、筆画の書き順にも標準的なものが求められることが少なくない。しかし、結論から言えば、それらの「正しさ」は歴史的な正統性を有しているわけではない。

そもそも、漢字は書かれたものとして伝わってきたものである。特に書き順について言えば、名筆、達筆などされる文字について、その書き方を直接に見た者は誰もいない。確かにその書跡から筆順を想定することはできるが、それを正しいと権威づけたことは近代に至るまで見あたらない。そもそも篆書を楷書に整えたことは、書きやすさという実用性、形態としての美しさ、また、紙に墨で書くという筆記スタイルなどと深く関係する。おそらく、「正しさ」に根拠があるとすれば、それは書きやすさ、見た目の美しさであると考えられる。そして、慣用としての書き順を「正しい」と感じているに過ぎない。漢字の原初的形態である甲骨文字、また、金文・籀文などに、書きやすい筆画の順があると感じることはあっても、一定の書き順しか正しくないと意識されたことはなかったことは疑いない。「右」が上から左に寄せる下への斜線から、「左」が左から右への横線から書き始めるというのは、それぞれの字の成り立ちにおいて書きやすいからであり、その書き方が楷行草に慣用として用いられてきたからである。一方、現代中国では「左」も「右」も書き順としては横線から書き始めるとされている。このことは、慣用であるという点で「標準的」であるという一例を示すものであり、そこに唯一正しい書き方が存在しているわけではない。しかし、このように書き順において「正しさ」の根拠は極めて希薄であるとは言え、多くの人々が、他の人とは違った書き順であることを気にしたり、恥じたりする意識を少なからず持っている。

また、線の長さ、撥ねの有無なども、字種を異にすると判断される場合を除いて、実は歴史的にもほとんど問題にされたことはない。手偏は撥ねなければいけないなどというのは、筆で書いた場合の勢いによるのに過ぎない。そもそも「手」という字は「五本の指のある手にかたどる」ことに由来するのであるから、手が腕へと続く人体の形態から見て「左上に撥ねる」というのは事実に合わない。甲骨文字も小篆も「手」という文字は、縦棒の最下部は撥ねない形で書かれているのである。他方、木偏は撥ねないとされているが、中国でも日本でも、筆で書かれた場合多くが木偏を撥ねて書かれている。ただ、これらの字形に関しても、印刷字体である「教科書体」を模範とするという奇妙なルールがいつの間にか正統性を持つに至って、もとは文字のデザイン上の特徴でしかなかったものが「正しい」と判断されのが日本の現状のようである。しかし、それは確かに一つの典型的字体ではあるが、中国や日本では印刷字体ができる以前から手偏や木偏の撥ねなど形態的な差異は全く意に介されることはなかった。そして、それぞれの字形が字種が異なるという場合を除くと、字形の「ゆれ」として同定されてきたのである。つまり、体系性をもつ書体にかかわるのでなく、単なる個人的筆癖であれば、これは本来まったく問題にはならない。それでも、現代日本人は字形に対しても少なからず気になるようである。

字形のほかに、音訓、また、同訓異字などにも現代日本人の多くが関心を寄せているようである。「固執」は「こしゅう」と読むか、「こしつ」と読むか、どちらが正しいか、「御用達」を「ごようたし」と読むのか、「ごようたつ」と読むのか、どちらがいいか、というような熟語の読み方や、「委員を代える」「委員を替える」のような場合、「かえる」という訓にあたる「代・替・換」などのうち、どれがよいかというような同訓異字の書き分けなどが特に問題となるようである。

読み方についていえば、慣用的な読み方はすでに広く、かつ長らく行われていることから、そのような読み方も社会的に許容しかない。「こしゅう」でも「こしつ」でもどちらも正しいということにせざるをえないのである。ただ、歴史的に見ると、文献上の制約さえなければ、どちらかが正しいと判断できる。たとえば、「執」は本来の字音はシフ→シュウであるから、「固執」はもともとコシュウが正しい。しかし、「執行」を「シッコウ」と読むように、「シッ」という促音便が生じた結果、「執」にシツという音が慣用されるようなったのである。この類には「立」のリツがある。これは「建立」を「コンリュウ」と読むように本来はリフ→リュウである。しかし、今では「設立」をセツリツ、「樹立」をジュリツと読んで問題視されていない。漢字の読み方は、個別に詳しく見れば問題となる場合もないわけではないが、基本的には慣用的であれば、それはまったく問題にはならない。

一方、同訓異字の書き分けとは、固有の日本語である単語を、その文脈の意味に応じた字義に基づいて、その場にふさわしい漢字で書くということである。そもそも、漢字は中国語を書き表すための文字であるから、一定の中国語音と結びついている(これを「字音」または「音」という)。日本漢字音でも「代」は呉音ダイ・漢音タイ、「替」は呉音タイ・漢音テイ、「換」は呉音・漢音カンであり、それぞれ音が異なり、言うまでもなく中国語として別の語である。これらの字義に和語の「かえる・かわる」が対応していることから、そのような読み方も付与されている(これを「訓」という)。つまり、同訓異字の書き分けとは、日本語を中国語で「正しく」書き分けて表記するということである。言うまでもなく、日本語として文の意味が通じる誤りのない表現は話し言葉のレベルでは何ら問題にならない。それにもかかわらず、書き言葉においては、わざわざ中国語の本来的な漢字の意味用法に従って書き分けようとして、話し言葉レベルでは問題視されることのない日本語の文章表記を、正しい、間違いと評価しようとするのである。それは、字義を何となく弁えていることから、書き言葉を効率よく理解するのに役立たせるためであるが、日本語の本質には何らかかわらないものである。同訓異字について言えば、書き分ける自信がなければ、また、漢字選択に迷うのであれば、仮名で書けばよいのである。しかし、一般には、それでも気になる向きは多いであろう。

漢字は、中国語の内部で文字として複雑に発達した経過に加えて、言語の系統としては別の日本語に借用された文字体系として、多岐にわたる歴史的変化のなかで一層複雑な様相を呈している。ただし、前述したように、漢字の抱える問題の多くは、日本語の本質とはかかわらないことが多い。欧米やアジアの大多数の言語における文字使用に見られるように、話す音に応じて、つまり表音文字で書き表すことで書き言葉は成り立つ。漢字文化圏でありながら、表音文字であるハングル専用の隣国韓国を見れば、それは明らかである。そこに読み取りの効率という観点を導入し、漢字使用を日本語では存続させているが、漢字学習の効果と比較すると、どちらが合理的であろうか。漢字学習をせずに、その労力を英語など他の教科の学習に振り向けるなど、さまざまな方向性も考えられる。表音文字である仮名で文章を表記したならば、常用漢字などの漢字制限、送り仮名、同訓異字の使い分け、また、漢字書き取りに関するさまざまな疑問も解消することになる。もちろん、漢字全廃とはならないまでも、漢字学習の労力をもう少し軽減化することはできる。それは、使用漢字、すなわち常用漢字を極力減らし、和語の漢字表記をできるだけ少なくする(たとえば、同訓異字の書き分けには多くの労力は払わない、つまり漢字で書ければそれでもよいが、仮名で書くことも推奨する)とするという方向性である。すなわち、日本語の言語政策に、漢語は漢字で、和語は原則として仮名で、ただし、漢字を用いてもよいというような原則を導入してはどうであろうか。

漢字には、表語文字であるゆえの読み取りにおける効率のよさは大いに認められる。漢字で書き分けることで、同音の語を区別しやすくしているという利点があることは明らかである。ただ、今後日本語表記における漢字については量的な面からも、質的な面からもさらに論議を尽くし、外国人の日本語習得ということからも、その学習労力の軽減化をはかっていくことが望まれる。

3．日本における漢字辞典の需要

漢字が日本においてさまざまな使われ方をするなかで、漢字の辞典も、その歴史的変遷の過程で、さまざまな関心のもとで大いに発達してきた。もともと、日本における辞書は古代中国における辞書の影響を歴史的に大きく被っている。漢字の形音義という側面から見ると、次のような辞書が古代中国で行われた。

1．文字の形によって類別したもの(字形引辞書)『説文解字』『玉篇』

2．文字の音によって類別したもの(音引辞書)『切韻』『広韻』

3．文字の意義によって類別したもの(分類体辞書)『爾雅』『釈名』

1は字書、2は韻書、3は義書と呼ぶことがある。このほか、類書や音義というジャンルもある。類書とは、多くの書物から類似の表現を収集して分類したもので、『芸文類聚』『初学記』『太平御覧』 が代表的なものである。音義とは、特定の書物の中から難解な字句を抜き出してその発音・意味を注記したもので、『経典釈文』、『一切経音義』(玄応。慧琳)などが代表的なものとしてあげられる。このような中国の字書が日本に伝来し、漢字漢文の学習において利用されるとともに、やがて日本で独自に編集されるようになった。

日本最古の辞書は『新字』(境部連石積ら編。『日本書紀』による682年)と言われるが、現存せず、その内容は不明である。この書は、あるいは漢字の字体に関する字書かとも見られる。ただ、7世紀後半の北大津遺跡木簡に音義のようなものが見え、また、観音寺遺跡木簡にも植物名を記した字書らしい記載が見えることから、おそらく7世紀後半には音義や字書のようなものも編集されるようになっていたと推測される。

奈良時代の辞書には、和訓や漢文注などから成る『楊氏漢語抄』『弁色立成』があったらしいが、『和名類聚抄』に一部が引用として伝わるだけで、その辞書としての性格もはっきりしない。他方、音義では『法華経音義』(信行編。平備編。いずれも佚書)、『大般若経音義』(信行編。3巻のうち中巻のみ現存)、『新訳華厳経音義私記』(784年写)などがあり、仏教関係のものが多数著されている。

平安時代に入ると、現在最古の『篆隷万象名義』(空海。830~835年頃)が成立した。これは顧野王編『玉篇』(543年成立)に基づき、説明を簡略にしたもので、独自の内容を有するものではない。親字を部首順に配列し、見出しとして篆書・隷書を掲げ、発音と意味(字義)を漢字で注記したもので、和訓の記入はない。これに対して、僧侶であった昌住が万葉仮名による和訓を添えた、文字通り漢和辞典と言える『新撰字鏡』を編集した。これは玄応編『一切経音義』が検索するのに不便であり、また難解でもあったため、892年にそれに基にして3巻に編集した。さらに898~901年の間に『玉篇』『切韻』などを手に入れることができたため、12巻に増補改編したというものである。序文によると、掲出字は20,940余で、これを部首順に原則として単字で配列し、反切・直音注・声調などの音(70ほどの和音(呉音)の音注も見られる)、漢文による義注を付し、さらに万葉仮名表記による和訓が合わせて約3,700が加えられている。なかには、巻２「親族部」、巻12「重点」「連字」「臨時雑要文」などに熟語も掲出し、「小学篇字」(400余字)には国字も収めている。このように、『新撰字鏡』は雑然とした感は否めないものの、中国の字書から逸脱した要素も非常に多く、まさに国風時代の幕開けにふさわしい編集内容となっている。

『類聚名義抄』は原撰本が1081年以後、1100年前後に成立したと見られる。編者は法相宗系統の僧かと推定され、仏・法・僧の３巻を、それぞれ上下２帖に分けたもので、現存するのは「水」から「衣」までの20部を収める法部の前半のみ見出し字数3,657である。『玉篇』を参考にして部首によって見出し字を配列し、反切や類音注による音注、漢文による義注を付し、さらに和訓を万葉仮名または片仮名で記す。増補本は12世紀に真言宗系統の僧によって改編されたものと見られ、増補本は、原撰本をもとに、大幅に和訓を増補している(観智院本所収の和訓の数はおよそ34,000語にものぼる)。注記も、仏教的な内容を排除し、漢文の引用や出典も省略したもので、原則として、見出しの単字の下に片仮名で和訓・呉音を注記している(反切や類音注、また漢字による義住なども見える)。和訓や和音に声調(アクセント)を表示する声点も付されており、日本語・日本漢字音に対する観察も詳細である。12世紀においては、五十音順に見出し語を配列した国語辞典『色葉字類抄』(橘忠兼編、1144~1181年の間に補訂を加えて成立)も編集されたのと軌を一にして、このような、日本語にとって一段と使いやすい字書編集が行われるようになったことは、字書史における画期的な出来事であったと言ってよい。また、『新撰字鏡』『類聚名義抄』に大きな影響を受けて『世尊字本字鏡』も成立した。単字本位の見出し字に片仮名による和訓を数多く記すという体裁をもつ。

鎌倉時代になると、『字鏡集』が成立した。見出し字を『色葉字類抄』に倣って大きく意義分類し、その下位分類として、たとえば「天象部」はさらに「天部・雨部・日部……」というように、『広韻』の韻目順に部首分類している。原撰の七巻本は13部に意義分類しているが、二十巻本は10部に改編している。このように、細部に配列順に工夫をして検索しやすくしていることが看取される。

その影響を受けて、14世紀初めごろに『倭玉篇』(編者未詳)が成立するが、これは部首順に単字で漢字を掲出し、右傍に字音を、下に和訓を片仮名で記すという実用的な体裁を有している。幾度もさまざまに種々改編を加えられているので、書名もさまざまで、体裁もまちまちであるが、慶長(1596~1615年)以前に限っても、その現存する写本は30種を超える。室町時代を通して、漢和辞典としてこの種のものが大いに用いられた。江戸時代に入っても、引き続き増補改編されて、50以上もの「和玉篇」が刊行された。なかでも、『増続大広益会玉篇大全』(毛利貞斎、1691年刊)はもっとも完備した字書として、世間に広く流布した。さらに、明治になっても当初は「玉篇」「字引」などを書名にもつ字書が数多く刊行された。それらは単字中心の説明にとどまるもので、親字を語頭にもつ熟語を列記し、その語釈も分注で示されることはあるものの、それらが平出されることはなかった。

一方、漢語(熟語)を見出しとする辞書が明治時代には大いに盛行することとなった。ただし、その配列は五十音順またはイロハ順であって、一種の節用集のような体裁でしかなかった。そのような中で、今日普通に用いる「漢和辞典」という名称を持ち、かつ今日のような体裁を整えた最初のものが編集され刊行された。それが『漢和大字典』(重野安繹ら監修、三省堂　1903年刊)である。熟語を改行して並べ、平仮名で語釈を記し、また総画索引を付けるなど、それ以降の漢和辞典のモデルとなった。『大字典』(上田万年ら編、啓成社　1916年刊)は、第二次世界大戦前においてすでに200万部を超えるというベストセラーであった。これは、栄田猛猪が中心となって編纂したもので、親字に一連の番号を付して検索の便を図り、また、熟語を豊富に収録している。また、「慣用音」の名称もこれから広まった。その一方で、『字源』(簡野道明編、北辰館　1923年刊)は固有名も多く収録したり、『明解漢和辞典』(宇野哲人編、三省堂　1927年刊)は親字を字音の五十音順で配列したり、また、『線音双引漢和大辞典』(後藤朝太郎・上野三郎編、東雲堂書店・集文館　1911年刊)は部首や総画数だけなく、最も早くに音や訓からも引ける索引を付けたりするなど、さまざまな編集上の工夫が凝らされ、漢和辞典は今日のような体裁を整えていくこととなった。

戦後になると、親字約５万を収録する『大漢和辞典』(諸橋徹次編、大修館書店　1956~60年刊)が漢和辞典としては最大の規模を誇っている。熟語の五十音順配列はこれが最初ではないが、その後の熟語配列順に大きな影響を与えている。そして、これを一般社会人向けに改編した『広漢和辞典』(大修館　1981年)も刊行された。このほかに特徴的なものとしては、字の成り立ちや音韻を詳説する『学研漢和大辞典』(藤堂明保編、学習研究社　1978年刊)、中国古典語のみを扱い、親字の例文にすべて現代語訳を付す『漢辞海』(戸川芳郎監修、三省堂　2001年)などが刊行されている。

以上、日本の漢和辞典の歴史を見ると、単字に対する字音・字義の解説から始まり、当初は漢文的に、すなわち反切や類音による音注、漢文による義注を付すというものであった。それが、万葉仮名によって字音や字義を記すようになって、ここに「漢和」という体裁をとるようになった。そして、片仮名による音注や和訓の記載へと変化し、やがて、親字を語頭にもつ熟語を並べるようになり、さらに、字源や漢文訓読特有の語法などに関する解説なども付されるに至るのである。

こうして、幾種類もの漢和辞典が現代において刊行されるという盛況を博しているが、その需要面については少し考えておくべきことがある。

そもそも、漢和辞典は教科としての「国語」の教育において大きな販路をもっている。小学校６年間に学習すべき、いわゆる「学習漢字(教育漢字)」(1006字)を学ぶために、そして、中学・高校における学習、特に、高校および大学の受験のために、学校から購入を勧められるというものである。いわゆる「国語辞典」も、国語教育の現場に大きな販路を持っているが、それでも一般社会人にも購買層を有しているのに対して、漢和辞典は、そのほとんどが学校教育にかかわる場で販売されているのが現状である。これは、字典の購入を勧めるからではあるが、その一方で、社会生活上、漢和辞典がさほど必要とされていないことにも大きく起因する。

現代における一般の社会生活において、漢和辞典を使うのはどのような時であろうか。漢字の意味(字義)、漢字の成り立ち(字源)、字音仮名遣いを含め、漢字の音(字音)を調べること自体、まずほとんどないであろう。熟語に関しては、多くの場合国語辞典を引くことはあっても、漢和辞典を引くことはないように思われる。一昔前には、ＪＩＳなどの漢字コードを調べるために引くこともあったかもしれないが、漢字の検索はワープロソフトの画面上でいろいろと工夫がなされてきており、それ専用の辞典も刊行されている。漢和辞典に記されているとはあまり意識されないであろう。ともかく、漢和辞典は学校での学習上、漢字教育や漢文教育などで「引かされる」ことで、逆に社会人になってからは疎遠な存在になっているといってもよかろう。

このように、否定的悲観的な要素が多いなかで、漢和辞典を開く可能性のある場合を少し考えてみよう。ただし、すべての漢和辞典にあるという要素ではなく、一部のものにしかない項目も含めて考えて見ることにする。おそらく多くの人は漢字の書き順については時折調べることはあろう。漢和辞典に記載されていることを知っている場合には、そのための使用が最も多いに違いない。次に、漢字に対する蘊蓄、クイズに出るような漢字に関する知識についても、漢和辞典に実はかなり解説されているということを知っていれば、時折調べることがあるかもしれない。他方、読書好き、古典好きな人が漢文系の文章を読む際に、古典語としての熟語の意味を知るために引くことはあろう。また、子供の名前など、命名する場合にはその字源・字義をしっかりと調べることもあろう。その関係でいえば、占いなどにおいて、漢字の総画数を調べるために使うことも想定される。

何のために漢和辞典、もしくは漢字辞典を引くかということが、結局は日本における「WEB漢字辞典」の未来という問題とも大きく関係するに違いない。つまりは、漢字を見出しとする字典が必要か、必要であればどのような形態が求められているか、ということである。

4. 日本におけるWEB漢字辞典の現状

では、日本におけるWEB漢字字典の現状を見ることにする。これを大きく分けると、非出版社系の無料の字典と、既存の出版物のデジタル化(以下、デジタル版と称することにする)とがあり、後者には、無料のものと有料のものとがある。主なものをあげると、次の通りである。

A. 無料の字典(非出版社系)

1. ウィクショナリー http://ja.wiktionary.org/wiki/ (フリー型)
2. 漢字字典ネット http://www.kanjijiten.net/ (6355字所収)
3. 漢字辞典(漢字辞典オンライン) http://jiten.go-kanken.com/ (3142字所収)

4．漢字辞典 http://kanjitisiki.com/（常用漢字と人名用漢字を所収）

5．漢字の正しい書き順(筆順) http://kakijun.jp/（6808字所収）

6．常用漢字辞典 http://jouyoukanji.com/（4から常用漢字だけを取り出したもの）

B．無料の字典(デジタル版)

7．yahoo辞典 http://dic.yahoo.co.jp/（無料）『大辞林』『大辞泉』

8．goo辞典 http://dictionary.goo.ne.jp/（無料）『大辞泉』

9．nifty辞書　http://dictionary.nifty.com/（無料）　『大辞林』『大辞泉』

10．エキサイト辞書　http://www.excite.co.jp/dictionary/（無料）『大辞林』

11．asahi.com辞書検索 http://www.asahi.com/tool/（無料）『大辞林』『大辞泉』

12．weblio辞書 http://www.weblio.jp/（無料）『Wiktionary日本語版』『漢字辞典』『大辞林』

C．有料の字典を含む(デジタル版)

13．三省堂web dictionary http://www.sanseido.net/（無料）『デイリーコンサイス国語辞典』
（有料）『スーパー大辞林』『新明解国語辞典』

14．BIGLOBE辞書検索　http://search.biglobe.ne.jp/dic /（無

料)『大辞林』
(有料)『漢字源』(学研)

15. 電子ブック閲覧室 私の仕事部屋
http://www.so-net.ne.jp/myroom /(有料)『漢字源』(学研)『広辞苑』『明鏡国語辞典』『スーパー大辞林』『新明解国語辞典』
16. japan knowledge
http://www.japanknowledge.com/top/freedisplay (有料)『日本国語大辞典』

以上から見ると、出版社系の既存の出版物が利用できるのは『漢字源』だけということになる。ただ、最近の辞典はすべてコンピュータによる組版であるから、出版社はすでに文字ファイルとして所有しており、いつでもデジタル化することが可能である。しかし、デジタル版として使わないのはそれだけの需要が見込めないからなのかもしれない。いずれにせよ、出版社系のものは当然ながら、紙媒体をそのままデジタル化したものであるから、ここで改めて取り上げないことにする。

それはさておき、次に無料の漢字辞典を見ることにしよう。

［ウィクショナリー〈画面イメージ〉］

朱
部首: 木 + 2 画
総画: 6画
異體字 ： 硃(繁體字)
筆順 ： 350px
[編集] 字源
　　　意義
日本語[編集] 発音
音読み
　呉音 ： ス(表外)
　漢音 ： シュ
訓読み
　常用漢字表内
　　常用漢字表内の訓読みはありません
　常用漢字表外
　　あけ、あか、あき
[編集] 熟語　朱鷺(とき)

漢字字典ネット〈画面イメージ〉］

2875
朱

常・外	常用漢字	面区点	1-28-75
学・人	中学	JIS	3C6B
部首木部		S-JIS	8EE9
画数6画		UTF-8	E69CB1
漢検4級		UTF-16	6731

読み
　中学…シュ
　準1…ス、あか
　1級…あけ
語句
【朱肉】しゅにく
【丹朱】たんしゅ

(いずれも　2012.12.29現在)

まず、Ａについて「朱」を例にあげて、その項目などをイメージとして示すと、上記の通りである。Ａは既存の辞典のデジタル版でないもので、非出版社系のものと称することができよう。このうち、１はフリー型で、項目の中には現段階で「字源」および「意義」が執筆されていない場合もある。上記の「朱」はその記載がない例である。親字によっては字源・字義が執筆されているものもあり、たとえば、「乙」の字源を例示すると次のようである。

「乙」字源

指事：ものがつかえて進まないさま(藤堂)。象形：へらとして用いた獣の骨を象る(白川)。十干に用いられるうち、原義が忘れられた。

ここでは諸説を併記するという書き方がなされていて、藤堂明保ならびに白川静の説が示されている。これから見ると、字源に関しては、「藤堂」とは『学研漢和大辞典』または『漢字源』などを、「白川」とは『字統』『字通』などを参考にして書かれていると推測される。2は、字源・字義には全く触れず、どの段階で学習するか、そして漢字コードを中心に示している。いずれも無料のAおよびBで、1以外に字源について触れたものはない。その意味で、1は未整理ではあるものの、意欲的であると言えよう。また、3は、部首・画数・読み方・筆順を示し、5は筆順がコマ送りで示されているという特色がある。

これら無料の情報をどのように利用するかは、閲覧者自身の判断に委ねられているのであるから、それらの問題点をここで取り上げるつもりはない。むしろ、このような情報を無料で提供していること、特に漢字字典ネットは6355字を収めていることなどに敬意を表すべきであろう。ちなみに、上記のうちで誤っている点だけを指摘するならば、ウィクショナリーで「朱」の異体字として「硃」(繁体字)をあげるのは不適切である。重さ・貨幣などの単位としては「硃」は「朱」とも略されるが、〈あか〉の意では異体字とは言えないことを断っておく必要がある。

これに対して、デジタル版では、『大辞泉』の漢字見出し(漢字項目)があげる項目は"音訓・字義・熟語・名乗・難読"である。このような国語辞典系の漢字項目のオーソドックスな記載と比較すると、それになく、Aには見える情報を指摘することが、取りも直さず、Aの特徴を浮き彫りにする。次にそれを箇条書きにしておく。

（1）日本漢字能力検定の級　……　２３　５
（2）学年別配当　……　２３４　６
（3）漢字コード　……　２
（4）筆順　……　３　５

こうしてみると、１が呉音・漢音を分けて示し、字源や異体字を記そうとする反面、上記の（1）~（4）には言及していない点は逆に注目される。そもそも、１と２~６とでは編集意図が大きく異なるのであって、１は従来の漢和辞典の延長線上にあると言えよう。

他方、（1）~（4）の項目は現代日本人が社会生活において必要と考えているものである。（1）の日本漢字能力検定（漢検）は財団法人日本漢字能力検定協会が実施する、1~10級の12段階に分かれている漢字の技能検定をいう。1975年に始められ、1992年から文部科学省の認定の資格となった。2011年度の受験者数は2,290,400人（合格者　1,167,867人）であったが、最も多い2008年度は受験者数2,893,071人（合格者　1,513,969人）にのぼっている。資格の一つともなるため、人々の関心が高い。（2）は、文部科学省による『小学校学習指導要領』の付録「学年別漢字配当表」に記載されている1006字をさし、中学校で学ぶ939字を示す（2010年改訂の常用漢字は2136字となったが、それとの関係はまだ示されていない）。（4）は「正しい筆順」で書くことが教育上求められており、正しい筆順で書くことは社会人としての常識という側面もある。（3）は出版・印刷関係では必須のものである。ちなみに、これらの項目は実用的な冊子体の字典（出版社から刊行される字典）では反映される傾向にある。

ところで、コンピュータの漢字処理は技術的に問題点も残されている。

・OSの違い(たとえば、Windows95/98/MeとNT/2000/XPで、WindowsXPでは入出力はシフトJIS、OS内部はUnicodeを用いる)

・画面に表示するフォント(たとえば、WindowsXPに含まれる標準フォントはJIS X 0213:2004に対応していない)

OS内部での処理が複雑であるとともに、画面に表示するフォントが未整備であるという点が、日本語におけるWEB上での漢字処理をむずかしくしている。そのため、出版社が刊行する字典が本格的にはWEBに載りにくい状況となっている。しかし、このような技術的な問題は時間がどれほどかかるかは別として、いずれ解決されるであろう。ただ、技術的な問題が解決したとしても、WEB漢字辞典は本当に需要があるのであろうか。

5. 日本におけるWEB漢字辞典の未来

長澤孝三は『日本辞書辞典』(沖森卓也・倉島節尚・加藤知己・牧野武則編 おうふう 1996年)の「漢和辞典」の項目で、漢字を親字として掲出する漢和辞典は、語を見出しとする国語辞典の一変種と見られると指摘されている。そもそも、日本における漢和辞典は「漢字を読む」ため、すなわち漢文訓読に資するために誕生したが、それとともに「漢字で日本語を書く」ための表記辞典としての性格も持ちつつ発達してきた。現代では、漢文訓読は学者もしくは一部の漢文愛好者が行い、それ以外では高校の授業「漢文」で学習されるぐらいである。特に後者の、教育上の要請から漢和辞典が購入される場合がほとんどであるということにもなる。ただし、その利用は専ら中国古典語を理解するためである。社会一般の言語生活では、上記のような漢文訓読は普通意識されない。そのため、漢和辞典を引くことはほとんどないのが現実であり、また、漢字で日本語を書くために漢和辞典を引くこともまずはない。その場合には、国語辞典(もしくは国語辞典風の実用辞典・用語用字辞典)を引くのが一般的である。その理由は「ことば」(語)で引く方が(五十音引きで)簡単であり、かつ(語の意味・送り仮名・慣用的な言い方などを知ることができるなど)情報量も多いからである。「字」(漢字)で引こうとすると、部首引き→画数、もしくは音訓索引から検索するにせよ、手間がかかる。つまり、漢文(中国古典語)を読む場以外では、実は国語辞典ですでに事足りていると言える。しかも、近年はほとんどすべての国語辞典に漢字見出しの項目が設けられてもいるのである。

このような現代的状況において、「漢字辞典」に対して一体どのような情報提供が望まれているのであろうか。この問題を考える前に、漢字文化圏といわれる中国・韓国・日本における漢字使用の実態がそれぞれ大きく異なることを確認しておきたい。

	使用の文字体系*	漢字の読み	語彙体系*
中国語	漢　字	字　音	固有語
韓国語	ハングル	字　音	固有語・漢字語
日本語	漢字・仮名	音(字音)・訓(固有語)	固有語・漢語

(＊各言語とも、文字体系にアルファベット、語彙体系に外来語が含まれる)

中国語で文字といえば原則として漢字しか用いず、漢字の読みはもちろん字音だけである。これに対して、韓国語では原則としては漢字は用いず、ハングルを専用する。日本語では、漢字と仮名(平仮名・片仮名)を交え用い、漢字には音と訓がある。このような表記の実態に応じて、漢字を用いる国では煩雑な字形を簡素化することになる。そこで、中国語では簡体字、日本語では新字体が生み出されることとなった。他方、韓国語は漢字語(韓国漢字音読みの語)を用いてはいるが、造語成分としての漢字を意識するレベルにはないようである。ただ、いずれの言語でも漢字を単字として扱うことは一般にはなく、語として熟語としての語形で(韓国・日本では固有語と漢字語・漢語を区別することなく)表音的に漢字変換することが基本であるから、語彙辞書は必要であっても、難字を扱う以外に漢字辞書はあまり必要とされることは今後もないと見られる。

そこで、日本におけるweb漢字辞典の未来についてであるが、漢和辞典の今後進むべき方向について、かつて次のような項目を挙げたことがあった(沖森卓也「現代生活と辞書」2006年11月　語彙辞書研究会第30回研究発表会　総合テーマ「漢字と辞書」)。

(1) 国語辞典に見出しのない語の収録
古漢語　江戸・明治期などにしか見えない漢語(外来語の漢字表記も)
(2) 漢文訓読のための情報の提供
特有の訓法(文選読み等も)　訓点(ヲコト点など)の情報
(3) 漢字漢語に関するさまざまな知識(雑学的知識も含めて)の

記載

字源(国字の情報も)　字音(字音仮名遣いも)　字形(あるいは書体も)

古訓(熟字訓にも)　国訓　書き順(古い書き順も)

宛字情報(特に明治期)　漢語の意味の変遷(語源　日本的変容も)

（４）漢字漢語の表現辞典的機能の強化

同訓異字　類義語　使用場面(挨拶等)の文例

漢詩作成(詩韻　対となる字句等)

（５）漢字文化圏という見方

日中韓同形異義語　韓国語漢字音　中国語・韓国語での用法

それぞれ「漢和辞典」という形態に望まれると考えられる項目であるが、これから「国語辞典」に譲ることのできるものを除くと、「日本におけるWEB漢字辞典」が専ら担うべき項目を整理して示すと、次のようになろう。

① 形……字形(書体)　書き順(古い書き順　現代中国での書き順)

② 音……日本漢字音(呉音漢音その他・字音仮名遣い)　字音の変遷(上古音~近代音)　現代中国語(ピンイン　方言音を含む)　韓国語漢字音(史的変遷を含む)

③ 義……字源　字義(史的変遷を含む)　類義字(同訓異字)　古訓　国訓

現代中国語(方言を含む)・韓国語での用法(日中韓同形異義

語を含む)

④ 漢文訓読のための情報……特有の訓法　訓点の情報

⑤ 漢詩作成のための情報……詩韻　対となる字句

上記のうち、現段階での技術的問題がクリアされる必要のある項目(たとえば字源の説明、種々の字形・書体の提示など)もあるが、画像データさえ駆使できれば、視覚化された文字、すなわち漢字の問題はいずれ解決する。ただし、執筆者の質、すなわち情報の精度が保証されなければならないことは言うまでもない。そして、有料とするならば、その価値に見合う精度の高いコンテンツを提供しなければ支持を得ることはできない。

コンピュータやiPHONE・スマートフォンなどの情報機器の発達によって、瞬時にすばやく情報を入手することができるようになった。しかし、その反面、じっくりと調べたり考えたりすることは少なくなってきたように思われる。すでにある情報を単に組み合わせて、表面上新しく見せることに汲々として、根本的に組み替える、独創的に作り上げていくというような余裕が見られないのではなかろうか。

漫然と調べたり、できる範囲で組み合わせたりするのでは奥深いところには到達しえない。多くの情報を得ることは物事を判断する上で必要なことではあるが、判断するには確かな基準がそもそも不可欠である。情報として質の高いものと低いものとを平面的に並べ同一視するようなことは、思考を逆戻しにするだけでなく、極めて非効率的である。重要なことは、質の高いものを選び、それを乗り越えていく力を養っておくことである。そのためには、量の多さは逆にマイナスになることも考慮しておかねばならない。

情報を集める場合には、その物事だけピンポイントで調べ考えるのではなく、隣接する事柄、前提となる基礎的な事柄など周辺の情報も入手し、全体としてその物事がどのような位置にあるのかを見極めておく必要がある。また、質でいえば、概して「やさしくわかりやすい」「手軽で便利である」というのは、必ずしも良質であるとは言えないということも心得ておかねばならない。専門的知識を持っていれば、問題の性質が単純であっても、基礎的な知識がない場合には、そもそも問題の前提や背景がわかっていないのが一般的である。このことはどんなに多くの情報を集めたところで、それだけでは正しい判断を導かないことを意味している。今後コンピュータ時代の仕事内容を考えると、ただただ多くの情報を集めて整理するというだけでは時間と労力の無駄である。そうした情報の加工にどのような意味があるのか、質の高い情報を提供するためにはどのようにすればよいのか、このような視点を常にもちつつ自問自答を繰り返していく必要がある。

このことを踏まえてWEB漢字辞典について考えると、それぞれの学問分野の研究を社会還元することを通してしか、質の高さが維持されないということにまずは留意しておかねばならない。たとえば、字義、語義や字源などについて言えば、漢和辞典にすでにその解説はあるが、著作権の問題もあって、そのまま利用することはできない。また、多くの辞典を照らし合わせても、どのように記述するのがより正しいか、より適当であるということも、判断できないのが普通であろう。もっとも、専門的にも判断に苦しむ場合もあるから、記述がすべての場合に明快に示されるとは限らない。しかし、単に説を並べて利用者に示すというのでは、最終判断を先送りしているに過ぎず、そこにこそ見識による判断の篩いがかけられなければならない。紙媒体の辞典は、これまで多額の編集経費をかけてきたからこそ、読者の信頼を得られる高い質が確保されてきたと言える。現代日本の社会状況から見ると、日本における質の高いWEB漢字辞典の将来は、編集経費の必要性を考慮すると、辞書出版社などを始めとする企業、もしくはそれに類する団体によってしか担っていけないことは明らかである。ただ、それでも見通しが暗いと言わざるを得ない状況であることに変わりはない。とすれば、WEB漢字辞典という実質そのものを、現在想定しているような形態ではなく、どのような形態であれ実現していくことが、今後は深く検討するべき、もっとも基本的な課題となるであろう。

일본에서의 WEB한자사전

오키모리 다쿠야(沖森卓也)*

1. 들어가는 말 -사전(辭典)·자전(字典)이라는 위상

일본의 사전은 표제어를 다루는 방식에 따라 크게 「언어, 말典(辞典)」(단어, 주로 보통어를 표제어로 삼는 사전), 「문자典(字典)」(한자를 표제어로 삼는 사전), 「사항典(事典)」(백과항목을 표제어로 삼는 사전)의 세 가지로 분류할 수 있다. 논문 제목의 「한자사전(漢字辭典)」이라는 것은 이 가운데 「문자典」(이하 「자전(字典)」이라 부르기로 한다)을 가리킨다. 「사전(辭典)」은 어구를 표제어로 해서 그 의미와 사용법을 설명한 것으로 국어사전과 대역(對譯)사전(「영화사전(英和辭典)」·「화영사전(和英辭典)」 등)이 대표적이다. 「자전(字典)」은 일정한 배열기준에 따라 문자를 표제어로 삼아 자형(字形)·자의(字義)·자음(字音)과 그 글자의 사용법을 해설한 것으로, 한자를 대상으로 보자면 한화사전(漢和辭典)이

* 日本 立教大學 교수

그 대표라 할 수 있다. 「사전(事典)」은 사물과 사항을 나타내는 어구, 또는 그에 준하는 것을 표제어로 삼아 그 의미 등을 해설한 것으로 백과사전과 전문어사전 등이 대표적이다.

단, 이와 같은 분류기준은 상대적인 것이어서 현대의 국어사전에는 전술한 「언어, 말典(辞典)」으로서의 색채가 강하기는 하지만 오십음에 따라 표제어로서의 말과 함께 표제자[親子]로서 한자도 배열하고 그 항목에 자의(字義)와 숙어 등도 해설하고 있는 것도 적지 않다. 그 중에는 권말에 간단한 한화사전(漢和辭典) 풍의 기술이 부재(付載)되어 있는 국어사전도 있다. 게다가 중형(中型) 국어사전의 경우는 앞 다투어 백과항목의 충실함을 내세우고 있어 「사항典(事典)」과의 차이가 거의 없어지고 있다.

예를 들어 삼성당(三省堂) 홈페이지의 『대사림(大辞林) 제3판』의 설명을 보면, 「본격파 일본어 [국어+백과] 사전의 최고봉」이라 되어 있고, 이와나미서점(岩波書店) 홈페이지의 『광사원(広辞苑) 제6판』의 설명에는 「현대어와 백과항목을 비약적으로 충실」이라는 표제 밑에 다음과 같이 기술하고 있다.

> 21세기 언어생활에 한층 적합한 사전으로 만들기 위해 일반어에 대해서는 새로운 의미와 폭 넓은 용법을 적확하게 파악하는데 중점을 두었습니다. 백과항목에 대해서는 현대의 급속한 사회 변동과 여러 분야에서의 연구의 진전, 과학기술의 진보에 따라 생기는 새로운 움직임을 반영하고 있습니다.

또한 소학관(小学館) 홈페이지의 『대사천(大辞泉)』의 특징으로는 「압도적인 수록어수」라는 표제 아래 다음과 같은 설명을 덧붙이고 있다. (각 사 홈페이지는 모두 2013년 6월 현재의 것임).

> TV · 신문 · 잡지에서 자주 보는 「시사용어」, 관광지명 · 동식물 · 식품 · 인명 · 스포츠에서 사용하는 「일상어」, 인터넷과 세상에서 화제가 되고 있는 「유행어」와 「신조어」등. 현대를 반영하는 국어+전문어사전으로서 모든 장르를 커버. (이하 생략)

원래 말을 해설하는 사전에 있어서 주로 보통어를 표제어로 삼는 것이 국어사전이고, 전문어를 표제어로 삼는 것이 백과사전이다. 표제어를 보통어 이외로 확대해 가면 백과사전적 성격을 강하게 갖는 것이 자연적인 흐름이다. 이처럼 말과 한자의 해설을 한 권에 다 담으려고 하는 경향이 최근에 점점 강해지고 있어 앞에서와 같은 세 가지 분류는 이제 상대적인 것에 지나지 않게 되어 버렸다.

앞으로는 보통어 · 전문어라고 하는 구별의식은 점점 희박해지고 말을 표제어로 삼는 종합적 사전이 그 수록어 숫자를 점점 늘려갈 것임에 틀림없다. 이미 종이 매체 사전에 대한 수요는 줄어들고 전자화된 사전의 이용이 대세를 이루게 되었다. 그렇게 되면 인쇄물로서의 양적인 제약은 없어진다. 즉, 제본을 위한 기술적 과제인, 한 책 분의 두께에 대한 제약이 없어지기 때문에 페이지 수, 즉 해설의 양적 제약이 없어진다. 이미 『일본국어대사전(日本国語大辞典)』과 같은 대형 국어사전이나, 평범사(平凡社)와 소학관(小学館) 등의 백과사전 등이 전자화되어 있지만, 이들을 종합해도 그 데이터 분량은 현대의 정보관리기술적인 측면에서 보면 아주 소량에 지나지 않는다. 이처럼 전자사전에 있어서는 표제어 수와 해설의 자수 등에 있어서의 양적 제한은 전혀 존재하지 않는 것이다. 요는 정보의 질 문제일 뿐이라고 할 수 있다.

단, 앞에서 언급한 각 중형 국어사전의 선전 문구에서 볼 수 있듯이 수록 어수가 많고 말에 대한 해설의 충실함을 주장하고는 있지만, 한자의 측면에는 그다지 언급을 하고 있지 않은 것이 현상이다. 다음으로 왜 한자에 대해서 기대치가 낮은지, 그것에 대해서 조금 생각해 보고자 한다. 우선, 한자에 대한 취급, 그리고 현대 일본에서의 취급에 대해서 개관해 보도록 하자.

2. 문자로서의 한자

문자라는 것은 어느 언어에 대해 관습적으로 그 언어형태(형태소 또는 단음 혹은 음소 등)를 일정한 규칙에 따라 체계적으로 기록하는 기호를 말한다. 문자는 선 또는 점에 의해 구성되는 형태를 갖으며, 주로 시각에 의해 인식되지만 점자(点字)와 같이 촉각에 의해 인식되는 것도 있다. 그것은 서로간 형태의 차이를 바탕으로 기호화 된 것이다.

문자는 필서(筆書)되거나 인쇄되거나 하여 구체적인 형태를 갖고 물리적으로 외형화된다. 이처럼 가시적으로 혹은 손 끝 등으로 느낄 수 있도록 나타내는 문자의 형태를 「자형(字形)」이라 부른다. 여기에는 같은 사람이 쓰더라도 쓸 때 마다 형태가 달라지는 경우가 있듯이 개인적인 서체로써 실제로는 다양한 형태로 표현되는 수기(手記) 문자에서부터 정자로 쓴 해서체(楷書體), 조금 흘려 쓰는 행서체(行書體) 등 필체로써 체계성을 갖고 있는 것, 또는 명조체(明朝體)·교과서체(教科書體) 혹은 로마체·이태릭체 등, 인쇄문자로써 디자인된 체계적인 양식에 넣어야 할 것까지 모두 포함된다. 이처럼 다양한 문자의 구체적인 형태를 총칭해서 「자형」이라 부른다.

자형으로서의 형태를 가리키는 경우, 문자의 하위개념으로서 몇 개의 단위를 상정하고 있다. 선이나 점으로 이루어지는 전체의 골조(骨組)에 대한 추상적인 개념을 가리키는 경우를 「자체(字體)」라고 한다. 예를 들면, 「吉」은 「士」 밑에 「口」을 조합시킨 것이라는 개념에 의해 식별된다. 「土」밑에 「口」를 조합시킨 것도 「吉」에 포섭된다고 인식되기는 하지만, 「口」위에 「士」와 「土」는 구조가 다른 것으로 별개의 자체가 되는 것이다. 자체라는 것은 어떤 문자를 다른 문자와 변별하는 형태상의 관념을 말한다.

한편, 「口」 위가 「士」가 되어도 「土」가 되어도 「吉」로 대표된다고 할 수 있다. 또한 「邊」도 「邉」을 비롯해 다양한 자체가 호적상의 표기 등에 사용되고 있는데, 그것들도 「邊」으로 대표되는 문자라 인식되고 있다. 이처럼 자체는 각각 다르지만 복수의 자체가 동일한 문자에 귀속된다고 인정되는 경우 그것을 하나의 「자종(字種)」이라고 한다. 한자를 예로 들어보면, 음과 훈으로 읽는 방식, 그 용법(의미와 품사 등) 등이 같지만 자체가 다른 글자를 이체자(異體字)라고 한다. 「会」와 「會」, 「曽」과 「曾」 등, 각각을 이체자라 정의할 수 있지만, 일반적으로는 대표적 혹은 표준적인 자체와는 다른 한자를 이체자라고 부르는 것이 관용적이다. 따라서 일반적으로는 「邉」은 「邊」의 이체자라는 식으로 말하는 경우가 대부분이다. 이와 같은 이체자를 그 성질에 따라 구별할 경우 다음과 같은 명칭이 자주 사용된다.

본자(本字): 글자의 성립 면에서 볼 때 본래적이라고 여겨지는 자체……「灋」(法)

속자(俗字): 본래의 자체는 아니지만 세상에서 일반적으로 사용되고 있는 자체……「卆」(卒)・「耻」(恥)

약자(略字): 자획(字画)의 일부를 생략하는 등 간략하게 만든 자체……「医」(醫)

신자(新字): 당용한자표(当用漢字表)나 인명한자별표(人名用漢字別表)에서 새롭게 채용한 자체 ……「状」(狀)・「為」(爲)

구자(旧字): 신체자에 비해서 그 이전에 사용되던 자체……「藝」(芸)・「舊」(旧)

정자(正字): 글자의 성립과 신체자에 비해서 본래적인 자체……「証」(證)

별체자(別體字): 같은 의미로 사용하지만 성립도 형태도 다른 자체……「烟」(煙)

별자(別字): 본래는 별개의 한자인 문자, 예를 들면 「芸(운)」은 「藝(예)」와는 원래 별자라는 식의 말.

이처럼 하나의 자종에는 몇 개의 자체가 포섭되어 있는 경우가 많다. 그리고 자종은 각기 다른 한자와는 구별되는 시차적(示差的) 특징을 갖고 있어서, 다른 자종에 대해서 별개의 문자라 인정되는 것이다. 그 결과 예를 들면 「상용한자의 자종은 2,136이다」라 하고, 현대 일본어의 한자표기에 있어서는 그 한자의 집합을 구성하는 하나하나가 자종이 된다.

「자종(字種)」은 무엇을 표준 혹은 기준으로 하느냐에 따라 그 내용이 달라지는 경우가 있다. 예를 들면 「邉」・「邊」은 「辺」이라는 자종에 포섭된다고 생각하는 경우가 있는가 하면, 「邉」은 「邊」이라는 자종에 포섭된다고 생각할 수도 있다. 즉, 신자체(新字體)를 포함하는 상용한자의 자체를 기준으로 하느냐, 약자(略字, 「辺」은 「邊」의 약자이다)가 아닌 정자(正字, 혹은 구자(舊字)를 기준으로 하느냐에 따라 내용이 달라지는 것이다.

자형이 여러 가지로 다르다는 것은 실제로 표기했을 때 일반적으로 받아들여지는 현상이다. 예를 들면 같은 문자를 써도 개인에 따라 자형이 다르고, 또한 해서(楷書)인지 행서(行書)인지에 따라서도 차이가 있다. 인쇄물이라도 명조체 · 교과서체, 혹은 고딕체 · 엔틱체 등, 그리고 서구 문자에서는 로마체 · 이태릭체 등 실로 다양한 자형을 관찰할 수 있다. 이 가운데 일정한 양식(스타일)을 공통으로 갖고 있거나 그 역사적 성립이 같거나 한 경우를 「서체(書體)」라고 한다. 예를 들면 명조체는 세로획이 굵고 가로획이 가늘다는 일정한 디자인 양식을 가지고 있고, 고딕체는 굵은 선으로 문자 전체를 디자인한 것이다. 또한 해서(隷書)는 전서(篆書)를 생략해서 간략하게 만든 것을, 행서(行書)는 해서를 조금 흘려서 쓴 자체를 가리키는 등, 필기체에 있어서도 문장 전체를 일정한 문자 스타일로 써내려 간다. 일반적으로 해서에 전서를 섞거나, 초서에 해서를 섞는 경우는 없다. 전서로 쓰기 시작했으면 전서로 문장 전체를 쓴다. 인쇄 글자체에서도 처음에 명조체를 쓰기 시작했으면 문장 끝까지 명조체로 통일시키는 것이 원칙이다. 이것은 서체에는 일관성, 통일성이 있다는 것을 의미하며, 각각 체계성을 갖고 있다는 것을 의미한다. 이처럼 자형에 있어서의 일정한 스타일이라는 것은 개개인의 서체에서도 보인다. 예를 들면 「그다운 서체다」라든지 「이 글씨는 왕희지(王羲之)의 서체를 닮았다」라는 식으로, 문자를 쓰는 스타일도 「서체」라고 하는 경우가 있다. 단, 특별히 개인적인 특징을 의식한 경우에는 서풍(書風)」이라 해서 구별하는 편이 알기 쉬울 것이다. 또한 필기체 · 인쇄자체 등의 서체는 자종이라는 차원에서는 취급하지 않는 것이 일반적이다.

위와 같이 문자에 있어서 정의되는 단위로 보면 한자에 대해서는 「자종」을 기준으로 취급하는 것이 관례라는 것을 알 수 있다. 그리고 거기에서는 다양한 이체자를 문제로 삼으면서 자형에 있어 선의 길이, 점의 위치, 위로 치킴의 유무, 글자를 쓰기 시작하는 위치 등의 자형상의 특징과 함께, 특히 붓으로 쓰는 경우에는 필획의 순서에도 표준적인 것이 요구되는 경우가 적지 않다. 그러나 결론부터 말하자면 그러한 것이 「올바르다」는 역사적인 정통성을 갖고 있는 것은 아니다.

원래 한자는 쓰여 있는 것으로서 전해져 온 것이다. 특히 필순에 대해서 말하자면 명필, 달필이라고 여겨지는 문자에 대해서 그것을 쓰는 것을 직접 본 사람은 아무도 없다. 분명히 그 글씨의 모양으로부터 필순을 상정할 수는 있겠지만, 그것이 정확하다는 권위를 부여해 줄 수 있는 것은 근대에 이르기까지 발견할 수 없다. 애초에 전서를 해서로 정리한 것은 쓰기가 쉽다는 실용성, 형태로써의 아름다움, 또는 종이에 먹으로 쓴다는 필기 스타일 등과 깊은 관계가 있다. 아마도 「올바름」에 근거가 있다고 한다면 그것은 쓰기 쉬움, 보기에 아름답다는 것이라 생각할 수 있다. 그리고 관용적인 필순을 「바르다」고 느끼고 있음에 지나지 않는다. 한자의 원초적 형태인 갑골문자, 또는 금문(金文) · 주문(籒文) 등에 쓰기 쉬운 필획(筆画)의 순서가 있다고 느끼는 경우는 있어도 일정한 필순만이 올바르다고 인식된 적이 없음은 틀림없다. 「右」자가 위에서 왼쪽으로 기울어 밑으로 내려 긋는 사선으로부터, 「左」자가 왼쪽으로부터 오른쪽으로의 횡선부터 쓰기 시작한다는 것은 각각의 글자의 성립에 있어서 쓰기 쉽기 때문이고, 그 필순이 해행초(楷行草)에 관용적으로 사용되어 왔기 때문이다. 한편, 현대 중국에서는 「左」자도 「右」자도 필순으로는 횡선부터 쓰기 시작한다. 이것은 관용적이라는 점에서 「표준적」이라는 일례를 보여주는 것으로, 거기에 유일하게 바른 필순이 존재하고 있는 것은 아니다. 그러나 이처럼 필순에 있어 「올바름」의 근거는 매우 희박하다고는 해도 많은 사람들이 다른 사람들과는 필순이 다르다는 것을 신경 쓰거나 수치스럽게 여기는 생각을 적지 않게 갖고 있다.

또한 선의 길이, 삐침의 유무 등도 자종을 달리 한다고 판단될 경우를 제외하고는 사실상 역사적으로도 거의 문제시된 적은 없다. 수(手)변은 위로 삐쳐야 한다는 것은 붓으로 썼을 때의 기세에 의한 것에 지나지 않는다. 원래 「手」라는 자는 「다섯 손가락이 있는 손을 모방한」것에서 유래하는 것이기 때문에 손이 팔로 이어지는 인체의 형태로 비추어 보아 「左上으로 삐쳐 올라간다」는 것은 사실에 맞지 않는다. 갑골문자도 소전(小篆)도 「手」라는 문자 세로획의 가장 하부는 삐치지 않은 형태로 쓰여 있다. 한편 목(木)변은 뻗치지 않는다고 되어 있는데, 중국에서도 일본에서도 붓으로 쓸 경우에는 대부분 목변은 뻗치게 쓰고 있다. 단, 이들 자형에 관해서도 인쇄자체인 「교과서체」를 모범으로 삼는다고 하는 기묘한 룰이 언제부터인가 정통성을 갖기에 이르러, 원래는 단지 문자 디자인상의 특징에 지나지 않았던 것이 「올바르다」고 판단되고 있는 것이 일본의 현상인 듯하다. 그러나 그것은 필경 하나의 전형적인 글자체이기는 해도, 중국과 일본에서는 인쇄자체가 만들어지기 이

전부터 수(手)변과 목(木)변의 삐침 등 형태적인 차이는 전혀 개의치 않았었다. 그리고 각각의 자형이 자종이 다른 경우를 제외하면 자형이 「일정하지 않다」고 규정되어 왔다. 즉, 체계성을 가진 서체와 관련되는 것이 아니라, 단순한 개인적 필벽(筆癖)이라면 이것은 원래 전혀 문제가 되지 않는다. 그렇다고는 해도 현대 일본인은 자형에 대해서도 적잖게 관심을 가지고 있는 듯하다.

자형 이외에 음훈(音訓), 또는 동훈이자(同訓異字) 등에도 많은 현대 일본인들이 관심을 보이고 있는 듯하다. 「고집(固執)」을 「고슈(こしゅう)」라고 읽는 것과 「고시쓰(こしつ)」라고 읽는 것 중 어느 쪽이 옳은지, 「御用達」을 「고요타시(ごようたし)」라고 읽는 것과 「고요타쓰(ごようたつ)」라고 읽는 것 중 어느 쪽이 좋은지와 같은 숙어를 읽는 방법과, 「위원을 대신한다(委員を代える)」·「위원을 교체한다(委員を替える)」와 같은 경우 「가에루(かえる)」라는 훈에 해당하는 「代 · 替 · 換」 가운데 어떤 것이 좋을지라는 식의 동훈이자를 구별해서 쓰는 것 등이 특히 문제가 되는 듯하다.

읽는 방법에 대해서 보자면 관용적으로 읽는 법은 이미 널리, 또 오랫동안 이어져 왔기 때문에 이렇게 읽는 방법도 사회적으로 허용할 수밖에 없다. 「고슈(こしゅう)」도 「고시쓰(こしつ)」도 모두 옳다고 할 수밖에 없다. 단지 역사적 측면에서 문헌상의 제약만 없다면 어느 쪽이 옳은지는 판단할 수 있다. 예를 들면 「執」은 본래의 자음은 시우(シフ)→슈(シュウ)이기 때문에 「固執」은 원래 고슈가 맞다. 그러나 「執行」을 「싯코(シッコウ)」라고 읽듯이 「싯(シッ)」이라는 촉음편(促音便)이 생긴 결과, 「執」에 시쓰(シツ)라고 하는 음이 관용되게끔 된 것이다. 이와 같은 예로는 「立」의 리쓰(リツ)가 있다. 이것은 「建立」을 「곤류(コンリュウ)」라고 읽듯이 본래는 리우(リフ)→류(リュウ)이다. 그러나 지금은 「設立」을 세쓰리쓰(セツリツ), 「樹立」을 주리쓰(ジュリツ)라고 읽으며 문제시되고 있지 않다. 한자를 읽는 방법은 개별적으로 자세히 들여다보면 문제가 되는 경우가 아주 없지는 않지만, 기본적으로 관용적이라면 그것은 전혀 문제가 되지 않는다.

한편 동훈이자(同訓異字)의 구별법은 고유의 일본어 단어를 그 문맥의 의미에 맞춘 자의(字義)를 바탕으로 그 자리에 어울리는 한자로 쓴다는 것이다. 원래 한자는 중국어를 표기하기 위한 문자이기 때문에 일정하게 중국어음과 결부되어 있다 (이것을 「자음(字音)」 또는 「음(音)」이라고 한다). 일본한자음에서도 「代」는 오음(呉音) 다이(ダイ)·한음(漢音) 다이(タイ), 「替」는 오음 다이(タイ)·한음 데이(テイ), 「換」은 오음·한음 간(カン)으로 각각 음이 다르고, 당연히 중국어와는 다른 말이다. 이들 자의(字義)에 화어(和語)인 「かえる·かわる」가 대응되고 있는 것에서 이와 같은 읽는 방법도 부여되고 있다 (이것을 「훈(訓)」이라고 한다). 즉, 동훈이자의 구별이라는 것은 일본어를 중국어로 「올바르게」 구별해서 표기한다는 것이다. 당연한 말이지만 일본어로써 글의 의미가 통하는 틀리지 않은 표현은 구어(口語)의 차원에서는 아무런 문제가 되지 않는다. 그럼에도 불구하고 문어(文語)에 있어서는 일부러 중국어의 본래적인 한자의 의미용법에 따라 구별하려고, 구어 차원에서는 문제시 되지 않을 일본어의 문장표기를 옳다, 그르다, 라고 평가하려는 것이다. 그것은 자의를 어느 정도 알고 있기 때문에 문어를 효율적으로 이해하는데 도움이 되게 하기 위해서이지만, 일본어의 본질에는 아무런 관계가 없는 것이다. 동훈이자에 대해서 말하자면, 구별해서 쓸 자신이 없다면, 또는 한자선택을 잘 못하겠다면 가

나(仮名)로 쓰면 될 것이다. 그러나 일반적으로는 그래도 신경이 많이 쓰일 것이다.

한자는 중국어의 내부에서 문자로써 복잡하게 발달해 온 과정에 더해서, 언어의 계통이 다른 일본어에 차용된 문자 체계로서, 여러 갈래의 역사적 변화 속에서 한층 복잡한 양상을 띠고 있다. 단, 전술한 바와 같이 한자가 안고 있는 많은 문제점은 일본어의 본질과는 관계가 없는 것이 많다. 구미나 아시아의 대다수 언어의 문자사용에서 볼 수 있듯이, 말하는 음에 따라, 즉 표음문자로 표기함으로써 문어는 성립한다. 한자문화권이면서 표음문자인 한글 전용의 이웃 나라 한국을 보면 그것은 분명해진다. 거기에 독해의 효율성이라는 관점을 도입하여, 일본어에서는 한자사용을 존속시키고 있지만 한자학습의 효과와 대비하면 어느 쪽이 합리적일까. 한자 학습을 하지 않고 그 노력을 영어 등 다른 교과의 학습으로 돌리는 등 다양한 방향도 생각할 수 있다. 표음문자인 가나로 문장을 표기했다면 상용한자 등의 한자제한, 오쿠리가나(送り仮名), 동훈이자의 구별, 또는 한자 표기에 관한 다양한 의문도 해소될 것이다. 물론 한자의 완전한 폐지까지는 아니더라도 한자 학습의 노력도 좀 더 줄일 수는 있다. 그것은 사용한자, 즉 상용한자를 가능한 한 줄이고 일본 고유어의 한자표기를 될 수 있는 대로 줄인다(예를 들면 동훈이자의 구별에 노력하지 않아도 되는, 즉 한자로 쓸 수 있으면 그것으로도 좋겠지만 가나로 쓰는 것을 추천한다)는 방향성이다. 즉, 일본어 언어정책에서 한어는 한자로, 일본 고유어는 원칙적으로 가나로 하되, 다만 한자를 써도 된다는 식의 원칙을 도입하면 어떨까 한다.

한자는 표어문자(表語文字)라는 점에서, 독해를 하는데 효율성이 좋다는 점은 충분히 인정한다. 한자를 써서 구분하여 줌으로써 동음의 어(語)를 구별하기 쉽게 만드는 이점이 있는 것은 분명하다. 단, 앞으로 일본어 표기에 있어서 한자에 대해서는 양적인 면에서도 질적인 면에서도 논의를 더 하고, 외국인의 일본어 습득이라는 점에서도 그 학습노력을 줄여나가도록 하는 것이 바람직하다.

3. 일본에서의 한자사전의 수요

한자가 일본에서 다양하게 쓰이는 가운데 한자 사전도 그 역사적 변천의 과정에서 다양한 관심 하에 크게 발달해 왔다. 원래 일본에서 사전은 고대 중국 사전의 영향을 역사적으로 크게 받고 있다. 한자의 형음의(形音義)라는 측면에서 보면 다음과 같은 사전이 고대 중국에서 사용되었다.

1. 문자의 형태에 따라 분류한 것(자형으로 찾는 사전): 『說文解字』·『玉篇』
2. 문자의 음에 따라 분류한 것(음으로 찾는 사전): 『切韻』·『廣韻』
3. 문자의 의의(意義)에 따라 분류한 것(분류체 사전): 『爾雅』·『釋名』

1은 자서(字書), 2는 운서(韻書), 3은 의서(義書)라고 부를 수 있다. 이 밖에 유서(類書)와 음의(音義)라는 장르도 있다. 유서(類書)는 많은 서책에서 유사한 표현을 수집하여 분류한 것으로 『예문

유취(芸文類聚)』·『초학기(初学記)』·『태평어람(太平御覧)』이 대표적이다. 음의란 특정한 서책 안에서 난해한 자구(字句)를 발췌해서 그 발음·의미를 기록한 것으로, 『경전석문(経典釈文)』·『일체경음의(一切経音義)』(玄応·慧琳) 등이 대표적이다. 이와 같은 중국의 자서(字書)가 일본에 전래되어 한자·한문의 학습에 이용됨과 더불어 마침내 일본에서 독자적으로 편집되기에 이르렀다.

일본에서 가장 오래된 사전은 『신자(新字)』(境部連石積 외 편, 『일본서기(日本書紀)』에 의하면 682년)이라고 하는데, 현존하지 않아 그 내용은 알 수가 없다. 이 책은 한자의 자체(字體)에 관한 자서(字書)가 아닐까 한다. 단, 7세기 후반의 기타오쓰[北大津] 유적 목간(木簡)에 음의(音義)와 같은 것이 보이고, 또한 관음사(觀音寺) 유적 목간에도 식물명을 적은 자서(字書)의 내용처럼 보이는 기록이 있는 것으로 보아 아마도 7세기 후반에는 음의와 자서와 같은 것도 편집되고 있었다고 추측된다.

나라(奈良) 시대의 사전으로는 화훈(和訓)과 한문주(漢文注) 등으로 이루어진 『양씨한어초(楊氏漢語抄)』·『변색입성(弁色立成)』이 있었던 것 같은데, 『화명유취초(和名類聚抄)』에 일부가 인용되어 전해질 뿐이고, 사전으로서의 성격도 확실치 않다. 한편, 음의(音義)로는 『법화경음의(法華経音義)』(信行 편, 平備 편, 모두 일서(佚書))·『대반야경음의(大般若経音義)』(信行 편, 3권 가운데 중권만 현존)·『신역화엄경음의사기(新訳華厳経音義私記)』(784년 모사) 등이 있고, 불교 관계의 것이 다수 만들어졌다.

헤이안(平安) 시대에 들어서면 현존 최고(最古)의 『전례만상명의(篆隷万象名義)』(空海, 830~835년 경)가 성립되었다. 이것은 고야왕(顧野王) 편 『옥편(玉篇)』(543년 성립)을 바탕으로 설명을 간략하게 한 것으로, 독자적인 내용을 갖고 있는 것은 아니다. 표제자를 부수 순으로 배열하고 표제어로서 전서(篆書) · 예서(隷書)를 기재하고 발음과 의미[字義]를 한자로 기록한 것으로, 화훈(和訓)의 기재는 없다. 이에 비해 승려였던 창주(昌住)가 만요가나[万葉仮名]에 의해 화훈(和訓)을 붙인, 글자 그대로 한화사전(漢和辞典)이라고 할 수 있는 『신찬자경(新撰字鏡)을 편집했다. 이것은 현응(玄応) 편 『일체경음의(一切経音義)』가 검색을 하는데 불편하고 또한 난해하였기 때문에 892년에 이를 바탕으로 3권으로 편집한 것이다. 이어서 898~901년 사이에는 『옥편(玉篇)』 · 『절운(切韻)』 등을 입수할 수 있었기 때문에 12권으로 증보 개편되었던 것이다. 서문에 의하면 표제자는 20,940여 자이고 이를 부수 순을 원칙으로 단자(單字)를 배열하고, 반절(反切) · 직음주(直音注) · 성조(声調) 등의 음[70 정도의 화음(和音, 呉音)의 음주(音注)도 보인다]과, 한문에 의거한 의주(義注)를 붙이고, 거기에 만요가나 표기에 의한 화훈(和訓)을 모두 약 3,700개 정도 추가해 놓았다. 그 가운데에는 권2 「친족부(親族部)」, 권12 「중점(重点)」 · 「연자(連字)」 · 「임시잡요문(臨時雜要文)」 등에 숙어도 게재하고, 「소학편자(小学篇字)」(400 여 자)에는 국자(国字)도 수록하고 있다. 이처럼 『신찬자경(新撰字鏡)』은 잡다하기는 하지만 중국의 자서(字書)로부터 탈피한 요소도 아주 많아 그야말로 국풍시대(国風時代)의 개막에 어울리는 편집내용으로 되어 있다.

『유취명의초(類聚名義抄)』는 원찬본(原撰本)이 1081년 이후, 1100년 전후에 성립했다고 보여 진다. 편자는 법상종(法相宗) 계통의 승려가 아닐까 추정되고, 불(仏) · 법(法) · 승(僧)의 3권을 각각 상하 2첩(帖)으로 나눈 것이다. 현존하는 것은 「水」에서 「衣」

까지의 20개 부수를 수록하고 있는 법부(法部)의 전반뿐인데, 표제어 수는 3,657개이다. 『옥편(玉篇)』을 참고로 하여 부수에 의해 표제자를 배열하고, 반절(反切)과 유사 음주(音注)에 의한 음주(音注), 한문에 의한 의주(義注)를 붙이고, 거기에 화훈(和訓)을 만요가나 혹은 가타카나[片仮名]로 적고 있다. 증보본(增補本)은 12세기에 진언종(真言宗) 계통의 승려에 의해 개편된 것으로 보이는데, 원찬본을 토대로 화훈(和訓)을 대폭 증보하였다.[관음원본(観智院本)에 실려 있는 화훈의 수는 대략 34,000어에 이른다]. 주석도 불교적인 내용을 배제하고 한문의 인용과 출전도 생략한 것으로. 원칙적으로 표제자[單字] 밑에 가타카나로 화훈 · 오음을 주석하고 있다(반절과 유사음주, 또는 한자에 의한 의주 등도 보인다). 화훈이나 화음에 성조[엑센트]를 표시하는 성점(声点)도 붙어 있고, 일본어 · 일본 한자음에 대한 관찰 또한 상세하다. 12세기에는 오십음순으로 표제어를 배열한 국어사전 『색엽자유초(色葉字類抄)』(橘忠兼 편, 1144~1181년 사이에 보완을 하여 완성)도 편찬되었다는 것과 궤를 같이 하는 것이다. 이처럼 일본어에 있어서 한층 사용하기 쉬운 자서(字書) 편찬이 이루어지게 된 것은 자서사(字書史)에 있어 획기적인 사건이었다고 해도 좋다. 또한 『신찬자경(新撰字鏡)』·『유취명의초(類聚名義抄)』에 큰 영향을 받아 『세존자본자경(世尊字本字鏡)』도 성립되었다. 단자 위주의 표제어에 가타카나를 이용하여 화훈을 상당수 달고 있는 체제를 갖추고 있다.

가마쿠라(鎌倉) 시대가 되면 『자경집(字鏡集)』이 성립되었다. 표제자를 『색엽자유초(色葉字類抄)』처럼 크게 뜻 분류하고 그 하위분류로서, 예를 들면 「천상부(天象部)」를 세분화하여 「천부(天部) · 우부(雨部) · 일부(日部)……」하는 식으로 『광운(広韻)』의 운목(韻目) 순으로 부수분류를 하였다. 원찬(原撰)의 7권 본은 13부로 뜻 분류하고 있는데, 20권본은 10부로 개편하였다. 이처럼 세세히 배열에 신경을 써 검색하기 쉽도록 한 점을 살필 수 있다.

그러한 영향을 받아 14세기 초 『왜옥편(倭玉篇)』(편자 미상)이 성립하였는데, 부수 순으로 표제 한자를 배열해서 우방(右傍)에 자음(字音)을, 밑에는 화훈(和訓)을 가타카나로 적어 실용적인 체제를 갖추었다. 그 뒤 몇 차례에 걸쳐 다양하게 개편을 하고 있어 서명도 다양하고, 체재도 달라져 게이초(慶長, 1596~1615) 이전에 한정시켜 보더라도 그 현존하는 사본은 30종을 넘는다. 무로마치(室町) 시대를 통하여 한화사전(漢和辞典)으로서 이러한 종류의 것이 많이 통용되었다. 에도(江戸) 시대에 들어서도 지속적으로 증보 개편되어 50종류 이상의 「화옥편(和玉篇)」이 간행되었다. 그 중에서도 『증속대광익회옥편대전(增續大廣益會玉篇大全)』(毛利貞齋, 1691년 간행)은 가장 완비된 자서(字書)로서, 세상에 널리 유포되었다. 이어 메이지(明治)시대가 되어 초기에는 「옥편(玉篇)」·「자인(字引)」 등을 서명으로 하는 자서(字書)가 많이 간행되었다. 그것들은 표제자 중심의 설명에 그치고 있다, 표제자를 말머리에 두고 있는 어휘를 배열하고 그 주석도 분주(分注) 형태로 나타내기도 하지만, 그것이 나란히 나오는 경우는 없었다.

한편 한어(漢語) 어휘를 표제로 하는 사전이 메이지 시대에는 크게 성행하게 되었다. 단, 그 배열은 오십음 순 또는 이로하(イロハ)[12] 순이어서 일종의 절용집(節用集)[13]과 같은 체재가 되었다. 그런 가운데 오늘날 보통 사용하는 「한화사전(漢和辞典)」이라는

---

12) 역자주: 伊呂波歌 47자의 첫 세 글자. 또는 그 47자의 배열.
13) 역자주: 室町·江戸 시대에 쓰인 간편하고 실용적인 사전의 하나.

명칭과 오늘날과 같은 체재를 갖춘 최초의 사전이 편집 간행되었다. 그것이 『한화대자전(漢和大字典)』[重野安繹 외 감수, 三省堂 1903년 간행]이다. 어휘를 행을 바꾸어 배열하여 히라가나[平仮名]로 주석을 달고 총획색인을 붙이는 등, 이후 한화사전의 모델이 되었다. 『대자전(大字典)』[上田万年 외 편, 啓成社 1916년 간행]은 제2차 세계대전 전에 이미 200만부를 넘긴 베스트셀러였다. 이것은 사카에다 다케이(栄田猛猪)가 중심이 되어 편찬한 것으로, 표제자에 일련의 번호를 붙여 검색의 편리함을 꾀하고, 어휘를 풍부하게 수록하고 있다. 또한 「관용음(慣用音)」이라는 명칭도 여기에서 퍼져나갔다. 한편 『자원(字源)』[簡野道明 편, 北辰館 1923년 간행]은 고유명사를 많이 수록하였고, 『명해한화사전(明解漢和辞典)』[宇野哲人 편, 三省堂 1927년 간행]은 표제자를 자음(字音)의 오십음도 순으로 배열하였다. 또 『선음쌍으로 찾는 한화대사전(線音双引漢和大辞典)』[後藤朝太郎・上野三郎 편, 東雲堂書店・集文館 1911년 간행]은 부수와 총획수뿐만 아니라 음과 훈으로도 찾을 수 있는 색인을 최초로 붙이고 있는 등, 다양한 편집상의 기획이 가해져 한화사전은 오늘날과 같은 체재가 갖추어지게 되었다.

전후(戦後)에는 약 5만개의 표제자를 수록하는 『대한화사전(大漢和辞典)』[諸橋徹次 편, 大修館書店 1956~60년 간행]이 한화사전으로서는 최대의 규모를 자랑하고 있다. 어휘의 오십음도 배열은 이것이 처음은 아니지만, 이후의 어휘 배열순서에 큰 영향을 미치고 있다. 그리고 이것을 일반사회인 대상으로 개편한 『광한화사전(広漢和辞典)』[大修館 1981년]도 간행되었다. 이밖에 특징적인 것으로는 글자의 성립과 음운을 상세히 설명하고 있는 『학연한화대사전(学研漢和大辞典)』[藤堂明保 편, 学習研究社 1978년 간행],

중국 고전어만을 취급하고 표제자의 예문에 모두 현대어 번역을 붙인 『한사해(漢辞海)』[戸川芳郎 감수, 三省堂 2001년] 등이 간행되었다.

이상의 일본 한화사전의 역사를 보면 단자(単字: 표제자)에 대한 자음(字音)・자의(字義)의 해설에서 시작해 처음에는 한문적으로, 즉 반절(反切)이나 유사음(類似音)에 대한 음주(音注), 한문에 대한 의주(義注)를 붙이는 정도의 것들이었다. 그러던 것이 만요가나[万葉仮名]에 의해 자음(字音)과 자의(字義)를 적게 되면서 「한화(漢和)」라는 체재를 취하게끔 되었다. 그리고 가타카나로 음주와 화훈(和訓)을 기재하게 되면서 마침내 표제자를 말머리에 두는 어휘를 배열하게 되었고, 나아가 자원(字源)과 한문 훈독 특유의 어법 등에 관한 해설 등도 추가하게 되었다.

이리하여 많은 종류의 한화사전이 현대에 이르러 성황리에 간행되고 있는데, 그 수요에 대해서는 어느 정도 생각해 봐야 할 점이 있다.

원래 한화사전은 교과로서의 「국어」교육에 있어 큰 판로를 갖고 있다. 초등학교 6년 간 학습해야 할, 이른바 「학습한자(學習漢字: 教育漢字)」(1006자)를 배우기 위해서, 그리고 중학교・고등학교에서 학습, 특히 고등학교 및 대학교 수험을 위해 학교에서 구입을 권유 받는다. 이른바 「국어사전」또한 국어교육 현장에 큰 판로를 갖고 있다고는 하나 그래도 아직 일반 사회인이란 구매층 또한 갖고 있는 것에 비해, 자전(字典) 즉 「한화사전(漢和辞典)」은 그 대부분이 학교교육과 관계가 있는 장소에서만 판매되고 있는 것이 현재의 상황이다. 이것은 자전의 구입을 학교에서 권유하기 때문이기는 하지만, 그런 한편으로 사회생활 상 한화사전(漢和辞典)을 그다지 필요로 하지 않는다는 데에도 크게 기인한다.

현대의 일반 사회생활에 있어 한화사전을 사용하는 것은 어떤 때일까. 한자의 의미[字義], 한자의 성립[字源], 자음의 가나 표기법을 포함해 한자의 음[字音]을 찾아보는 것 자체가 일단 거의 없을 것이다. 어휘에 관해서는 많은 경우 국어사전을 찾아보는 경우는 있어도 한화사전을 찾는 일은 없을 것이라고 생각한다. 얼마 전까지만 해도 JIS 등의 한자 코드를 검토하기 위해 찾아보는 경우가 있었을지 모르지만, 한자의 검색은 워드프로세서의 소프트 화면상에서 여러 가지로 편리를 도모하고 있고 그것 전용의 사전도 간행되어 있다. 한화사전에 기재되어 있다는 것은 그다지 의식하지 않는 듯하다. 어쨌든 한화사전은 학교에서의 학습 상, 한자교육과 한문교육 시간에나 찾아보는 정도이고, 사회인이 되면 더 소원한 존재가 되어 버린다고 해도 좋을 것이다.

이처럼 부정적 비관적인 요소가 많은 가운데 한화사전을 펼쳐보는 가능성이 있는 경우를 조금 생각해 보자. 단, 모든 한화사전에 있는 요소가 아니라 일부의 것에만 있는 항목도 포함하여 생각해 보기로 한다. 아마도 많은 사람들은 한자의 필순에 대해서 때때로 찾아보는 경우가 있을 것이다. 한화사전에 기재되어 있다는 것을 알고 있는 경우에는 그것을 위한 사용이 가장 많을 것임에 틀림없다. 다음으로 한자에 대한 퀴즈에 나올만한 한자 지식에 대해서도 한화사전에는 실제로 꽤 해설이 되어 있다는 것을 알게 된다면, 때때로 찾아보는 경우가 있을지도 모른다. 한편으로, 독서를 좋아하고, 고전을 좋아하는 사람이 한문문장을 읽을 때 고전어로서의 어휘의 의미를 알기 위해 찾아보는 경우가 있을 것이다. 또한 아이들의 이름 등, 작명(作名)을 해야 할 경우에는 그 자원(字源)·자의

(字義)를 정확하게 조사해 보는 경우도 있을 것이다. 그러한 관계에서 보자면 점(占)을 칠 때 한자의 총획수를 알아보기 위해 사용하는 경우도 생각해 볼 수 있다.

무엇을 위해 한화사전 혹은 한자사전을 찾는가라는 것이 결국은 일본에서의 「WEB 한자사전(漢字辞典)」의 미래라고 하는 문제와도 크게 관계가 있는 것이다. 요컨대 한자를 표제어로 삼는 자전(字典)이 필요한 것인지, 필요하다면 어떠한 형태가 바람직한 것인지 라는 문제이다.

4. 일본에서 WEB한자사전의 현황(現況)

그러면, 일본에서 WEB한자자전의 현 상황을 살펴보기로 하자. 이는 크게 非출판사 계통의 무료 자전(字典)과 기존 출판물의 디지털화(이하, 디지털판이라 부르기로 한다)로 나눌 수 있다. 후자는 무료와 유료로 나뉜다. 주요한 것을 들어보면 다음과 같다.

A. 무료 자전(字典) [非출판사 계통]

1. 윅셔너리 http://ja.wiktionary.org/wiki/ [프리 형]
2. 漢字字典넷 http://www.kanjijiten.net/ [6,355자 수록]
3. 漢字辞典 (漢字辞典온라인) http://jiten.go-kanken.com/ [3,142자 수록]
4. 漢字辞典 http://kanjitisiki.com/ [상용한자와 인명 용 한자를 수록]
5. 漢字의 바른 필순(筆順) http://kakijun.jp/ [6,808자 소수]

6. 常用漢字辞典 http://jouyoukanji.com/ [4번에서 상용한자만을 추출해 낸 것]

B.무료 字典 [디지털판]

7. yahoo辞典 http://dic.yahoo.co.jp/ [무료]『大辞林』·『大辞泉』
8. goo辞典 http://dictionary.goo.ne.jp/ [무료]『大辞泉』
9. nifty辞書 http://dictionary.nifty.com/ [무료]『大辞林』·『大辞泉』
10. 익사이트辞書 http://www.excite.co.jp/dictionary/ [무료]『大辞林』
11. asahi.com辞書検索 http://www.asahi.com/tool/ [무료]『大辞林』·『大辞泉』
12. weblio辞書 http://www.weblio.jp/ [무료]『Wiktionary日本語版』·『漢字辞典』·『大辞林』

C. 유료 字典을 포함 [디지털판]

13. 三省堂web dictionary http://www.sanseido.net/ [無料]『데일리 콘사이스国語辞典』
    [有料]『수퍼 大辞林』·『新明解国語辞典』
14. BIGLOBE사전검색 http://search.biglobe.ne.jp/dic/ [無料]『大辞林』
    [有料]『漢字源』(学研)
15. 전자북 열람실 내가 일하는 방

http://www.so-net.ne.jp/myroom/
[有料] 『漢字源』(学研)·『広辞苑』·『明鏡国語辞典』·『수퍼 大辞林』·『新明解国語辞典』

16. japan knowledge
http://www.japanknowledge.com/top/freedisplay
[有料] 『日本国語大辞典』

위에서 보면 출판사 계통의 기존 출판물을 이용할 수 있는 것은 『한자원(漢字源)』 뿐이다. 다만, 최근의 사전은 모두 컴퓨터에 의한 조판이기 때문에 출판사는 이미 문자 화일로 이것을 소유하고 있고, 언제든지 디지털화 할 수가 있다. 그러나 디지털판으로 사용하지 않는 것은 그 만큼의 수요를 장담할 수 없기 때문일지도 모르겠다. 아무튼 출판사 계통의 것은 당연한 말이지만 종이 매체를 그대로 디지털화한 것이기 때문에 여기에서는 새삼 거론하지 않기로 하겠다.

다음은 무료 한자사전을 보도록 하겠다.

[윅셔너리 〈화면 이미지〉]

朱
部首: 木 + 2 画
総画: 6画
異體字 : 硃(繁體字)
筆順 : 350px
[編集] 字源
意義
日本語[編集] 発音
音読み
呉音 : ス(表外)
漢音 : シュ
訓読み
常用漢字表内
常用漢字表内の訓読みはありません
常用漢字表外
あけ、あか、あき
[編集] 熟語 朱鷺(とき)

[漢字字典넷 〈화면 이미지〉]

2875
朱

常 · 外	常用漢字	面区点	1-28-75
学 · 人	中学	JIS	3C6B
部首木部		S-JIS	8EE9
画数6画		UTF-8	E69CB1
漢検4級		UTF-16	6731

読み
中学…シュ
準1…ス、あか
1級…あけ
語句
【朱肉】しゅにく
【丹朱】たんしゅ

(모두 2012.12.29. 현재)

우선 A에 대해서 「朱」자를 예로 들어 그 항목 등을 이미지로 제시해 보면 위와 같다. A는 기존 사전의 디지털판이 아니어서 출판사 계통의 것이라 부를 수 있을 것이다. 이 가운데 1은 프리형으로, 항목 안에는 현 단계에서 「자원(字源)」 및 「의의(意義)」가 집필되어 있지 않은 경우도 있다. 위의 「朱」자는 그 기재가 없는 예이다. 표제 한자(親字)에 따라서는 자원 · 자의가 집필되어 있는 것도 있는데, 예를 들어 「乙」의 자원을 예시하면 다음과 같다.

「乙」 자원

지사(指事) : 일이 지체되어 앞으로 나아가지 못하는 모습 (藤堂) .

상형(象形) : 주걱으로 사용한 동물의 뼈를 본떴다. (白川).
십간(十干)으로 사용되는 사이에 원의(原義)가 잊혀졌다.

여기에서는 여러 설을 병기하는 방식을 취하고 있으며, 도도 아키야스(藤堂明保) 및 시라카와 시즈카(白川静)의 설을 들고 있다. 이로써 보면 자원(字源)에 관해서 「도도(藤堂)」는 『학연한화대사전(学研漢和大辞典)』 또는 『한자원(漢字源)』 등을, 「시라카와(白川)」는 『자통(字統)』·『자통(字通)』 등을 참고로 해서 설명을 하고 있음을 추측할 수 있다. 2는 자원·자의는 전혀 언급하지 않고, 어느 단계에서 학습할지, 그리고 한자 코드를 중심으로 설명을 하고 있다. 양 쪽 모두 무료인 A와 B에서, 1 이외에 자원에 대해서 언급한 것은 없다. 그러한 의미에서 1은 미정리(未整理)된 것이기는 하지만 의욕적이라고 할 수 있다. 또한 3은 부수·획수·읽는 방법·필순을 보여주고, 5는 필순이 순서대로 하나하나 표시되어 있다는 특색이 있다.

이들 무료 정보를 어떻게 이용할지는 열람자 자신의 판단에 맡겨져 있기 때문에 그와 관련된 문제점을 여기에서 거론할 생각은 없다. 오히려 이와 같은 정보를 무료로 제공하고 있다는 점, 특히 한자자전(漢字字典)넷은 6355자를 수록하고 있다는 점 등에 경의를 표해야 할 것이다. 이와 관련하여 위의 설명 중에 잘못이 있는 점만을 지적하자면, 윅셔너리에서 「朱」자의 이체자(異體字)로서 「硃」[繁體字]를 들고 있는 것은 적절하지 않다. 무게·화폐 등의 단위로는 「硃」가 「朱」로도 생략되지만, 〈붉다〉 는 뜻으로는 이체자라 할 수 없다는 점을 분명히 밝혀둘 필요가 있다.

이에 비해서 디지털판에서는 『대사천(大辞泉)』의 한자 표제어

[漢字項目]에서 들고 있는 항목은 "음훈(音訓) · 자의(字義) · 숙어(熟語) · 명승(名乘) · 난독(難讀)"이다. 이와 같은 국어사전 계통의 한자 항목의 전통적 기재와 디지털판을 비교해 보면, A에만 보이는 정보를 지적하는 것이 무엇보다도 A의 특징을 부각시켜 줄 것이다. 이것을 항목 별로 표시해 보면 다음과 같다.

(1) 일본 한자능력검정의 급수	……	2 3 5
(2) 학년 별 배당	……	2 3 4 6
(3) 한자코드	……	2
(4) 필순	……	3 5

이와 같이 보면, 1이 오음(吳音) · 한음(漢音)을 구별해서 표시하고, 자원(字源)과 이체자(異體字)를 표기하고 있는 반면, 상기의 (1)~(4)에는 언급되어 있지 않은 점은 오히려 주목을 받는다. 원래 1과 2~6은 편집 의도가 크게 달라, 1은 종래의 한화사전(漢和辞典)의 연장선상에 있다고 할 수 있다.

한편, (1)~(4)의 항목은 현대 일본인이 사회생활을 하는데 있어 필요하다고 여겨지는 것들이다. (1)의 일본한자능력검정(日本漢字能力検定)[漢検]은 재단법인 일본한자능력검정협회가 실시하는 1~10급의 12단계로 나뉘어져 있는 한자의 기능검정을 말한다. 1975년에 시작되어 1992년부터는 문부과학성이 인정하는 자격이 되었다. 2011년도의 수험자 수는 2,290,400명(합격자 1,167,867명)이었는데, 가장 많은 2008년도의 경우는 수험자 수 2,893,071명(합격자 1,513,969명)에 달하고 있다. 자격의 하나가 되기 때문에 사람들의 관심이 높다. (2)는 문부과학성에 의한 『소학교 학습지도요

령』의 부록 「학년별 한자배당표」에 기재되어 있는 1,006자를 가리키고, 중학교에서 배우는 939자를 알려준다(2010년 개정에 따라 상용한자는 2,136자가 되었는데 그것과의 관계는 아직 표시되어 있지 않다). (4)는 「바른 필순」으로 쓰는 것이 교육상 요구되어지고 있고, 바른 필순으로 쓰는 것은 사회인으로서의 상식이라는 측면도 있기 때문에 실려 있는 항목이다. (3)은 출판 · 인쇄 관계에 있어서는 필수 항목이다. 참고로 이들 항목은 실용적 책자체(册子體)의 자전[출판사에서 간행되는]에서는 반영되고 있다.

그런데 컴퓨터의 한자처리는 기술적으로 문제점도 남아 있다.

- OS의 차이(예를 들면, Windows95/98/Me와 NT/2000/XP, WindowsXP에서는 입출력이 시프트JIS, OS 내부는 Unicode를 사용한다.)
- 화면에 표시되는 폰트(예를 들면, WindowsXP에 포함되어 있는 표준폰트는 JIS X0213:2004에 대응되지 않는다.)

OS내부에서의 처리가 복잡함과 동시에, 화면에 표시하는 폰트가 아직 정비되어 있지 않은 점이 일본어 WEB상에서의 한자 처리를 어렵게 만들고 있다. 그 때문에 출판사가 간행하는 자전(字典)이 본격적으로는 WEB에 실리기 어려운 상황인 것이다. 그러나 이와 같은 기술적인 문제는 시간이 어느 정도 걸릴지는 몰라도 결국 해결될 것이다. 다만, 기술적인 문제가 해결되었다 하더라도 WEB한자사전은 사실상 수요가 있기는 한 것일까.

5. 일본에서의 WEB한자사전의 미래

나가사와 고조(長澤孝三)는 『日本辞書辞典』[沖森卓也 · 倉島節尚 · 加藤知己 · 牧野武則編 おうふう 1996]의 「한화사전(漢和辞典)」항목에서 한자를 표제어로 게재하는 한화사전은 말을 표제어로 하는 국어사전의 한 가지 변종으로 볼 수 있다고 지적했다. 원래 일본에서의 한화사전은 「한자를 읽기」 위해서, 즉 한문 훈독에 도움을 주기위해 탄생했는데, 그와 동시에 「한자로 일본어를 쓰기」 위한 표기사전으로서의 성격을 갖고 발달해 왔다. 현대에는 한문 훈독은 학자 혹은 일부의 한문애호가들에 의해 이루어지고, 그 이외에는 고등학교의 「한문」 수업에서 학습하는 정도이다. 특히 후자의 교육상 필요에 의해 한화사전을 구입하는 경우가 거의 대부분이기도 하다. 다만 그 이용은 오로지 중국 고전어를 이해하기 위해서이다. 사회 일반의 언어생활에 있어서는 위와 같은 한문의 훈은 보통 의식하지 않는다. 그 때문에 한화사전을 찾아보는 경우는 거의 없는 것이 현실이고, 또 한자로 일본어를 쓰기 위해 한화사전을 찾는 경우도 거의 없다. 이 경우에는 국어사전[혹은 국어사전식 실용사전 · 용어용자사전]을 찾는 것이 일반적이다. 그 이유는 「말」(語)로 찾는 방법이[오십음 순] 간단하고, 또한 [말의 의미 · 오쿠리가나(送り仮名) · 관용적 표현 등을 읽을 수 있는 등] 정보량도 많기 때문이다. 「자(字)」(漢字)로 찾으려고 하면 부수와 획수로 찾든지, 아니면 음훈색인에서 검색을 하든지 시간이 걸린다. 즉, 한문(중국고전어)을 읽는 경우 외에는 사실상 국어사전만으로 이미 충분하다고 할 수 있다. 게다가 최근에는 거의 대부분의 국어사전에 한자

표제어 항목이 만들어져 있기도 하다.

이와 같은 현대적 상황에서 「한자사전」에 대해 대체 어떤 정보 제공이 요구되는 것일까. 이 문제를 생각하기 전에, 한자문화권이라 일컬어지는 중국·한국·일본에서의 한자사용의 실태가 각각 크게 다르다는 것을 확인해 둘 필요가 있다.

	사용 문자체계*	한자 읽는 방법	어휘체계*
중국어	한 자	자 음	고유어
한국어	한 글	자 음	고유어 · 한자어
일본어	한자 · 가나	음(자음) · 훈(고유어)	고유어 · 한어(漢語)

(*각 언어 모두 문자 체계에 알파벳, 어휘 체계에 외래어가 포함됨)

중국어에서 문자라고 하면 원칙적으로 한자밖에 사용하고 있지 않고, 한자를 읽는 방법은 물론 자음(字音) 뿐이다. 이에 비해 한국어에서는 원칙적으로 한자는 사용하지 않으며, 한글을 전용하고 있다. 일본어에서는 한자와 가나(히라가나·가타카나)를 조합하여 사용하고, 한자에는 음과 훈이 있다. 이와 같은 표기의 실태에 따라 한자를 사용하는 나라에서는 번잡한 자형을 간소화하게 된다. 이에 중국어에서는 간체자(簡體字), 일본어에서는 신자체(新字體)가 만들어졌다. 한편, 한국어는 한자어(한국 한자음을 읽는 말)를 사용하고 있기는 하지만, 조어성분으로서의 한자를 의식하는 차원은 아닌 것 같다. 단지 그 어떤 언어에서도 한자를 단자(單字)로 취급하는 경우는 일반적으로는 없고, 말로써 어휘로서의 어형(語形)으로[한국·일본에서는 고유어와 한자어·한어를 구별하지 않고] 표음적으로 한자를 변환하는 것이 기본임으로, 어휘사전은 필요하더라도,

난자(難字)를 취급하는 것 외에 앞으로도 한자사전은 그다지 필요하지 않을 것으로 보인다.

이러한 점에서 일본에서의 web한자사전의 미래와 관련하여, 한화사전이 앞으로 나아가야 할 방향에 대해서 전에 다음과 같은 항목을 거론한 적이 있다.[14)]

(1) 국어사전에 표제어가 없는 말의 수록
古漢語　에도(江戸)・메이지기(明治期)에서만 보이는 한어(외래어의 한자표기까지)

(2) 한문훈독을 위한 정보의 제공
특유의 훈법(訓法, 文選을 읽는 방법 등까지), 훈점(오코토점 등)의 정보

(3) 漢字漢語에 관한 다양한 지식(잡학적 지식까지 포함하여) 기재
字源(国字의 정보까지), 字音(字音 가나표기법), 字形(혹은 서체까지)
古訓(熟字訓까지), 国訓, 필순(옛 필순까지)
아테지(宛字) 정보(특히 메이지기), 한어의 의미 변천(어원의 일본적 변용까지)

(4) 한자한어의 표현사전적 기능의 강화
동훈이자(同訓異字), 유의어(類義語), 사용 장면(인사 등)의 예문
한시작성(詩韻, 대구가 되는 자구 등)

---

14) 沖森卓也,「현대생활과 사전」, 語彙辞書研究会 제30회 연구발표회 종합테마 '漢字와 사전', 2006.11.

(5) 한자문화권이라는 인식
한중일 동형 이의어, 한국어 한자음, 중국어・한국어에서의 용법

각기 「한화사전」이라는 형태에 있었으면 하는 항목들인데, 앞으로 「국어사전」에 양보할 수 있는 것을 제외하고, 「일본에서의 WEB한자사전」이 전적으로 담당해야 할 항목을 정리해 보면 다음과 같다.

① 形……자형(서체) 필순(옛 필순, 현대 중국에서의 필순)
② 音……일본 한자음(呉音漢音, 그 외 字音가나표기법), 字音의 변천(上古音~近代音)
현대 중국어(拼音, 방언음을 포함), 한국어 한자음(역사적 변천을 포함)
③ 義……字源, 字義(역사적 변천을 포함), 類義字(同訓異字), 古訓, 国訓
현대 중국어(방언을 포함), 한국어에서의 용법(한중일 동형 이의어를 포함)
④ 漢文訓読을 위한 정보……특유의 훈법, 훈점의 정보
⑤ 한시작성을 위한 정보 ……詩韻, 대구가 되는 자구(字句)

상기의 내용 중에 현 단계에서 기술적으로 문제가 해결되어야 할 필요가 있는 항목[예를 들면 자원(字源)의 설명, 여러 자형(字形)・서체의 제시 등]도 있지만, 화상 데이터만 구축된다면 시각화된 문자, 즉 한자의 문제는 결국 해결될 것이다. 단, 집필자의 질,

즉 정보의 정밀도가 보장되어야 할 것이라는 것은 두말할 필요도 없을 것이다. 그리고 유료로 한다면, 그 가격에 상응하는 정밀도가 높은 컨텐츠를 제공하지 않으면 지지를 얻을 수 없을 것이다.

컴퓨터나 아이폰 · 스마트폰 등의 정보기기의 발달에 따라 실시간으로 빠르게 정보를 입수할 수 있게 되었다. 그런 반면 묵묵히 연구하거나 사고하는 일은 적어진 듯하다. 이미 존재하는 정보를 간단하게 조합하여 표면상 새롭게 보이는 데에 급급해, 근본적으로 바꾸고 독창적으로 만들어 가는 여유를 찾아보기 어렵게 되었다. 되는대로 연구하거나 가능한 범위 내에서만 짜깁기를 하는 것으로는 아주 깊은 곳까지 도달할 수는 없다. 많은 정보를 얻는 것이 사물(事物)을 판단하는데 필요한 것이기는 하지만, 판단을 하기에는 확실한 기준이 처음부터 없어서는 안 되는 것이다. 정보로서 질이 높은 것과 낮은 것을 평면적으로 나란히 놓고 동일시하는 것은 사고를 퇴보시키는 것뿐만 아니고 아주 비효율적이다. 중요한 것은 질이 높은 것을 골라 그것을 뛰어넘는 실력을 길러야 하는 것이다. 그러기 위해서는 양이 많다는 것은 오히려 마이너스가 된다는 것도 고려해야 할 것이다.

정보를 모을 경우에는 그 사물만 정확히 택하여 고찰하는 것이 아니라, 인접한 사항이나 전제가 되는 기본적인 사항 등 주변 정보도 입수하여 전체적으로 그 사물이 어떤 위치에 있는지를 잘 파악해 둘 필요가 있다. 또한 질로 말하자면 전체적으로 「알기 쉽다」거나 「간단하고 편리하다」는 것이 반드시 양질의 것이라 할 수 없다는 것도 명심할 필요가 있다. 전문적 지식이 있으면 문제의 성격이 단순해지는 것도, 기본적인 지식이 없으면 애초에 문제의 전제나 배경을 모르고 있을 수 있는 경우가 대부분이다. 이것은 아무리 많은 정보를 모은들 그것만으로는 올바른 판단을 이끌어내지 못한다는 것을 의미한다. 앞으로 컴퓨터시대의 작업 내용을 고려해 보면 단지 많은 정보를 모아 정리한다는 것만으로는 시간과 노력의 낭비다. 그러한 정보의 가공에 어떤 의미가 있는지, 질 높은 정보를 제공하기 위해서는 어떻게 하면 되는지와 같은 관점을 늘 생각하면서 자문자답할 필요가 있다.

이러한 것들을 다 고려한 후에 WEB한자사전에 대해서 생각해 보면, 각각의 학문분야의 연구를 사회에 환원하는 방법을 통해서만이 높은 질을 유지할 수 있을 것이라는 점을 우선 유의해야 할 것이다. 예를 들어 자의(字義), 어의(語義)와 자원(字源) 등에 대해서 말하자면, 한화사전(漢和辞典)에 이미 그 해설이 있기는 하지만 저작권의 문제도 있어서 그대로 이용할 수는 없다. 또한 많은 사전을 서로 비교 조합하더라도 어떻게 기술하는 것이 보다 정확한 것인지, 보다 적당한 것인지 하는 것도 판단할 수 없는 것이 보통일 것이다. 그렇기는 하지만 전문적으로도 판단하기 어려운 경우도 있으니, 기술해 놓은 것이 모든 경우에 명쾌히 제시되어 있다고는 단정할 수 없다. 그러나 단순히 설(說)을 나열해 놓고 이용자에게 보여주는 것만으로는 최종판단을 뒤로 미루어 두고 있을 뿐이다. 이때야 말로 식견에 의한 판단의 선별이 이루어져야 할 것이다. 종이매체의 사전은 지금까지 많은 편집비용을 들여왔기 때문에 독자의 신뢰를 얻을 수 있는 높은 질을 확보해 올 수 있었다고 할 수 있다. 현대 일본의 사회 상황으로 보면 일본에서 질이 높은 WEB한자사전의 장래는 편집비용의 필요성을 고려하면 사전출판사 등을 비롯한 기업, 혹은 그에 준하는 단체들만이 감당할 수 없다는 것은 분명하다. 다만 그렇다고 해도 전망이 어둡다고 하지 않을 수 없는 상황이라는 것에 변함은 없다. 그렇다고 하면 WEB한자사전이라는 실질 그 자체를 현재 상정하고 있는 형태가 아닌 어떤 형태로든 실현해 가는 것이, 앞으로는 깊게 검토해야 할 가장 기본적인 과제가 될 것이다.

[번역 : 이권희(단국대 일문과)]

[*이 글은 단국대학교 동양학연구원 주최, 제4회 동양학연구원 사전학 국제학술회의, "동아시아의 사전학(Ⅳ) 동아시아 한자사전의 웹정보화 현황과 미래" (2013.2.1.)에서 발표하였던 것을 수정 보완한 것이다.]

臺灣國語辭典的數位化現況和未來*

許　學　仁**

壹、從常用國字標準字體石䂓到電子辭書系列學術網路

電子辭書語料庫，所需之大字符集包括兩方面，一是詞目用字，一是文獻語料庫。兩者既有關聯，又有區隔。如大型字典收錄之部分詞目字，為缺少文獻例證的死字。由於辭的特殊性質和功能，對漢字字符的需求，所需應用收字的字量，和一般傳媒和通俗讀物比較起來，差異何止倍蓰。要建置為辭書編輯語料庫，首要的前提條件，即是要盡可能建置完備的漢字字符集，確保語料數據的輸入與交換傳送。若字符集遇到缺字，儲存、交換、輸出，必將遇到困窘。當語料庫中詞目用字和例證語料庫被新編辭書選中，進入辭書成品，排版輸出，就面臨中文系統相容和收字

* 本論文寫作之多承陳逸玫小姐提供具體數據；辭典學相關理論，多參酌學長曾榮汾教授持贈《辭典學論集(1987~2004)》之意見，不敢列美，謹申謝忱。

** 臺灣 國立東華大學教授 / hhj@mail.ndhu.edu.tw

不足的檢驗。常用國字標準字體、次常用字、罕用字和異體字四個字表的陸續研訂，所收錄的字，也正是現行國家標準中文標準交換碼納編(CNS11643)的依據，蘊藏了臺灣電子辭書數位化的有利條件和無限空間，從《重編國語辭典修訂本》、《國語辭典簡編本》、《國語小字典》、《成語典》到《異體字字典》五部辭書，莫不以教育部常用、次常、罕用三正字表為綱，蒐羅異體，建立字例，根據使用對象的不同層次、不同需求，搭配學術網路功能，各自展示特色。

民國六十二年(1973年)起，國立臺灣師範大學國文研究所受教育部社會教育司正式委託，從成立專案小組，負責研訂國民常用字及標準字體，當時景伊師時任國文研究所所長。六十七年(1978年)，教育部將字表定名為「常用國字標準字體表稿」，正式印行，收錄字數 4,808字，開啟文字整理的契機，前後經整理與公布有常用字、次常用字、罕用字三個正體字表，也初步整理了《異體字表》。正體字表所收錄的字樣，都具有其獨立音義，《異體字表》的收字，就是對應這些正字的另外寫法。職是之故《簡編本》和《小字典》釋義用字都以已收字為範疇。但面對配合漢字環境的整合及中文資訊的發展需求，編輯《異體字字典》這類大型中文字形資料庫，如須以書面紙本方式輸出，目前的超大字符集，仍恐難以滿足需求。茲將下文討論到教育部五部《國語辭典》系列電子辭書的編輯脈絡圖示如下：

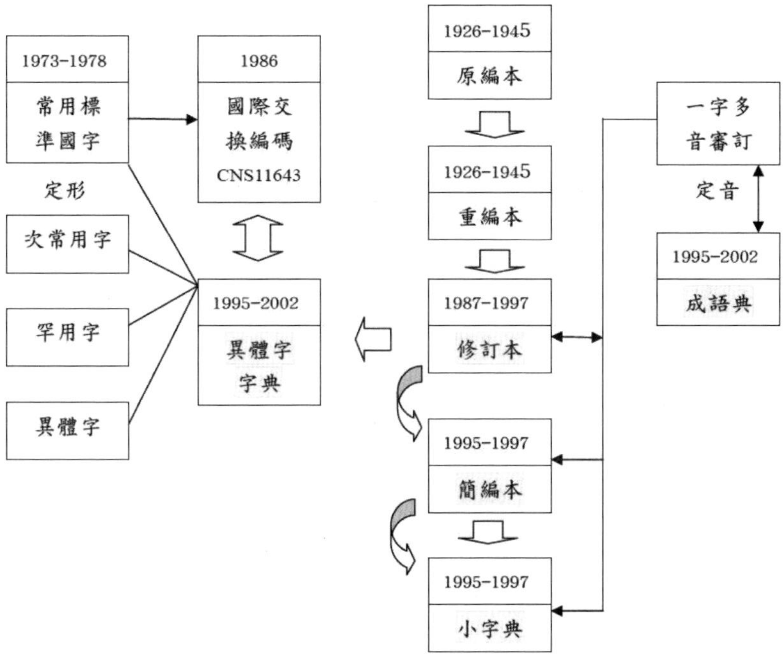
1973-1978
常用標準國字
定形
次常用字
罕用字
異體字
1986
國際交換編碼
CNS11643
1995-2002
異體字字典
1926-1945
原編本
1926-1945
重編本
1987-1997
修訂本
1995-1997
簡編本
1995-1997
小字典
一字多音審訂
定音
1995-2002
成語典

貳、臺灣教育部電子辭書編纂現況與未來

一、《重編國語辭典修訂本》的編纂現況

《國語辭典》原編本(以下簡稱《原編本》)籌編於民國十五年(1926年),《原編本》初版成書於三十四年(1945年),[1] 民國六十五年(1976年)教育部國語推行委員會重編, 民國七十年(1981年)完成《重編國語辭典》六卷修訂本(以下簡稱《重編本》), 由台灣商務印書館出版刊行,《重編本》修訂時, 教育部並與商務印書館簽定合約, 規劃隔五年便續作修訂。[2] 民國七十六年(1987年)進行《重編本》第一次修訂, 於民國八十三年(1994年)完成《重編國語辭典修訂本》(以下簡稱《修訂本》)的修訂工作。此次修訂在編輯技術上, 結合資管觀念, 由曾榮汾副總編輯應用資訊管理理念, 自行開發編輯軟體, 改用數位化編輯系統, 數位化辭書語料庫的建設, 取代了傳統語料卡片, 和紙面撰稿的方式;而將《修訂本》成果公佈於臺灣學術網路, 更將臺灣辭書編輯正式邁入數位化紀

---

1) 《國語辭典》原編本開始籌備在1926年, 1931年開始編輯, 1936年委由商務印書館排印, 並發行第1册, 至1945年《國語辭典》初版編輯完成並全部出齊, 共分成八册。後於1947年再就原內容重加校勘, 分為4册, 仍由商務印書館印行

2) 教育部國語推行委員會在1976~1979年間, 以1947年重版《國語辭典》為底本, 進行重編, 聘請葉公超先生為指導委員會主任委員, 國語日報董事長何容先生擔任總編輯, 臺灣師範大學教授王熙元先生為副總編輯。凡刪併原書條目1萬餘, 新增2萬多條的專科詞, 共計收錄約12萬3,000條目, 較原書分量多出百分之50, 從四擴編為六册。「重編本」修訂時, 教育部並與商務印書館簽定合約, 規劃隔5年便續作修訂。

元。[3] 八十六年(1997年)因應網路環境進行改版，採用全文檢索系統。同時發行光碟版，編入教育部「好學專輯」第十三輯，與網路版同步發行，面向大眾，全球共享。《國語辭典》歷經原編本、重編本到修訂本，在出版樣式上，由紙本印刷轉為電子數位辭書，由單一書面紙本樣式轉為同步多樣數位方式(書面紙本、網路版本、光碟版及電子辭典版本)，成為臺灣電子辭書編輯的先河，並及時將全球推介中華民國在現代語文整理的部分成果。修訂本使用人次，2010年統計每日使用人次約4~6萬，累計使用人次至九十九年七月廿九日，已達1億人次。爾後《國語辭典》系列電子辭書的編輯工作，於焉奠定。

目前仍教育部擔任增訂編輯及線上維護工作，民國九十五年至一百零一年(2006~2012年)，《重編國語辭典修訂本》主要進行兩個向度進行修訂：(一)國語辭典為兼收古今詞彙之歷時語言辭典，因編輯較早，具保存傳統音讀之目的，音讀部分不及完全參照《國語一字多音審訂表》。近年正參酌部頒《國語一字多音審訂表》初稿審定音讀成果，全面檢視「修訂本」音讀，進行音讀修定工作，並開發檢索系統及展示介面，審慎呈顯《國語一字多音審訂表》初稿取決之審定音讀[4]，務期在保留歷史語言，兼能適時反應

---

3) 此次修訂，收錄一萬一千字，詞目十六萬餘，另附十餘種附錄，估量紙本排印規模過於龐大，商務印書館決定放棄印行，故此版本未印製紙本，改以電子版本面世。負責此次修訂的編輯團隊，由國立臺灣師範大學李鍌教授擔任召集人，李殿魁教授為總編輯，中央警察大學曾榮汾教授為副總編輯。初版系統由中央研究院簡立峰先生領導Csmart小組負責，主程式設計者為李明哲先生。規劃初期，先將「重編本」內容從收詞、收音、釋義、引例、體例等各角度進行分析，除沿用原「重編本」的專科詞，大部分語詞在體例、內容上均作大幅度之調整。

4) 教育部《一字多音審訂表》(於101年12月12日~103年6月11日公告《國語一字多音審訂表》初稿(教育部國語推行委員會網址：httphttp://www.

修訂整合字音規範成果，建立合宜之音讀規範，提供坊間辭書編輯之信息，亦本辭典編纂之職責所在。(二)配合政府組織改造及地方制度之變遷修訂內容，增補詞目，及時反映社會發展之語言實況。如：依據「中華民國地方制度法」、「地方行政機關組織準則」，調整「直轄市」「市政府」、「教育局」之釋義。為因應五都之變更轄區，增列「新北市」詞目。

<table>
<tr><td colspan="2">直轄市</td></tr>
<tr><td colspan="2">注音一式　ㄓˊ　ㄒㄧㄚˊ　ㄕˋ</td></tr>
<tr><td>漢語拼音　zhí　xiá　shì</td><td>注音二式　jř　shiá　shr̀</td></tr>
<tr><td colspan="2">由中央直接管轄的都市，為我國第一層級地方自治團體。凡人口數達一百二十五萬，且於政治、經濟、文化及都會區域發展上有特殊需要之地區，得報行政院核定設直轄市。目前我國有臺北市、新北市、臺中市、臺南市、高雄市五個直轄市。亦稱為「院轄市」。</td></tr>
<tr><td colspan="2"></td></tr>
<tr><td colspan="2">教育局</td></tr>
<tr><td colspan="2">注音一式　ㄐㄧㄠˋ　ㄩˋ　ㄐㄩˊ</td></tr>
<tr><td>漢語拼音　jiào　yù　jú</td><td>注音二式　jiàu　yù　jiú</td></tr>
<tr><td colspan="2">掌理國民教育、社會教育及文化、體育事項的教育行政機關。原隸屬各直轄市、縣市政府，後因應「地方制度法」、「地方行政機關</td></tr>
</table>

edu.tw/mandr/index.aspx))審定音之取決仍以文字形音義聚合、大眾習讀情況為主要考量，審訂字來源係參考教育部《常用國字標準字體表》、教育部年度語詞調查報告、99年度高中(含)以下國語文課本等，共計審訂5,266字，審訂後仍取多音者有580字；審訂結果經與88年版比對，審定音確有修訂計22筆，其中依社會習讀狀況調整字音者有「仔」、「噌」等字。如：「噌」字書原有ㄗㄥ、ㄘㄥ等音，88年審訂表據ㄘㄥ音多見取為審定音。研訂說明審音從眾，「惟今『噌』之古義少見，多用於『味噌』一詞，習讀『ㄨㄟˋㄗㄥ』，故改取ㄗㄥ音。」

<table>
<tr><td colspan="2">組織準則」及各地方政府自治條例，縣市政府教育局多改制為「教育處」，目前僅臺北市、新北市、高雄市、連江縣、金門縣、澎湖縣仍設教育局。</td></tr>
<tr><td colspan="2"></td></tr>
<tr><td colspan="2">市政府</td></tr>
<tr><td colspan="2">注音一式　ㄕˋ　ㄓㄥˋ　ㄈㄨˇ</td></tr>
<tr><td>漢語拼音　shì　zhèng　fǔ</td><td>注音二式　shr̀　jèng　fǔ</td></tr>
<tr><td colspan="2">中央所轄之市的最高行政機關。設市長一人，由市民選舉產生，對外代表該市，綜理市政。簡稱為「市府」。</td></tr>
<tr><td colspan="2"></td></tr>
<tr><td colspan="2">新北市</td></tr>
<tr><td colspan="2">注音一式　ㄒㄧㄣ　ㄅㄟˇ　ㄕˋ</td></tr>
<tr><td>漢語拼音　xīn　běi　shì</td><td>注音二式　shīn　běi　shr̀</td></tr>
<tr><td colspan="2">城市名。前身為「臺北縣」，民國九十九年十二月二十五日改制為直轄市。位於臺灣西北部，面積約二千零五十餘平方公里，東接宜蘭縣，南接桃園縣，北有基隆市，西臨臺灣海峽與大陸地區福建省相望，北瀕太平洋。臺北市在其包圍中。全境大多為丘陵山地，中以盆地為其精華區，主要河川有淡水河、基隆河、新店溪等。農業多分布在西部，工業以紡織、電子、鋼鐵、汽車、食品加工等最為興盛，是臺北市的工業衛星城區。早期礦產極為豐富，有金、銀、銅、硫磺、煤等。交通四通八達，著名的風景區有碧潭、烏來、淡水、野柳等。</td></tr>
</table>

重建之線上版本檢索系統，一般辭書依「部首檢索」，或「音序檢索」，只能檢索到以該字為首的詞語；而修訂本之「全文檢索」，無須另編「逆序辭典」，檢一字而全書含該字之相關詞語畢現於眼前，除了輸入檢索外，更提供了傳統的「部首索引」、「字

音索引」、「進階檢索」(測試中，尚未公布)等。

二、《國語辭典簡編本》的編纂現況

《國語辭典簡編本》(以下簡稱《簡編本》)係繼《修訂本》後，設定以中小學生與外國人士學習標而編纂之中型辭典，且為結合聲音及圖片之「有聲多媒體電子辭典」。為期能反映當時的語文環境，特別由八十二年新聞報刊雜誌及抽樣選定小說、書刊中，累計用字之字詞頻，根據字頻資料庫1,982,882字，詞頻資料庫64,326，再經語料的科學統計收字選詞，總計收錄6,634字，收詞45,107詞目，頗能反映當時語文使用狀況。民國八十四年(1995年)底完成，委由中研院Csmart小組研發系統，教育部電算中心製作。八十七年(1997年)，採光碟版與網路同步發行方式。曾榮汾教授曾從辭典學角度論證《簡編本》兼具下列六項成就：(一)利用字詞頻統計進行收錄字詞。(二)圖片收錄概念圖。(三)結合聲音檔案。(四)利用圖文檢索內文。(五)相對詞釋義的進步。(六)釋義用字已收字為範疇。5)

《簡編本》編纂既為語文學習與推廣服務，理想之語文學習工具，選採「結合形音」、「看圖識文」與「對比辨似」為輔助編輯理念。為期「結合形音」，特別選取字頭，結合音檔，確定單字採「字頭＋部首＋部首外筆劃＋總筆劃」，詞目採「詞目＋音讀＋釋義＋據例」之原則，採錄聲音，提供授權之音檔，每一單獨義項

---

5) 參曾榮汾〈介紹教育部四部電子辭書〉，《辭書學論文集》(1987~2004)，頁452，2005年10月，辭典學研究室編印。又〈國語辭典簡編本編輯說明〉、〈《國語辭典簡編本》的介紹〉，同上，頁405~406；頁439~443。

及詞例，均可反複播放重聽，實有助於小學生自學與外國人士學習華語。同時整部字典共1,140詞條收錄插圖(含一圖並呈多詞)，分為二十三類，[6]且多表達抽象概念之「概念圖」。配合豐富插圖，檢索系統除「詞目檢索」、「全文檢索(整部辭典)」外，尚有別具匠心的編有分類項目的「圖片檢索」，如經由分類圖片檢索「綜合」類「臺灣精品」下，可檢得「臺灣精品」標誌可收，「看圖釋字」之效。「對比辨似」理念，也具體反映在辭典附錄「相似詞索引表」、「相反詞索引表」和圖片檢索二十組「對比形容詞」。

	【臺灣精品】
注音一式	ㄊㄞˊ ㄨㄢ ㄐㄧㄥ ㄆㄧㄣˇ
注音二式	tái wān jīng pǐn
解釋	即臺灣精品標誌，又稱為國家產品形象獎。政府為提升我國產品之國際形象，由經濟部委託中華民國對外貿易發協會辦理臺灣精品評審，凡通過評審之產品，即可獲頒臺灣精品標誌。 臺灣精品

民國九十五年至一百零一年(2006~2012年)，(一)《簡編本》的編纂，既在反映當時的語文環境，建立全民語文基礎，使用對象有

6) 共分為烹飪、民俗、服飾、對比形容詞、動物、天文氣象、童玩、概念圖、古器物、各國國旗、工具、交通工具、建築、學術、植物、書法、日用品、人體部位圖、綜合、綜合主題圖、音樂、武器、運動等二十三類。

「教」與「學」之具體需求，音讀參照《國語一字多音審訂表》之審音標準取音，《簡編本》成為語文學習的參考典範。[7] 根據教育部《一字多音審訂表》整合字音，所提供《一字多音審訂表》修訂音讀定音，自然也成為使用者測驗評量與語文競賽的關注焦點，不論目前或未來，持續監控《一字多音審訂表》的音讀異動，都成為《簡編本》的修訂重點選項。(二)配合政府組織改造及地方制度之變遷修訂內容，及時反饋社會發展之語言現況，增訂詞目與「修訂本」連動。(三)《簡編本》為學習詞典，為確保例句品質之規範，民國一百至一○一年(2011~2012)教育部委由國立屏東教育大學柯明傑教授與教授群進行《簡編本》例句改善計畫，全面檢視本典例句，分析例句問題現況，總結十二類理應改定之病句，[8] 並研提修正對策，實證操作修訂，共修訂例句6,000處，審閱後可調整修訂。

三、《國語小字典》的編纂現況

《國語小字典》(以下簡稱《小字典》)，係以《簡編本》為基礎所

---

7) 《國語辭典簡編本》據《一字多音審訂表》取音，只取審訂後的標準音，音讀較簡，與《重編國語辭典修訂本》記錄傳統音讀資料，雖同屬官方標準，因編輯觀念不同，範疇有別，其間容有差異。《簡編本》為使讀者了解二書取音的差異，特編製〈簡編本與修訂本取音差異表〉說明其差異。

8) 修改例句之類型為：01.不符現況者，02.未能宣達正面價值者，03.傳達錯誤或爭議訊息者，04.不符一般認知者，05.易滋生敏感議題或不當聯想者，06.涉及不當價值判斷者，07.贅語較多或失焦者，08.無法切合釋義者，09.無助於釋義說明者，10.用法(語法方面)有疑慮者，11.句子不合理或不通順者，12.宜補造例句者。

編定，為適用於國小學童的小型字典。始編於民國八十三年(1994年)，編輯分兩階段，第一階段完成於八十五年(1996年)，第二階段完成於八十九年(2000年)，八月正式納入網路系統。第一階段為符合國小學童的輔助學習需求，選取字頭參酌坊間國小教科用書、參考常用字表、及年度常用字詞頻表及常用成語用字等語料，累計出最常使用國字二千七百餘字。後隨教科書的多元開放政策施行，第二階段根據相關字頻統計結果，共收錄4,036字。為期識字之規範標準，並以部頒標準字體為取形之依據。搭配最常使用的音、義，義項分化力求簡約(盡量在十個以內)，輔以插圖，豐富釋義內涵。[9]《小字典》之檢索系統，除「全文檢索」並提供「部首索引」。

民國九十五年至一○一年(2006~2012年)間，賡續強化《小字典》使用功能。主要在：(一)持續監控國小教科用書之更新，及學習常用字之變動，九十五年(2006年)《小字典》根據94年度各版本國小國語教科書配合增收272字(如：蝙、蝠、粿、忐、忑、雹、絛、喙、雋、鷸、瀏、愜、刨、顎、鮭、蚵、踝、駝、搥、啕、鈾等)，共計收錄4,306字。增收80張附圖，共計收錄673張附圖。2008年公布臺灣學術網路版第二版。(二)重建線上版本之檢索系統，除了傳統的輸入「內文索引」索外，更提供了、「部首索引」、「筆畫索引」「字音索引」，並參酌《簡編本》，另有「圖片索引」，可供逆向檢索至內文，由插圖連接文字字形，再由字形探索字義。(三)納入「形音結合」編輯理念，擴充《小字典》使用功

---

9) 參曾榮汾〈介紹教育部四部電子辭書〉，《辭書學論文集》(1987~2004)，頁453，2005年10月，辭典學研究室編印。又〈國語辭典簡編本編輯說明〉、〈《國語辭典簡編本》的介紹〉，同上，頁405~406；頁439~443。

能，進行全典全文錄音，每字均有男、女二版(目前音檔正在審查中，尚未公布)。

四、《成語典》的編纂現況

《成語典》 民國九十二年(2003年)公布試用版，九十四年(2005年)公布正式版。因考據嚴謹，2010年時已累計有4,500萬使用人次。於一○○年(2011年)公布臺灣學術網路版第二版。

《成語典》 著重熟語之溯源，有關「典源」說明，分下列三種類型：(一)典出：成語出自文獻之故事而加以濃縮者。如：【刻舟求劍】典出《呂氏春秋．愼大覽．察今》。(二)語出：成語出自文獻用語而未改變者。如：【鉤心鬥角】語出唐．杜牧〈阿房宮賦〉。(三)語本：成語出自文獻用語而有所改變者。如：【寅吃卯糧】語或本明．畢自嚴〈钃錢糧疏〉。除了追溯成語的源頭活水，更細膩的記錄成語演進與應用發展的軌跡。

辭典內容分為「音讀與釋義」、「典源」、「書證」、「辨識」、「用法說明」及「參考詞語」。辭典檢索系統分為：「基本檢索」(成語檢索與義類檢索)、「進階檢索」(簡明成語典、成語典故文選、成語故事選輯、成語用法指引、成語家族)、「附錄檢索」(同出一書成語查詢、成語異源文獻查詢、編輯總資料庫查詢、佛教專題語料查詢201條、道教專題語料查詢29條、常用題辭查詢)，《成語典》 設計理念，可喻為「自助餐式」閱讀，讀者自行點選擇所需之訊息，係互動呈現之成語工具書，不同於坊間的靜態呈現的成語辭典。內容「音讀與釋義」、「典源」、「書證」和檢索「」用著力在辭義探源；「辨識」、「用法說明」及「參考詞語」則著眼於成語語用。「進階檢索」則在提供語文線上學習，增添語文學習的興味。又「用法說明」從語義說明、和使用類別臚舉大量例句釋例說明，並可用讀者身分「提供例句」，兼具互動功能。「參考詞語」則提供單一成語靈活變身的「構詞變形」，如：【勞燕分飛】歷史語用亦作「勞燕西東」；又如【杯弓蛇影】歷史語用亦作「杯蛇弓影」、「弓影浮杯」、「弓影杯蛇」、「蛇影杯弓」。

《成語典》之「正文」成語取音，原則根據《重編國語辭典修訂本》、《國語辭典簡編本》，並參考《國語一字多音審訂表》，如「勁」單取ㄐㄧㄥˋ，「血」單取ㄒㄧㄝˇ等。「附錄」之成語取音，原屬於《修訂本》者仍依《修訂本》。其中音字典屬性或有參差，留待未來幾部相關辭典，通盤審慎確定體例，取音統整，再重作整理。如：【節衣縮食】音讀作ㄐㄧㄝˊ ㄧ ㄙㄨㄛ ㄕˊ，"縮"不音"ㄙㄨˋ"；【刻舟求劍】音讀作ㄎㄜˋ ㄓㄡ ㄑㄧㄡˊ ㄐㄧㄢˋ，"刻"不音"ㄎㄜˇ"。

將「正文」與「附錄」語料作層次區隔。(二)增建成語義類關鍵詞屬性資料庫。(三)增建成語之英語相關屬性，如成語主要意旨英譯、成語義類關鍵詞英譯。(四)增設英文檢索介面(五)重建線上版本之檢索系統(六)增設成語遊戲，提升學習趣味。(七)委託私立文化大學林文慶教授進行「預收成語典源研究計畫」，完成60組成語溯源。

成語主要意旨英譯、成語義類關鍵詞英譯釋例

	Idiom▲	Main Point
1	一了百了 主	
2	一刀兩斷 主	to break off with one's friend
3	一五一十 主	a detailed description to count numbers
4	一介不取 主	be honest and without corruption with clean hands
5	一孔之見 主	poor experience or knowledge
6	一心一意 主	to devote oneself to something
7	一手遮天 主	to cheat to cover up the truth to deceive
8	一日三秋 主	to miss someone to be reluctant to leave someone
9	一日千里 主	rapidly in a hurry to make progress quite rapidly
10	一毛不拔 主	to be stingy and greedy for money
11	一丘之貉 主	to do evils in collusion to do evil things together
12	一目了然 主	to understand clearly
13	一目十行 主	to read fast
14	一字千金 主	delicate diction extremely high-valued
15	一帆風順 主	to proceed smoothly when travelling to make progress smoothly
16	一衣帶水 主	a narrow surface of the river to be contiguous to

五、《異體字字典》編纂現況

民國八十四年(1995年)年臺灣師範大學陳新雄教授赴韓國參加亞洲漢字協會(由韓國、日本、中國大陸和我國組成)所召開的年會，與會代表基於目前對亞洲各國所用的漢字字形頗見參差，決議作一統整。返國後，為使我國在訂定標準化漢字方面，能有所貢獻，故陳先生乃呈文教育部國語推行委員會，請在其權責之內，研擬編撰異體字典之可行性，國語推行委員會李鍌主委與全體委員會議決定，為延續教育部推行標準字體政策之成功，暨加強將來參與國際研訂漢字標準型式之發言分量，乃毅然通過編撰《異體字字典》。

教育部為配合漢字環境的整合及中文資訊的發展需求，並基於：一為維護傳統正字的地位，有必要將亞洲漢字以正字為綱領作一統整。二為日後擴編中文電腦內碼，有必要作大規模整理，以為擴編之基礎。三為修訂原異體字整理的初步成果，有必要正訛與增訂。三項理由決定推動《異體字字典》編輯專案，編輯此部字典。民國八十四年起正式成立異體字編撰委員會，廣邀全國各大學文字學專家學者為編撰委員，並由李鍌教授出任主任委員，李殿魁教授及陳新雄教授出任副主任委員，並敦請曾榮汾教授出任總編輯，招募培訓各大學中文系學生為助理，鳩工庀材，著手編定，發凡起例，每月固定召開研討會議，審慎斟酌，於紛歧中求統一，於眾議中求兼顧，終於商定體例，著手編輯。編輯辭典本難，編輯異體字字典尤難。上下數千年的形體演變，實非錯綜複雜所能表述。編輯小組利用電腦為工具，建置中文字形語料庫，將所有資料數位化，歷時七載，終告竣事。配合網路版，並發行DVD光碟版，九十一年(2002年)10月正式四版DVD光碟版，所收文字正體與異體合併計算，總收字106,152字。至九十三年(2004年)1月公佈正式五版網路版，總計為106,230字。[10] 2004年公布(正式五版)。為總整漢字字形的大型資料庫。2012年8月公布新版系統試用版。

自民國九十五年至一百零一年(2006~2012年)，《異體字字典》(以下簡稱《異典》)基礎語料庫進行三個方面大幅修訂。其一為「正字釋義」之調整，其二為「民俗文獻用字」之研訂，其三為「檢索系統」平台之開發。

一、正字釋義之修訂：(一)原編之正字釋義，依分級各有參差，常用字4,808字，概皆沿用「修訂本」釋義，義項繁富，須作大幅調整。次常用字約6,329字，釋義亦多沿用「修訂本」，義項較簡。而罕用字及新增正字約2萬字，釋義多據《異典》體例所增撰，僅需小幅調整。(二)《異典》具歷史語言辭典性質，收錄字形以古籍文獻為主要對象，故義項排序及行文風格均須稍作調整，釋義行文改淺顯文言，例子亦然。(三)正字釋義，增列「說文釋形」，以為《異典》「正字」考求初形本義，確立釋義系統之根據。(四)釋義依字義溯源概念(「本義」、「引申義」、「假借義」)重整義項。(五)原據「修訂本」釋義，其引申分化而趨近現代詞義者，多半僅載「詞語」用例，而缺乏歷史書證。修訂時，正以異典為，應盡量補充典籍文獻之歷史語料書證，以回復文字語用之現場，而與「異體字樣」研訂相互結合驗證。試舉A02104「毛」、A02393「炙」如：

---

10) 統計數字依網路版《異體字字典》修訂及改版紀錄(http://dict.variants.moe.edu.tw/bian/fbian.htm)。

異體字 附錄字

乇

解 說

A02104 乇 解 說 異體字

異體字 附錄字

乇

解 說

字號	A02104	正字	【毛】毛-00 -04
說文釋形	大徐本：，眉髮之屬及獸毛也。象形。凡毛之屬皆从毛。(莫袍切) 段注本：，𥄉髮之屬及獸毛也。象形。凡毛之屬皆从毛。 (莫袍切)		
音讀	ㄇㄠˊ		
釋義	1. 特指人身上眉毛鬚髮。《說文解字．毛部》：「眉髮之屬及獸毛也。」《左傳．僖公二十二年》：「君子不重傷，不禽二毛。」《孟子．盡心上》：「楊子取為我，拔一毛而利天下，不為也。」南朝宋．劉義慶《世說新語．巧藝》：「顧長康畫裴叔則，頰上益三毛。」唐．賀知章〈回鄉偶書〉詩二首之一：「少小離鄉老大回，鄉音無改		

鬢毛衰。」

2. 動植物表皮或果實表皮所生之絲狀物。如：「羊毛」、「桃子的果皮上有很小的細毛。」《書經．堯典》：「日短、星昴，以正仲冬。厥民隩，鳥獸氄毛。」《禮記．禮運》：「未有火化，食草木之實、鳥獸之肉，飲其血，茹其毛。」
3. 泛稱植物、草木，多指可食用之五穀、蔬菜。《左傳．隱公三年》：「苟有明信，澗谿沼沚之毛，蘋蘩薀藻之菜，筐筥錡釜之器，潢汙行潦之水，可薦於鬼神，可羞於王公。」三國蜀．諸葛亮〈出師表〉：「故五月渡瀘，深入不毛。」宋．辛棄疾〈鷓鴣天．石壁虛雲積漸高〉詞：「呼玉友，薦溪毛。慇勤野老苦著相邀。」
4. 借指走獸、獸類。《禮記．樂記》：「羽者嫗伏，毛者孕鬻。」晉．左思〈蜀都賦〉：「毛群陸離，羽族紛泊。」唐．李善．注：「毛群，獸也。」
5. 輕微、瑣細。《廣雅疏證．卷三上．釋詁》：「毛，輕也。」《詩經．大雅．烝民》：「德輶如毛。」宋．陳亮〈論勵臣之道〉：「而群臣邈焉不知所急，毛舉細事，以亂大謀。」
6. 小。如：「毛驢」、「毛毛雨」、「毛孩子」。《西遊記．第一四回》：「有幾個毛賊翦徑，是我將他打死，唐僧就絮絮叨叨，說了我若干的不是。」《紅樓夢．第六○回》：「這會子又調唆我和毛丫頭們去鬧。你不怕三姐姐，你敢去，我就伏你。」
7. 無、沒有。《後漢書．卷二八上．桓譚馮衍列傳．馮衍》：「飢者毛食，寒者裸跣。」唐．李賢．注：「衍集『毛』字作『無』。」
8. 驚慌失措之狀。《紅樓夢．第九九回》：「書辦也說：『誰不知道李十太爺是能事的，把我一詐就唬毛了。』」
9. 急躁、生氣、發怒之狀。如：「毛毛躁躁」、「別

	把我惹毛了！」《官場現形記．第一五回》：「若把老爺弄毛了，他一動氣，要頂真辦起來，你們吃得住嗎？」 10. 粗糙、未經加工者。如：「毛糙」、「毛貨」、「毛坯」。 11. 約略、概略。如：「毛估」、「毛利」、「毛重」。 12. 我國幣制中「角」之俗稱，一角稱為「一毛」。 13. 古國名，在今河南省宜陽縣境。《左傳．僖公二十四年》：「故封建親戚，以蕃屏周。管、蔡、郕、霍、魯、衛、毛、聃，……文之昭也。」 14. 姓。如漢代有毛亨。 15. 二一四部首之一。

對照正式五版與試用版，義項1、2之互調義項序，正依《說文》「眉髮之屬及獸毛也」之本義，並增補《左傳．僖公二十二年》、《孟子．盡心上》、南朝宋劉義慶《世說新語．巧藝》及唐．賀知章〈回鄉偶書〉詩二首之一等為義項文獻書證。「修訂本」釋義趨近現代詞義者，增列書證者，如：義項2之補《書經．堯典》及《禮記．禮運》；義項4之補晉．左思〈蜀都賦〉；義項6之補《西遊記．第一四回》、《紅樓夢．第六○回》；義項8之補《紅樓夢．第九九回》。根據《廣雅疏證．卷三上．釋詁》：「毛，輕也。」《詩經．大雅．烝民》：「德輶如毛。」增補釋義5「輕微、瑣細」之義項及書證等。

字號	A02393	正字	【炙】火 - 04 -08
說文釋形	大徐本：，炮肉也。从肉在火上。凡炙之屬皆从炙。，籒文。(之石切)段注本：，炙肉也。从肉在火上。凡炙之屬皆从炙。，籒文。(之石切)		
音讀	ㄓˋ		
釋義	1. 烤肉。《說文解字．火部》：「炙，炮肉也。」《詩經．小雅．瓠葉》：「有兔斯首，燔之炙之。」《戰國策．魏策二》：「齊桓公夜半不嗛，易牙乃煎敖燔炙，和調五味而進之。」《樂府詩集．卷三七．相和歌辭一二．古辭．西門行》：「飲醇酒，炙肥羊。」 2. 烤熟之肉食。《禮記．曲禮上》：「乾肉不齒決，毋嘬炙！」《史記．卷八六．刺客列傳．專諸》：「酒既酣，公子光佯為足疾，入於窟室中，使專諸置匕首魚炙之腹中，而進之。」漢．揚雄〈解嘲〉：「司馬長卿竊貲於卓氏，東方朔割炙於細君。」 3. 燒烤、燒灼。《齊民要術．卷五．漆》：「世人見漆器暫在日中，恐其炙壞，合著陰潤之地，雖欲愛慎，朽敗更速矣。」唐．崔顥〈霍將軍〉詩：「莫言炙手手可熱，須臾火盡灰亦滅。莫言貧賤即可欺，人生富貴自有時。」清．李汝珍《鏡花緣．第五回》：「公主笑道：『好好牡丹，不去澆灌，卻用火炙，豈非六味丸用的炙單皮麼？』」 4. 薰染、陶冶。《孟子．盡心下》：「非聖人而能若是乎？而況於親炙之者乎？」		

為推求文字之初形本義，試用版增加《說文》追溯本義「炮肉」。並依釋義發展脈絡釋義，先區分「烤肉」動、名關係，再依序排列引伸擴大「燒烤」義及「薰染」義，並據中央研究院漢籍文獻電子資料庫【古籍十八種】《齊民要術校釋》．卷五．漆第四十九及集部．小說《鏡花緣》第五回「俏宮娥戲嘲桃皮樹，武太后怒貶牡丹花」(頁12)。並參教育部《成語典》「炙手可熱」條(htt p：//dict.idioms. moe. edu.tw/chengyu/pho/fsj/ fsj00182.htm。參漢籍文獻電子資料庫：集/小說/鏡花緣/第五回「俏宮娥戲嘲枇皮樹 武太后怒貶牡丹花」(P12)隨義增補歷史文獻書證。

二、「民俗文獻用字」之研訂：(一)據《異典》原典增錄民俗用字，編輯〈民俗文獻用字表〉，本項工作擬對所收字形作學理研訂。初步整理，估計本表須研訂之數量約為2,000組。有關〈民俗文獻用字表〉編輯說明及增列用例如下：該表根據明、清通俗文學作品(《明成化說唱詞話》、《清平山堂話本》、《白蛇故事研究》)，及現今坊間所見廣告招牌之異體字，加以蒐錄編輯而成〈民俗文獻用字表〉，計收錄正字1,823字，異體收錄則有4,024字。(二)〈民俗文獻用字表〉以正字編輯綱領，逐字附上所領異體字、詞例及來源。異體字之定序，凡正字所統異體，其有二形以上者，則先依部首畫數排列，而後再以部首外筆畫數排序。(三)本表同一異體字均見於所收文獻，則依文獻時代前後排序，不僅有助於考察民間異體字使用情形，且部分字形可據以擴編《異體字字典》正文，使《異典》字形收錄更為完整。(四)研訂本表時，以正字為綱，將形體演變相關之異體成組研訂。(五)異體研訂線索，首觀形變，次究聲音，再論字義，並參字例。試以「丈」字為例：

正字	丈	異體字	𠀋、𠀋、𠀋	研訂者	曾榮汾
音讀	ㄓㄤˋ				
「𠀋」、「𠀋」、「𠀋」為「丈」之異體。丈，《說文．十部》作「[illegible]」，云：「[illegible]，十尺也，从又持十。」隸變作「丈」，字本無點，後世俗寫多於右旁，添加一點。《隸辨．上聲．養韻．丈字》引〈郙閣頌〉即作「𠀋」。《俗書刊誤．卷三．去聲．漾韻》：「丈，俗作𠀋非。」此種於字構加點，於漢字書例常見，《字鑑．上聲．養韻》即云：「丈，案丈、升、冘、土、友、氏、曳、閏、究、軌、染等字，《說文》俱無點，俗加點非。」可以為證。依此推之，《明成化詞話》、《清山堂話本》、《白蛇故事彙編》「方𠀋」、「𠀋人」、「𠀋夫」等詞所見之「𠀋」、「𠀋」、「𠀋」等三形，僅點之位置稍異，皆可視為「丈」之異體。					

試舉A01277-1-1「[illegible]」字、A01279-1-1「㣔」字為例，說明首觀形變，次究聲音，再論字義，並參字例之實作。

正字	役	異體字	伇	研訂者	許學仁
音讀	ㄧˋ				
內容	「伇」為「役」之異體。漢碑已見殳旁隸省作殳之役字，《隸辨·入聲·昔韻》：「役〈校官碑〉：『復役十年』，役〈曹全碑〉：『役不干時』。」 　　敦煌寫卷殳字或作殳，《箋注本切韻》一平虞韻市朱反：「殳，《詩》云：『伯也執殳。』」；從殳之字多作殳，一昔韻營隻反載「疫」、「炈」、「鈠」，《楞嚴經音義》一：「伇，音頭」，斯六一七《俗務要名林》「鋪設，下普盧反」，殳旁並書作殳。《金石文字辨異．入聲．陌韻》錄〈唐呂秀巖景教流行碑〉『增益吏役』，役字作伇」。「役」書作「伇」字，敦煌寫卷字多見，如：斯388《正名要錄》「徇率後得征役」；《字樣》「傜」字下注：「伇」；伯四○九二《新集雜別紙》副史下：「一夕三秋，伇夢魂而不歇。」又可洪《新集藏經因義隨函錄》「役，音役。」「役」為「役」之異體。《明成化詞話·十二·劉知遠還鄉白兔記》「傜役」之「役」字亦作「役」。：「旦云：『母親家有囤粮(糧)雞大(犬)飽，戶無搖(搖)役(役)子孫安。』」 　　按：伇為役之隸省，故定作「役」之異體。				
參考文獻	瀏覽俗刻文獻資料、瀏覽形體資料表 可洪《新集藏經因義隨函錄》見《中華大藏經》第五十九冊第658頁第10行)。 ※敦煌寫卷字形參黃征《敦煌俗字字典》頁496，2005年，上海教育出版社				

陳師新雄教授原研訂說明指出『伇』為『役』之字際關係：「『伇』為『役』之異體。《說文解字．彳部》：『役，戍邊也。從殳從彳。臣鉉等曰：彳、步也，彳亦聲，營隻切。伇，古文役從人。』《隸辨．入聲．昔韻》：『伇，〈無極山碑〉："增益吏伇。"按：《說文》古文役從人。』《金石文字辨異．入聲．陌韻》

：『伇，〈唐呂秀巖景教流行碑〉』按：伇為役之隸省，故定作『役』之異體。」(http://dict2.variants.moe.edu.tw/variants/A01277-001 「役」)筆者在伯元師研訂基礎上，在試用六版中增補充漢碑「殳」旁隸省作「殳」之役字字樣，證成伯元師之研訂。並據敦煌唐人寫卷《箋注本切韻》、《楞嚴經音義》、《正名要錄》、《字樣》、《新集雜別紙》、可洪《新集藏經因義隨函錄》所錄「殳」字或作「殳」字樣書證，及《明成化詞話·十二·劉知遠還鄉白兔記》「傜役」作「搖伇」之詞例書證。可窺知『伇』為『役』之異體傳播，自漢歷唐，至明代異體則作「伇」，殳旁仍作「殳」旁之異體傳寫脈絡，間可增錄「伇」為「役」字異體。

·請選擇查詢方式： 正字

·請輸入正字： 役

檢索結果：1筆(共1頁) 上一頁 1 下一頁

正字	異體字	詞例	來源/頁/行	俗字研訂
役	伇	搖伇	明成化詞話／0625／08	

A01279-1-1「⿰彳匚」

<table>
<tr><td>正字</td><td>征</td><td>異體字</td><td>⿰彳⿺乚丷</td><td>研訂者</td><td>許學仁</td></tr>
<tr><td>音讀</td><td colspan="5">ㄓㄥ</td></tr>
<tr><td>內容</td><td colspan="5">「⿺乚丷」為「正」之異體《隸辨·卷六·偏旁》引《孔霮碑》：「君少履天姿自然之正」，「正」字所從止已連筆作[illegible]。《干祿字書．去聲》：「⿺乚丷、正，上通下正。」《甘肅省藏敦煌文獻》錄甘博001《法句經》：「慧而不起邪，思正道乃成。」敦研179-2《妙華蓮華經授記品第六》：「得佛智慧，成等正覺。」「正」字並連筆作「○」、「ㅁ」。《佛教難字字典．止部》「正」字之異體有「⿺乚丷」。「⿺乚丷」為「正」字筆畫連書之通俗寫法，並與《干祿字書》所論相應。
　　伯二五二四《語對》「西征」，「征」字作「△」，同卷「東征」、「征陌」之「征」字作「▲」，右旁連筆作⿺乚丷；又伯三七四二《二教論》：「或播殖以利世，或修(休)征以定亂」，「征」字作「◎」，右旁並已連筆作⿺乚丷《明成化詞話·三·唐薛仁貴跨海征遼故事》「早行到晚無港泊，晚行道曉少孤村，人人征東思父母，為人怎不想親人。」之「征」字作「⿰彳⿺乚丷」。「⿰彳⿺乚丷」固為「征」之異體字。</td></tr>
<tr><td>參考文獻</td><td colspan="5">※瀏覽俗刻文獻資料、瀏覽形體資料表
敦煌寫卷「正」、「征」字形資料，參黃征著　《敦煌俗字典》頁550，2005年，上海教育出版社。</td></tr>
</table>

研訂過程遇有全然無法解說者，可從闕或提出討論，試以A02410「焊」字為例，說明異體字字際關係糾葛，亟待論證之處理方式，正式五版作：

<table>
<tr><td>字號</td><td>A02410</td><td>正字</td><td>【焊】火-07-11</td></tr>
<tr><td>音讀</td><td>ㄏㄢˋ</td><td></td><td></td></tr>
<tr><td>釋義</td><td colspan="3">1. 乾枯、乾涸。同「熯」、「暵」。集韻．上聲．旱韻：
　「暵，乾也。或作熯、焊。」
2. 通「銲」。</td></tr>
</table>

試用版因採「異體成組研訂」觀念，得以重加釐清「暵」「焊」、「熯」、「銲」四字異體之字際關係。在字形研訂上，原研訂說明云：「『熯』為『焊』之異體。《說文解字．火部》無『焊』而有「熯」，云：『乾皃。從火漢省聲。人善切』。」並注明「『熯』另兼正字。」檢視《龍龕手鑑》、《廣韻》、《四聲篇海》、《字匯》、《重訂直音篇》等字書、韻書，僅將「焊」、「熯」視為異體關係，並將字義釋為「火乾」、「火乾皃」，推源其始，或從火旱聲，以會以火乾物，或以火乾物後乾燥之貌。至《集韻》、《類篇》勾聯「暵其乾矣」之「暵」字(《廣韻》「日乾也」。呼旱切。同音異義，仍不淆混)，視三字為異體字，細審「暵」字本義，原編據　《集韻》、《類篇》僅釋為「乾」義(《說文・日部》：「暵，乾也。」惟段注以為「"乾"上當有"日"字」)，因將字義解為「乾枯」、「乾涸」，並將三字異體關係定調。修訂版根據構形初義，不採原釋義之「乾枯」、「乾涸」。而字義釋為「用火(或曝曬)使物乾燥」，以維持《集韻》、《類篇》之異體關係。並增錄釋義2「用熔化之金屬連接金屬工件或修補金屬器物」解之，對應通「銲」之字義。惟權衡字形發展，不視為「銲」字異體，故僅收錄「熯」字為異體。二、重新考訂音讀。原研訂說明：「《廣韻．上聲．旱韻》『焊』，火乾也，同『熯』，又呼旰、人善二切。另見《字彙．火部》焊，注云：『許旱切。音罕。火乾也。亦作熯』《正字通．火部》焊，俗熯字。」。修訂版據焊(呼旱切)熯(呼旱切/呼旰切)暵(呼旱切)，並屬曉母元韻，暵」「焊」、「熯」字之音讀，讀去聲ㄏㄢˋ，而不讀其他辭書收錄之ㄏㄢˇ音。試用六版之呈現樣式為：

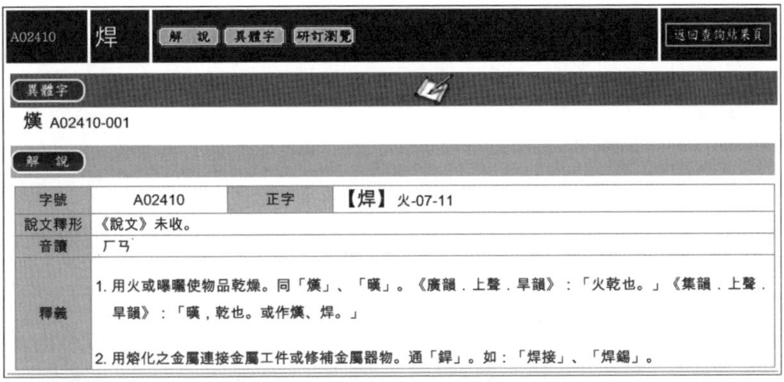

A02410 焊 解　說 異體字 研訂瀏覽 返回查詢結果頁

異體字

熯 A02410-001

解　說

字號	A02410	正字	【焊】火-07-11
說文釋形	《說文》未收。		
音讀	ㄏㄢˋ		
釋義	1. 用火或曝曬使物品乾燥。同「熯」、「暵」。《廣韻．上聲．旱韻》：「火乾也。」《集韻．上聲．旱韻》：「暵，乾也。或作熯、焊。」 2. 用熔化之金屬連接金屬工件或修補金屬器物。通「銲」。如：「焊接」、「焊錫」。		

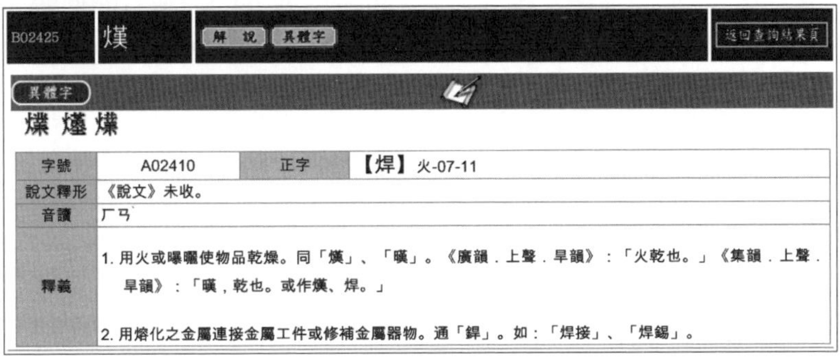

B02425 熯 解　說 異體字 返回查詢結果頁

異體字

[illegible] [illegible] [illegible]

字號	A02410	正字	【焊】火-07-11
說文釋形	《說文》未收。		
音讀	ㄏㄢˋ		
釋義	1. 用火或曝曬使物品乾燥。同「熯」、「暵」。《廣韻．上聲．旱韻》：「火乾也。」《集韻．上聲．旱韻》：「暵，乾也。或作熯、焊。」 2. 用熔化之金屬連接金屬工件或修補金屬器物。通「銲」。如：「焊接」、「焊錫」。		

三、試用六版(一)考量不同面向之使用者需求，重建線上檢索系統，正式五版之「部首查詢」、「筆畫查詢」外，新增「單字」、「注音」、「漢語拼音」、「倉頡碼」、「四角號碼」及綜合上述六種方式後另加入筆順、形構條件的「複合查詢」，共有九種查詢。(二)系統字改採Unicode字集(20,902版本)，並大量採用教育部標準宋體字。試用期間，仍留正式五版介面，可相互切換使用。

參、臺灣教育部電子辭書編纂的未來規劃方向

辭書編纂，須符「歷久」而「彌新」的精神，是以辭書的面對自我挑戰，持續修訂是極其必要的考驗。傳統紙本書面版如是，數位化電子辭書更是如此。讀者一經上網，即成網路大軍，利用搜索引擎，關聯全文，於辭典收詞、釋義、舉例、書證，不再單向提供訊息，為讀書疑難解惑，也得接受各界網路讀者的檢視和沿革考驗。傳統書面版詞書一經編輯完成，印刷成書，工作即告段落，編輯工作群隨即解散，留待他年修訂，再行成軍，重行啟動機制即可。網路版電子辭書一經公佈，即須成立常態維護小組，開發線上維護系統，訂定維護標準作業模式，則有其迫切需求。面對殷殷企盼更新的使用者，屬於辭典明顯缺失或亟待補充之語料，即由維護小組透過維護系統修訂，並備檔登錄。如此電子辭書的工具功能，可充分發揮及時反應的特色，維持網路版電子辭書一定的水準。又在維護標準作業模式下，可持續從不同視角，隨時檢測數據語料庫及成果系統，在既有基礎上吸納新增資訊，累積新成分，建置下下一次大規模修訂之新語料。

一、增訂辭書詞目內容：

(一)已錄詞目釋義內容之訂補：原先已錄之詞目，因語言環境之改變，而或概念更新，或語義歧出，或新增義涵，原有詞語釋義內容，無法充分適切反映語言實況，亟需增補調整，既須凝固

歷史時空，存留語言痕跡，復須涵容現時語用，回應語言環境，拿捏語文專業和社會尺寸，方能滿足當前讀者需求，歷久而不衰。(二)新增詞語層次增補：歷史語言變動不居，生活用語，記錄社會萬象；新聞傳媒，日有新詞，月有新義，並須旁蒐遠紹，持續觀照彙整，方能適時掌握諸多語言變動訊息。藉助年度常用語詞、專科新知語詞、媒體用字、媒體新詞語、媒體字母詞、媒體流行用語等之語料調查，運用大形數據語料庫，經定期分層級之交叉比對，積累基礎字詞頻，復由「高頻詞語」中匯整為「常用詞語」，定期納入「新增詞語」語料庫，比勘詞語相關語境，撰寫釋義，先入附錄，再篩選優選納入「新增語詞」詞目，方能舊瓶添裝新酒，適時反映語言發展的活力，突顯「彌新」的語言特質，縮短編輯者與使用大眾之認知差距。《修訂本》、《簡編本》即依上述原則，利用現代數位化網路技術，發揮對社會生活語言實時監測的長效機制，配合年度語詞調查語料，持續增修補訂。

二、強化電子辭書之互動功能：

教育部推動語文「規範化」之政策，不遺餘力，從定形(常用標準國字字體及各體字形母稿)、定音(一字多音審訂表)、定序等研訂工作，具體落實到電子辭書的編纂，期盼能擴大語文學習與推廣功能。《重編國語辭典修訂本》電子辭書系列的編輯，持續根據不同使用對象特性，從內容增補、顯示介面和檢索工具三方面，提供更新的「互動」功能。從社會大眾通用之《修訂本》、中小學生及外國人士使用的《簡編本》，到專為小學生編纂的《小字典》，各自鎖定使用對象，設定不同使用功能，如《簡編本》和《小字典》二本辭書，朝多媒體辭書面向更新，強化其「結合語音」、「圖像示義」、「對比辨識」的語用功能。透過《成語典》之新介面的規劃，打破定型的靜態制式閱讀，充分展現電子辭書「多功分用」的互動特性，使用者可自行依循其使用標的，選擇所需之參考資訊。

三、擴充整合漢字環境的《異體字字典》：

大型字型資料數據庫《異典》的編輯，謹守文獻，蒐羅異體，建立字例。曾榮汾教授曾指出教育部《異典》編輯初衷，乃在「配合漢字環境的整合及中文資訊的發展需求，追求全面中文字形資料庫」。編撰選用的基本文獻，涵蓋古今中外之文字研究相關圖籍[11]，其中主要以《說文》、字書、韻書、及字樣書為主，旁及隸書、碑刻、俗字譜、佛經文字、古文字、簡牘等出土文獻，以今觀之，大體已備。但編輯之初，因限於人力，掌握文獻範疇不足，未能對所有正字詳細考證，或囿於編輯學養，以致掛一漏萬，遺珠處處。曾教授並總賅《異典》編撰，凡有七難，從編輯學理凡六，曰：「正字標準混淆」、「異體難以定形」、「異體音義與正字對應」、「文獻著錄態度參差」、「審定論述觀點紛歧」、「電子版本編輯技術」。在全面整合，廣納文樣，尋繹字脈，對應正異，在異體字樣與檢索介面，容有擴編修訂之需求，[12] 精益求精之必

11) 編撰選用的基本文獻，涵蓋《說文》、古文字、簡牘、隸書、碑刻、書帖、字書、韻書、字樣書、俗字譜、佛經文字、現代字書等十二類教育部《異體字字典》編輯凡例乙二之「編輯資料」之「基本文獻」。

12) 筆者嘗撰〈異體字整理的幾個面向〉一文，論述「古文字」與「今文

要。教育部著手修訂之新版《異典》具體呈現在：(一)在文字「字形溯源」與「標準規範」，確立正字標準，以便異體對，照之依循。(二)「釋義內容」回歸典籍文獻，參酌現代辭書相關語法理論，除存留《修訂本》現代詞語釋義；其沿用古漢語釋義部分，則依漢語詞義發展系統重新調整。(三)蒐羅「出土文獻」之古文字語料，及「傳鈔文本」、「碑刻原拓」、「版刻文本」、「內典音義」、「民俗用字」等今文字語料，審慎考訂，區分層次、類型，分批增補，並提供國際編碼組織，進行編碼，擴充大型字符集，以利輸入、傳輸和交換，使電子辭書之編輯流程，更加流暢。以建構整合漢字環境的「全面中文字形資料庫」，重展《異典》新姿；兼可提供《修訂本》再次修訂的嚴謹語料。

四、培訓墊子辭書編輯專業人才：

電子辭書編輯水平的維護，仰賴四種辭書學專業人才，一為辭書編纂人才，二資訊專業人才，三為辭書學理論研究人才，四為編輯出版人才，編纂是主體，資訊是媒介，理論是先導，出版是出口，四者為關係密切的有機體，各有側重，相互交叉為用，不易分割，共同支撐編輯事務。從實際編務看來，則每位編輯素質

字」異體字系統整理的方向，要而言之，就文字之基本字樣，除字書、韻書外，漢字研究之原始素材，主要尚有：「傳鈔文本」、「碑刻原拓」、「版刻文本」及、「內典音義」等語料。研提匯整對勘異體字的四個途徑：(一)系聯構件規律以類推異體形變，(二)結合文獻語境以釐析異體字際關聯，(三)對比詞匯用例以增補異體字樣，(四)推敲用例以考鏡同形異用。並列舉操作實例。參許學仁〈異體字整理的幾個面向〉，紀念林尹教授國際學術研討會論文，101年5月26日，國立臺灣師範大學

的交叉滲透的關係更為密切，往往編研合一，身兼多種才情，既能編纂，又具理論，還能嫻熟資訊編修。天生沒有編輯辭書專業的人才，高等教育體系也缺少相應專長，電子辭書專業人才的培訓，必須有計畫、有步驟，才能培養出理論與實務聯繫，各顯身手，群策群力，編輯出具有時代特色和歷史意義的電子辭書典範。

대만 국어사전의 디지털화 현황과 미래*

許 學 仁**

Ⅰ. 상용국자(常用國字) 표준자체(標準字體) 연구에서 전자 사전 학술 네트워크에 이르기까지

전자 사전 코퍼스에는 크게 두 종류의 대형 문자 코드 체계가 필요하다. 그 첫째는 표제자이며, 둘째는 문헌 코퍼스이다. 이 둘은 서로 연관되어 있으면서도 차이가 존재하는데, 예를 들어 대형 자전에 수록된 일부 표제자는 문헌에서의 용례가 부족한 '사자(死字)'이다. 사전의 특수성과 기능으로 말미암아 한자 코드에서 반드시 필요로 하는 글자의 수는 일반 미디어나 통속 서적에 비해 수십 배 많다. 따라서 사전 편집을 위한 코퍼스 구축의 최우선 과제는 최대

* 본 논문은 陳逸玫 양이 제공한 데이터를 사용하였으며, 사전학의 관련된 이론은 曾榮汾 교수의 『辭典學論集(1987~2004)』을 다수 참고하였다. 일일이 나열하지는 못하였으나, 심심한 감사의 뜻을 전한다.

** 臺灣 國立東華大學 교수 / hhj@mail.ndhu.edu.tw

한 완벽한 한자 코드표를 만들어 언어 데이터의 입력과 교환, 전송이 원활히 이루어 질수 있도록 하는 것이다. 이 문자 코드표에 누락된 글자가 존재할 경우 데이터의 저장, 교환, 전송에 문제가 발생할 수밖에 없기 때문이다. 코퍼스의 표제자와 '예증(例證)'을 선별하여 새로운 사전에 수록하고자 할 때면 중문 시스템과의 호환 및 수록 글자 부족 등 제약에 직면하곤 한다. 상용 국자 표준자체, 준 상용자, 비 상용자 및 이체자(異體字) 등 4개의 글자표[字表]에 대한 지속적인 연구로 이에 수록된 글자는 현행 '국가 표준 중문 표준교환 코드[國家標準中文標準交換碼納編, CNS11643]'의 근거가 되고 있으며, 대만 전자 사전의 디지털화를 위한 견실한 토대와 가능성을 제공해 주고 있다. 『重編國語辭典修訂本』, 『國語辭典簡編本』, 『國語小字典』, 『成語典』 및 『異體字字典』 등 5종의 사전은 교육부의 상용, 준 상용, 비 상용 등 3가지 카테고리를 기본 골자로 하며, 관련 이체자를 총망라하고 있다. 또한 각각의 예시를 제시하여 사용자의 다양한 수준과 수요를 만족시키고, 학술 네트워크의 기능에 걸맞는 특징을 선보이고 있다.

국립 대만사범대학 국문연구소는 민국 62년(1973년)부터 교육부 사회교육사(社會教育司)의 위탁을 받아 전문 TF팀을 구축하고 국민 상용자 및 표준자체를 연구해 왔으며, 당시 국문연구소장에는 景伊師 소장이 역임했다. 1978년 교육부는 글자표를 '상용국자표준자체표고(常用國字標準字體表稿)'라 이름 짓고 이를 정식 발행하였는데, 그 수록 글자는 4,808자였다. 이는 문자 정리의 계기가 되었으며 이 때를 전후로 상용자[常用字], 준 상용자[次常用字], 비 상용자[罕用字] 등이 담긴 '정체자표(正體字表)'가 정리 발표 되었을 뿐 아니라, 『異體字表』 역시 기초적인 정리를 이루었다. '정체자표'에 수록된 글자는 모두 독립된 음가와 의미를 가지는 것이며, 『異體字表』에 수록된 글자는 바로 이들 정자(正字)의 또 다른 서법을 나타낸 것이다. 이에 따라 『簡編本』과 『小字典』의 뜻풀이 글자는 모두 이미 수록된 글자를 그 범주로 하고 있다. 하지만 한자 사용 환경의 통합과 중문으로 된 정보의 증가에 따라 『異體字字典』과 같은 대형 중문 자형(字形) DB를 종이 사전의 형식으로 제공하기에는 현재 문자 코드표의 방대함을 감안할 때, 그 수요를 만족시키기에 어려움이 많다. 이에 다음에서는 교육부의 『國語辭典』 전자 사전 시리즈 5종에 대해 논의를 진행할 것이다. 그 편집 과정을 도표로 나타내면 다음과 같다.

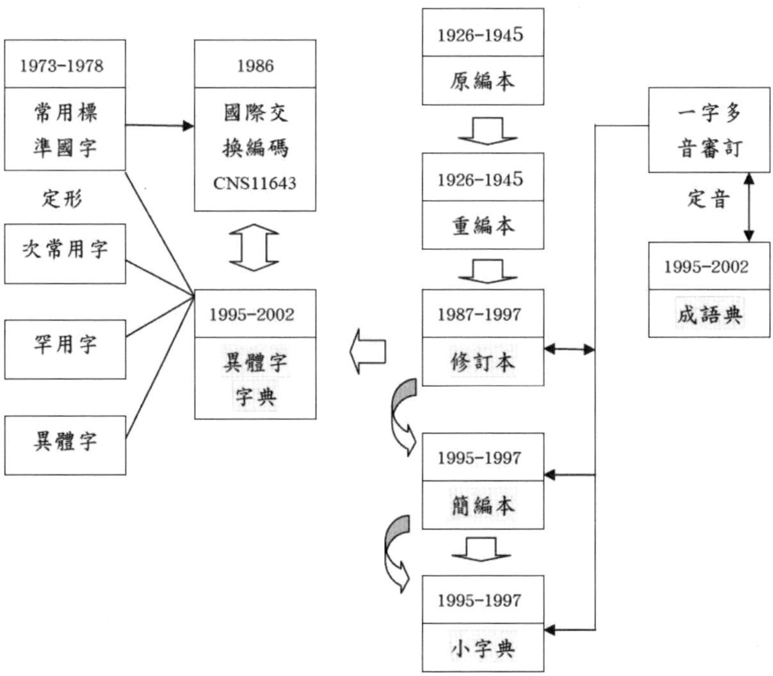

Ⅱ. 대만 교육부 전자사전 편찬 현황과 미래

1. 『重編國語辭典修訂本』의 편찬 현황

『國語辭典』의 원편본(原編本) (이하 『原編本』)은 민국 15년(1926년)에 기획되어 34년(1945년)에 초판 인쇄되었다.[1] 민국 65년(1976년) 교육부 국어 추진위원회[國語推行委員會]의 재편집 작업을 통해 70년(1981년) 총 6권짜리 『重編國語辭典』 수정본(이하 『重編本』)이 대만 상무인서관(商務印書館)을 통해 간행되었으며, 『重編本』 수정 시 교육부는 상무인서관과 5년에 한 번씩 이를 수정, 증보하기로 계약을 맺었다.[2] 민국 76년(1987년) 『重編本』에 대한 1차 수정 작업이 진행되어 83년(1994년) 『重編國語辭典修訂本』(이하 『修訂本』)이 완성되었다. 당시의 수정 작업은 편집 기술에 있어 자본과 관리의 개념을 접목, 曾榮汾 부총편집은 정보 관리

---

1) 『國語辭典』의 초판본은 1926년에 기획되어 1931년에 편집에 들어갔고, 1936년 상무인서관(商務印書館)을 통해 조판 및 제 1권이 발행되었다. 1945년까지 『國語辭典』의 초판 편집이 완성되고 전권이 완비되어 총 8권으로 분리되었으며, 1947년 기존의 내용을 재편집하여 4권으로 엮어내었으며, 역시 상무인서관에서 발간하였다.

2) 교육부 국어 추진 위원회는 1976~1979년 동안, 1947년 발행된 『國語辭典』 재판을 기본으로 중편을 진행하였으며, 葉公超 선생을 위원회 주임위원으로, 국어일보의 何容 이사장을 총편집으로, 대만사범대학 王熙元 교수를 부총편집으로 초빙하였다. 여기에는 원서의 1만여 조목(條目)을 삭제 또는 병합하고, 2만여 개의 전문용어를 추가하여, 총 12만 3000개의 조목을 수록하였다. 이는 원서에 비해 50% 가량 많은 수치로, 본래의 4권이었던 『國語辭典』을 6권으로 엮어내었다. 『重編本』의 수정 시, 교육부는 상무인서관과 계약을 통해 5년에 한번 수정 작업을 진행하기로 하였다.

의 이념을 응용하여 편집 소프트웨어를 개발하고, 디지털 편집 시스템을 활용하게 되었으며, 이로써 디지털 사전 코퍼스가 전통적인 어휘 카드나 종이 원고의 사용을 대체하게 되었다. 나아가『修訂本』의 성과를 대만 학술 네트워크에 발표함으로써 대만 사전 편집의 본격적인 디지털 시대를 여는 계기가 되었다.[3] 민국 86년(1997년) 인터넷 환경에 부응하기 위해 전문 검색 시스템을 적용한 새로운 버전이 출시되었으며, 이와 함께 CD 버전을 출시하는 한편, 교육부『好學專輯』제13집에도 수록함으로써 인터넷 버전과 함께 전 세계적으로 공유되었다.『國語辭典』은 原編本, 重編本 및 修訂本으로 차례로 업그레이드되었으며, 그 출판 방식도 종이 버전에서 전자 디지털 사전으로, 단일한 종이 형식에서 다양한 디지털 방식(종이 버전, 인터넷 버전, CD 버전 및 전자사전 버전)으로 발전하며 대만 전자사전 편집의 효시가 되었다. 이뿐 아니라 현대 어문 정리에 있어 중화민국이 거둔 일부 성과를 전 세계적으로 알리는 데 기여했다. 修訂本의 사용 현황을 살펴보면, 2010년 일일 사용자는 연인원 4~6만으로, 민국 99년 7월 29일 누적 연인원 1억 명을 돌파하였다. 이로써『國語辭典』전자사전 시리즈의 편집 작업은 그 견실한 토대를 다지게 되었다.

---

3) 당시 수정에는 1만 1천 글자, 16만여 표제자가 수록되었으며, 10여개의 부록이 첨부되었는데, 그 규모가 매우 방대하여 상무인서관에서는 인쇄를 포기하였다. 이에 따라 해당 판본은 종이로 인쇄되지 못하고, 전자버전으로만 출시되었다. 당시 수정을 책임진 편집팀에는 국립대만사범대학 李鍌 교수가 인력 배치를, 李殿魁 교수가 총편집을, 중앙경찰대학 曾榮汾 교수가 부총편집을 담당했다. 최초의 시스템은 중앙연구원 簡立峰이 Csmart 팀을 책임졌으며, 수석 프로그램 설계는 李明哲이 담당했다. 기획 초기,『重編本』의 내용에 대해 단어 수록, 음가, 뜻풀이, 인용, 용례 등 각 방면에 걸쳐 분석을 진행하였으며,『重編本』의 전문용어를 연용한 것 외에, 대부분 단어의 용례 및 내용에 대해 대폭적인 수정을 가하였다.

현재 이들 사전의 증보 편집 및 온라인 유지보수 작업은 교육부가 담당하고 있으며, 민국 95년에서 101년(2006~2012년)까지『重編國語辭典修訂本』은 크게 두 가지 방면에서 수정되었다. (1)『國語辭典』은 고금의 어휘를 총망라한 역사 언어 사전으로, 그 편집 시기가 비교적 이르고, 전통적인 음독(音讀)을 보존하는 데 목적을 두고 있으나, 일부 글자의 음독이『國語一字多音審訂表』를 따르고 있지 않았다. 이에 따라 최근『國語一字多音審訂表』초판에서 심의 결정한 음독을 참고하여『修訂本』의 음독을 전면 재검토하여 이를 수정하는 한편, 검색 시스템 및 인터페이스를 개발하고『國語一字多音審訂表』초판에서 제시한 음독을 적용하여[4] 역사 언어를 보존하였다. 이와 동시에 음독의 수정 성과를 적시에 반영함으로써, 적절한 음독을 제시하고 사전 편집과 관련된 다양한 정보를 제공하는 등 사전 편찬에 있어 그 역할을 다하고 있다. (2) 정부 조직의 개편과 지방 제도의 변화 및 개정에 따라 새로운 표제어를 추가

---

4) 교육부『一字多音審訂表』(민국 101년 12월 12일~민국 103년 6월 11일 공포한『國語一字多音審訂表』의 초고(교육부 국어 추진 위원회 홈페이지 http://www.edu.tw/mandr/index.aspx))에 수록된 음독은 글자의 형(形), 음(音), 의(義)의 결합, 대중의 습독 상황 등을 주요 기준으로 하고 있으며, 글자는 교육부의『常用國字標準字體表』, 교육부의 연간 어휘 조사 보고, 민국 99년 고등학교(포함) 이하 국어 교과서 등을 참고하여 결정되었으며, 총 5,266자를 수록하고 있다. 심의를 거쳐 수록된 다음자(多音字)는 580개로, 88년 버전과 비교하였을 때, 22개의 수정 음이 포함되어 있으며, 그 중 사회적인 습독 상황에 따라 조정된 자음(字音)에는 '仔', '噌' 등이 있다. 예를 들어, '噌'은 본래 ㄗㄥ, ㄘㄥ 등으로 그 음가가 기록되어 있으나, 민국 88년 버전에는 ㄘㄥ음의 사용 빈도가 높아, 이를 음가로 제시하고 있다. 연구에서는 음독이 대중의 언어 습관을 따르고 있음을 보여준다. "오늘날 '噌'의 옛 뜻은 잘 사용되지 않으며, 대부분 '味噌(miso)'라는 단어로만 사용되는데, 이는 'ㄨㄟˋㄗㄥ'로 읽힌다. 이에 그 음가를 'ㄗㄥ'로 수정한다."라고 밝히고 있다.

하고, 사회 발전에 따른 언어 현황을 적시에 반영하였다. 예를 들어 「중화민국 지방 제도법(中華民國地方制度法)」, 「지방 행정 기관 조직 준칙(地方行政機關組織準則)」에 따라, 〈직할시(直轄市)〉, 〈시정부(市政府)〉, 〈교육국(教育局)〉 등의 뜻풀이를 수정하였으며, 5개도의 관할 구역이 변경됨에 따라, 〈신북시(新北市)〉를 새로운 표제어로 추가하였다.

<table>
<tr><td colspan="2">直轄市 (직할시)</td></tr>
<tr><td colspan="2">注音一式 (주음1식) ㄓˊ ㄒㄧㄚˊ ㄕˋ</td></tr>
<tr><td>漢語拼音 (한어병음)
zhí xiá shì</td><td>注音二式 (주음2식)
jŕ shiá shr̀</td></tr>
<tr><td colspan="2">중앙에서 직접 관할하는 도시로 우리나라 제1급 지방자치단체이다. 일반적으로 인구는 125만에 달하며, 정치 · 경제 · 문화 및 도시구역 발전 등에 대한 특별한 수요를 갖춘 지역이다. 행정원(行政院)의 인가를 거쳐 직할시로 지정된다. 현재 대만에는 대북시(臺北市) · 신북시(新北市) · 대중시(臺中市) · 대남시(臺南市) · 고웅시(高雄市) 등 5개의 직할시가 있으며, '원할시(院轄市)'라고도 불린다.</td></tr>
<tr><td colspan="2"></td></tr>
<tr><td colspan="2">教育局 (교육국)</td></tr>
<tr><td colspan="2">注音一式 (주음1식) ㄐㄧㄠˋ ㄩˋ ㄐㄩˊ</td></tr>
<tr><td>漢語拼音 (한어병음)
jiào yù jú</td><td>注音二式 (주음2식)
jiàu yù jiú</td></tr>
<tr><td colspan="2">국민교육 · 사회교육 및 문화 · 체육 등의 교육을 주관하는 행정기관. 본래 각 직할시 · 현시 정부에 예속되어 있었으나, 〈지방 제도법〉 · 〈지방 행정 기관 조직 준칙〉 및 각 지방정부의 자치 조례에 따라, 현시 정부의 교육국은 대부분 〈교육처〉로 재편되었으며, 현재는 대북시 · 신북시 · 고웅시 · 연강현(連江縣) · 금문현(金門縣) · 팽호현(澎湖縣)에서만 교육국 체제를 유지하고 있다.</td></tr>
<tr><td colspan="2"></td></tr>
</table>

<table>
<tr><td colspan="2">市政府 (시정부)</td></tr>
<tr><td colspan="2">注音一式 (주음1식) ㄕˋ ㄓㄥˋ ㄈㄨˇ</td></tr>
<tr><td>漢語拼音 (한어병음)
shì zhèng fǔ</td><td>注音二式 (주음2식)
shr̀ jèng fǔ</td></tr>
<tr><td colspan="2">중앙에서 관할하는 시의 최고 행정기관. 시민 선거를 통해 선발된 시장 1인이 대외적으로 본 시를 대표하며, 시정을 총괄한다. 〈시부(市府)〉라고도 부른다.</td></tr>
<tr><td colspan="2"></td></tr>
<tr><td colspan="2">新北市 (신북시)</td></tr>
<tr><td colspan="2">注音一式 (주음1식) ㄒㄧㄣ ㄅㄟˇ ㄕˋ</td></tr>
<tr><td>漢語拼音 (한어병음)
xīn běi shì</td><td>注音二式 (주음2식)
shīn běi shr̀</td></tr>
<tr><td colspan="2">도시명. 전신은 대북현(臺北縣)이다. 민국 99년 12월 25일 직할시로 개정되었다. 대만 서북부에 위치하며, 면적은 약 2,050km2이다. 동쪽으로 의란현(宜蘭縣), 남쪽으로 도원현(桃園縣)과 인접하고 있으며, 북쪽에 기륭시(基隆市)가 위치한다. 서쪽으로는 대만 해협 및 대륙의 복건성(福建省)을, 북으로 태평양을 마주하고 있다. 대북시가 이에 둘러싸여 있다. 지역의 대부분이 구릉 산지이고, 중앙은 분지로 이루어져있으며, 담수하(淡水河) · 기륭하(基隆河) · 신점계(新店溪) 등의 하천이 있다. 농업은 대부분 서부에 밀집되어 있고, 방직업 · 전자 · 철강 · 자동차 · 식품가공업 등의 산업이 발달하였으며, 대북시의 산업 위성도시이다. 금 · 은 · 동 · 유황 · 석탄 등 광산 자원이 풍부하며 교통이 발달하였다. 벽담(碧潭) · 오래(烏來) · 담수(淡水) · 야류(野柳) 등이 관광지로 유명하다.</td></tr>
</table>

현재 재구축된 온라인 버전의 검색 시스템을 살펴보면, 일반 사전이 '부수 검색'이나 '독음순 검색' 등을 통해 해당 글자로 시작되는 단어만을 검색할 수 있는 반면, 修訂本의 '전문 검색' 기능은 별도의 '역순 사전'을 제공할 필요 없이 글자 하나만 검색하면 해당

글자를 포함하는 관련 단어가 모두 제시되게 된다. 이 밖에도 전통적인 '부수 색인', '자음 색인', '고급 검색'(테스트 중으로 아직 미출시) 등의 서비스가 제공된다.

2. 『國語辭典簡編本』의 편찬 현황

『國語辭典簡編本』(이하 『簡編本』)은 『修訂本』에 이어, 초·중·고교 및 외국인의 학습을 위해 편찬된 중형 사전으로, 소리와 이미지를 결합한 '멀티미디어 음성 전자사전'이다. 당시의 언어 사용 환경을 반영하기 위해, 민국 82년 뉴스, 신문, 잡지 및 선별된 소설과 서적 등에 사용된 글자의 누적 사용 빈도수를 계산하였다. 글자[字] 빈도수 DB에 수록된 1,982,882자, 단어[詞] 빈도수 DB에 수록된 64,326자를 바탕으로, 과학적인 통계 검증을 통해 최종 6,634개 글자(字)와 45,107개 단어[詞]를 수록, 언어 사용 현황을 충실히 반영하게 되었다. 본 사전은 민국 84년(1995년)말 완성되어 중연원(中硏院)의 Csmart팀이 시스템 개발을, 교육부 전산센터가 그 제작을 담당하였으며, 87년(1997년) CD 버전과 인터넷 버전이 동시 출시되었다. 曾榮汾 교수는 사전학적 관점에서 『簡編本』에 대한 논의를 진행하였으며, 그 성과를 다음 6가지로 정리하였다.

(1) 사용 빈도라는 통계치를 근거로 글자와 단어를 수록하였다. (2) 이미지 형식의 개념도를 수록하였다. (3) 음성 파일과 결합하였다. (4) 이미지를 이용한 내용 검색이 가능하게 되었다. (5) 상대어의 뜻풀이가 개선되었다. (6) 뜻풀이에 사용된 글자 역시 수록된 글자를 범주로 하였다.[5)]

『簡編本』은 언어 학습을 위한 이상적인 학습 도구로, '형음(形音) 결합', '도해 해석', '대조 분석' 등을 그 편집 이념으로 하고 있다. 먼저 '형음(形音) 결합'을 살펴보면, 선별된 자두(字頭)를 음성 파일과 결합하고, 글자는 '자두+부수+부수 외 획수+총획수', 단어는 '표제어+음독+뜻풀이+예시'의 원칙에 따라 소리를 녹음하고, 그 음성 파일을 제공하고 있다. 모든 의미항과 예시에 대한 음성 파일은 반복 청취가 가능하여 초등학생이나 외국인의 중국어 학습에 실질적인 도움을 줄 수 있다. 또한 전체 자전은 총 1,140개 표제자에 삽화가 수록되어 있으며(하나의 그림으로 여러 개의 단어를 설명할 수 있음) 23개의 부류로 분류되는데,[6] 대부분 추상적인 개념을 나타내는 '개념도'이다. 이처럼 풍부한 삽화와 더불어 검색 시스템은 '표제어 검색', '전문 검색(전체 사전)' 이외에도 독창적으로 항목을 분류한 '이미지 검색' 기능을 제공한다. 예를 들어, '이미지 검색' 중 '종합'류의 '대만정품(臺灣精品)'에서 '대만정품'을 나타내는 표지를 찾아볼 수 있으며, 이를 통해 '이미지 해석'의 효과를 얻을 수 있다. '대조 분석'의 이념은 사전의 부록인 '유사어 색인표', '반대어 색인표' 및 이미지 검색 중 '대비 형용사' 20組에 구체적으로 반영되어 있다.

---

5) 曾榮汾, 「교육부 4개 전자사전 소개」, 『辭書學論文集』(1987~2004), 사전학연구실 편, 2005년 10월, 452쪽; 「國語辭典簡編本 편집 설명」, 위와 같음, 405~406쪽; 「『國語辭典簡編本』에 대한 소개」, 위와 같음, 439~443 참고.

6) 요리, 민속, 복식, 대비 형용사, 동물, 기상과 천문, 아이, 개념도, 골동품, 각국의 국기, 도구, 교통도구, 건축, 학술, 식물, 서법, 생활용품, 인체부분도, 종합, 종합주제도, 음악, 무기, 운동 등 23개의 부류로 분류하였다.

	【臺灣精品(대만정품)】
注音一式 (주음1식)	tái wān jīng pǐn
注音二式 (주음2식)	t á i w ā n j ī ng p ǐ n
解釋 (해석)	대만 정품을 나타내는 표식이자 '국가 상품 이미지상'으로도 불린다. 대만 상품의 국제적인 이미지 제고를 위해, 경제부는 중화민국 대외 무역 발전 협회에 위탁하여 대만의 정품을 심의하며, 이 심의를 통과한 제품은 대만정품 표지를 획득할 수 있다. 臺灣精品

민국 95년~101년(2006~2012년), (1) 『簡編本』은 당시의 어문 환경을 반영하며, 국민의 어문 사용을 위한 토대가 되었을 뿐 아니라, 사용자를 위한 '교학(敎學)'의 도구로 활용되었는데, 그 음독을 『國語一字多音審訂表』에서 정한 표준음을 사용하고 있어 언어 학습의 주요한 참고 자료가 되었다.[7] 교육부 『一字多音審訂表』의 통합 자음에 따라 제시된 『一字多音審訂表』의 수정된 정음(定音)은 자연스럽게 사용자의 언어 사용에 대한 테스트 및 각종 언어 대회

7) 『國語辭典簡編本』은 『一字多音審訂表』에서 음가를 취하였는데, 이때 심의를 통해 확정된 표준음만을 취하여 그 음가가 비교적 간단하다. 또한 『重編國語辭典修訂本』과 함께 전통적인 음가를 기록하고 있는데, 비록 모두 공식적인 표준음에 속하지만, 편집 관점의 차이로 인해 그 취급 범주가 달라, 음가에 차이가 존재한다. 『簡編本』은 이들 음가 차이에 대한 독자의 이해를 돕기 위해 「簡編本과 修訂本의 음가 차이표」를 첨부, 그 차이에 대해 설명해 주고 있다.

의 주요한 평가 기준이 되었으며, 현재는 물론 향후 지속적으로 『一字多音審訂表』의 음독을 관리하는 것은 『簡編本』의 주요한 수정 내용이 아닐 수 없다. (2) 정부 기관의 재편 및 지방 제도의 개정에 따라 내용을 수정하고, 사회의 언어 발전 상황을 즉각적으로 반영하며, 〈修訂本〉과 연동하여 표제자를 추가 보완한다. (3) 『簡編本』은 학습용 사전으로 그 예문의 수준 유지를 위해, 민국 100년~101년(2011~2012년) 교육부는 국립 병동교육대학(屛東教育大學)의 柯明傑 교수팀을 통해 『簡編本』 예문의 개선안을 제안, 본 사전에 속한 모든 예문에 대해 전면적인 검토를 진행하였다. 이를 통해 예문에 존재하는 문제점을 파악하고, 수정이 필요한 비적합문을 총 12가지 부류로 종합 정리하였으며,[8] 그에 대한 대책 마련을 통해 총 6,000곳의 예문에 대한 수정을 제안하였다. 이에 대해서는 감수 후 수정이 진행되었다.

3. 『國語小字典』의 편찬 현황

『國語小字典』(이하 『小字典』)은 초등학교 아동들을 위한 소형 자전으로 『簡編本』을 토대로 만들어졌다. 민국 83년(1994년) 시작

8) 그 부류는 다음과 같다. (1) 현실과 부합하지 않는 경우, (2) 긍정적 가치를 표현할 수 없는 경우, (3) 오류 또는 논란의 소지가 있는 정보를 담고 있는 경우, (4) 일반 상식에 어긋나는 경우, (5) 민감하거나 부적절한 연상 작용을 일으킬 수 있는 경우, (6) 부당한 가치판단과 관련된 경우, (7) 불필요하거나 초점에 어긋나는 경우, (8) 명확한 뜻풀이가 불가능한 경우, (9) 뜻풀이나 설명에 도움이 되지 않는 경우, (10) 문법적으로 사용에 의문이 있는 경우, (11) 문장의 사용이 불합리하거나 오류가 있는 경우, (12) 예문의 추가가 필요한 경우 등이다.

된 편집은 두 단계에 걸쳐 이루어졌는데, 그 첫 단계는 85년(1996년)에 완성되었으며, 두 번째 단계는 89년(2000년)에 마무리 되어, 그 해 8월 정식으로 인터넷 시스템에 탑재되었다. 첫 번째 단계에는 초등학교 아동을 위한 학습 도구로서, 초등학교 교과서에서 글자를 선별하고, 상용 글자표, 연간 상용글자 빈도표 및 상용 성어 글자 등 자료를 참고하여 가장 빈번하게 사용되는 2,700여 개의 국자(國字)를 담아내었다. 이후 교과서의 다원화 정책에 따라 제 2단계 편집이 진행되었으며, 이 때에는 사용빈도에 대한 통계치를 근거로 총 4,036개의 글자를 수록하였으며, 표준 서체를 자형(字形)의 근거로 삼았다. 가장 사용빈도가 높은 음(音)·뜻[義]에 대해 의미항목을 최대한 간략하게(가능하면 10개 이내로) 정리하고, 이미지를 삽입하여 뜻풀이를 더욱 풍부하게 하였다.[9] 『小字典』의 검색 시스템으로는 '전문 검색' 외에 '부수 검색'이 제공된다.

민국 95년~101년(2006년~2012년) 사이에, 『小字典』의 사용 기능은 지속적으로 강화되었다. 그 내용을 구체적으로 살펴보면 다음과 같다.

(1) 초등학교 교과서의 업데이트 및 상용 학습 글자의 변화에 지속적으로 주목하였다. 민국 95년(2006년) 『小字典』에는 94년판 각 초등교재를 바탕으로 272개의 글자가 새롭게 추가되어(蝙·蝠·粿·忐·忑·雹·絛·喙·雋·鷂·瀏·愜·刨顎·鮭·蚵·踝·駝·搥·喲·鈾 등) 총 4,306개의 글자

9) 曾榮汾, 「교육부 4개 전자사전 소개」, 『辭書學論文集』(1987~2004), 사전학연구실 편, 2005년 10월, 453쪽; 「國語辭典簡編本 편집 설명」, 위와 같음, 405~406쪽; 「『國語辭典簡編本』에 대한 소개」, 위와 같음, 439~443 참고.

가 수록되었으며, 이미지 역시 80장이 추가되어 총 673장의 이미지가 수록되었다. 또한 2008년에는 대만 학술 인터넷 버전 제 2버전이 출시되었다.

(2) 온라인 버전의 검색 시스템을 재구축하여 전통적인 '본문 색인' 외에도, '부수 색인', '획수 색인', '자음 색인' 등의 검색 방법을 제공하고, 『簡編本』을 참고하여 '이미지 색인' 기능을 추가하였으며, 역방향 검색 역시 가능하게 하여 삽입 이미지에 글자의 자형(字形)을 링크시키고, 다시 글자의 자형(字形)으로부터 그 뜻을 파악할 수 있게 하였다.

(3) '형음(形音) 결합'이라는 편집 이념에 따라, 『小字典』의 사용 기능을 확대하고, 자전의 전문을 녹음하였다. 모든 글자는 각각 남자, 여자 목소리로 녹음된 음성 파일이 제공된다. (현재 음성 파일에 대한 감수가 진행 중으로, 아직 정식 서비스는 제공되지 않고 있다.)

4. 『成語典』의 편찬 현황

『成語典』은 민국 92년(2003년) 베타 버전이 발표되었고, 94년(2005년) 그 정식 버전이 출시되었다. 철저한 검증을 바탕으로 한 덕분에 2010년 누적 방문자 수가 연인원 4,500만에 달하였다. 민국 100년(2011년)에는 대만 학술 인터넷 버전 제 2버전이 출시되었다.

『成語典』은 성어의 유래를 찾는데 중점을 두고, '어원'에 관한 설명을 크게 3가지 유형으로 나누어 제공한다. (1) 전출(典出) : 성어가 문헌의 고사에서 비롯되어 더욱 심화된 경우로, 예를 들어 성어 '刻舟求劍'의 출전은 『呂氏春秋』, 「愼大覽, 察今」이다. (2) 어출(語出) : 성어가 문헌에 사용되고 그 형태가 변하지 않은 경우로, '鉤心鬥角'은 唐, 杜牧「阿房宮賦」에서 그 용어가 유래하였다. (3) 어본(語本) : 문헌에서 비롯되었으나 그 형태에 변형이 가해진 경우로, 예를 들어 '寅吃卯糧'은 明, 畢自嚴「蠲錢糧疏」에서 유래하였다. 본 사전은 성어의 유래를 밝힐 뿐 아니라 성어의 변천 과정과 그 응용의 흔적을 더욱 상세히 기록하고 있다.

사전은 '음독과 뜻풀이', '유래', '서증(書證)', '판별', '용법 설명' 및 '참고 단어' 등의 내용으로 구성되어 있으며, 그 검색 시스템은 '기본 검색'(성어 검색 및 의미류 검색), '고급 검색'(간명 성어전(簡明成語典), 성어전 고문선(成語典故文選), 성어 고사 선집, 성어 용법 안내, 성어 가족), '부록 검색'(동일 출전 성어 검색, 다른 유래의 문헌 검색, 편집 DB 검색, 불교 전문 데이터 검색 201條, 도교 전문 데이터 검색 29條, 상용 서문 검색)으로 구분된다. 『成語典』의 설계 이념은 '부페식' 열람이라고도 할 수 있는데 즉, 독자 스스로 원하는 정보를 자유롭게 선택하여 접할 수 있도록 한 쌍방향적 학습 도구서로, 정적인 성격의 일반 성어사전과는 철저히 차별화되어 있다. 내용을 좀 더 살펴보면, '음독과 뜻풀이', '유래', '서증'이 단어의 뜻풀이를 파악하는 데 중점을 두고 있다면, '판별', '용법 설명' 및 '참고 단어'는 성어의 용법을 파악하는 데 그 중점을 두고 있다. 한편, '고급 검색'은 어문 학습의 연장선상에서 학습의 기회를 제공하며, 어문 학습에 대한 흥미를 불러일으키기에 충분하다. 또한 '용법 설명'은 어의 설명 및 사용 유형별 대량의 예문을 제공하여 설명하고, 독자 역시 다양한 예문을 제시할 수 있는 쌍방향적 기능을 겸비하고 있다. ‘참고 단어’는 성어의 다양한 변형 형태를 보여주는데, 예를 들어 ‘勞燕分飛’는 역사적으로 ‘勞燕西東’으로도 사용되었으며, ‘杯弓蛇影’은 ‘杯蛇弓影’, ’弓影浮杯’, ‘弓影杯蛇’, ‘蛇影杯弓’ 등의 변형된 형식으로도 사용되었다.

『成語典』 본문에 수록된 성어의 음가는 『重編國語辭典修訂本』·『國語辭典簡編本』에 의거하고 『國語一字多音審訂表』를 참고하여 기록되었다. 예를 들어, ‘勁’은 ‘ㄐㄧㄥˋ’로 ‘血’은 ‘ㄒㄧㄝˇ’로 기록되어 있다. 부록에 수록된 성어의 경우, 본래 『修訂本』에 수록되어 있었던 경우는 『修訂本』의 음가를 따르고, 자전의 속성에 차이가 있거나 다수의 사전에 다르게 기록되어 있는 경우에는 이를 모두 재검토하여 음가 체계를 통합, 재정비하여 기록하였다. 예를 들어, ‘節衣縮食’의 음독은 ㄐㄧㄝˊ ㄧ ㄙㄨㄛ ㄕˊ으로, 여기서 ‘縮’는 ‘ㄙㄨˋ’로 발음하지 않는다. 또 다른 예로 ‘刻舟求劍’은 ㄎㄜˋ ㄓㄡ ㄑㄧㄡˊ ㄐㄧㄢˋ로 읽으며, 이 때 ‘刻’은 ‘ㄎㄜˇ’의 음가를 가지지 않는다.

한편 이 사전은 다음과 같은 기능도 추가하였다. (1) 본문과 부록의 데이터 층위를 구별하였다. (2) 성어의 의미류 키워드 특성 DB를 확충하였다. (3) 영어와 관련된 특성을 확충하였다. 예를 들어, 성어의 주요 의미 및 성어 의미류 키워드에 대한 영어 해석을 제공한다. (4) 영문 검색 인터페이스를 추가하였다. (5) 온라인 버전의 검색 시스템을 재구축하였다. (6) 성어를 이용한 게임을 추가하여 학습에 대한 흥미를 제고하였다. (7) 사립 문화대학(文化大學) 林文慶 교수에게 위탁하여, ‘성어 유래 연구 계획’을 진행, 성어 60組의 유래를 추적하였다.

성어의 주요 의미와 의미류 키워드에 대한 영어 해석의 예

	Idiom▲	Main Point
1	一了百了主	
2	一刀兩斷主	to break off with one's friend
3	一五一十主	a detailed description to count numbers
4	一介不取主	be honest and without corruption with clean hands
5	一孔之見主	poor experience or knowledge
6	一心一意主	to devote oneself to something
7	一手遮天主	to cheat to cover up the truth to deceive
8	一日三秋主	to miss someone to be reluctant to leave someone
9	一日千里主	rapidly in a hurry to make progress quite rapidly
10	一毛不拔主	to be stingy and greedy for money
11	一丘之貉主	to do evils in collusion to do evil things together
12	一目了然主	to understand clearly
13	一目十行主	to read fast
14	一字千金主	delicate diction extremely high-valued
15	一帆風順主	to proceed smoothly when travelling to make progress smoothly
16	一衣帶水主	a narrow surface of the river to be contiguous to

5. 『異體字字典』의 편찬 현황

민국 84년(1995년) 대만 사범 대학의 陳新雄 교수는 한국에서 개최된 아시아 한자 협회(한국, 일본, 중국 및 대만으로 구성) 연례회의에 참석하였다. 당시 참석자들은 현재 아시아 각국에서 사용하고 있는 한자의 자형에 큰 차이가 존재함을 인식하고, 이를 하나로 통합하기로 의견을 모았다. 귀국 후 대만 한자의 표준화를 위해 陳 교수는 교육부 국어 추진위원회에 異體字典의 연구 편찬 가능성에 대해 제안하였고, 국어 추진위원회의 李鍌 주위원을 비롯한 전체 위원회는 교육부의 표준 서체 정책의 성공과 향후 국제 한자 표준 형식 연구에서의 발언권 강화를 위해 『異體字字典』의 편찬 안을 통과시켰다.

교육부는 한자 사용 환경의 통합과 중문 자료의 발전에 부응하여 (1) 전통적인 정자(正字)의 권위를 유지하기 위해 아시아의 한자를 정자 중심으로 통합하고, (2) 향후 중문으로 된 컴퓨터 내부코드(internal code)의 확대 보급의 기초가 될 대규모 정리 작업이 필요하며, (3) 이체자 정리의 초기 성과를 보완하기 위해 증보가 필요하다는 세 가지 이유를 기본 방침으로 『異體字字典』의 편찬 안을 진행하기로 결정, 본 사전을 편집하게 되었다. 민국 84년부터 이체자 편찬 위원회가 정식 발족하여 전국 각 대학의 문자학 전문가를 편찬 위원으로 초빙하고 李鍌 교수가 주임 위원을, 李殿魁 교수 및 陳新雄 교수가 부주임 위원을 역임하였으며, 曾榮汾 교수를 총편집으로 초빙하였다. 또한 각 대학의 중문과 학생을 모집하여 그들과 함께 광범위한 작업을 진행하고 매월 정기 세미나를 통한 의견 교류를 바탕으로 점차 의견을 모아갔다. 마침내 이들은 통일된 체계를 구축하고 『異體字字典』의 편집에 착수하게 되었다. 사전 편집은 본래 엄청난 노력이 필요한 험난한 작업으로, 특히 『異體字字典』은 더욱 어려움이 많은 작업이었다. 수천 년에 걸쳐 변화된 자형과 복잡한 의미를 모두 표현해 내야 했기 때문이다. 편집팀은 컴퓨터를 통해 중문 자형 코퍼스를 구축하고 모든 자료를 데이터화 하였으며, 7년에 걸친 노력 끝에 편집 작업을 마무리 지을 수 있었다. 인터넷 버전과 더불어 DVD 버전이 함께 발행되었는데, 민국 91년(2002년) 10월, 4번째 DVD 버전이 정식 출시되었으며, 여기에는 정체(正體)와 이체(異體) 합산 총 106,152자가 수록되어 있다. 민국 93년(2004년) 1월에는 106,230자가 수록된 5번째 인터넷 버전이 발표되었으며,[10] 2004년 출시된 정품 5버전은 대형 한자 자형 DB로 정리되었고, 2012년 8월 새로운 버전의 베타 시스템이 발표되었다.

민국 95년에서 101년까지(2006~2012년), 『異體字字典』(이하 『異典』) 기초 코퍼스에 대해 크게 3가지 측면에서 수정이 이루어졌는데, 첫째, '정자(正字) 뜻풀이'에 대한 보완, 둘째, '민속 문헌 용어'에 대한 연구, 셋째, '검색 시스템' 플랫폼 개발이 그것이다.

1) 정자(正字) 뜻풀이에 대한 보완

(1) 『原編本』의 정자 뜻풀이는 특별한 기준 없이 모두 제각각으로 이루어져 있었다. 이에 4,808개의 상용자 대부분 『修訂

10) 통계수치는 인터넷 『異體字字典』의 수정 및 개정판의 기록에 근거한다.(http://dict.variants.moe.edu.tw/bian/fbian.htm)

本』의 뜻풀이에 따라 그 의미 항목을 보다 다양하고 풍부하게 수정할 필요가 있었다. 준 상용자 6,329자의 뜻풀이 역시 대부분 『修訂本』을 따랐으며, 그 의미 항목은 비교적 간단하게 정리하였다. 비 상용자 및 새롭게 추가된 정자 약 2만 자의 뜻풀이는 『異典』의 예시를 선별, 추가하였으며, 약간의 조정을 가하였다.

(2) 『異典』은 역사 언어 사전의 특징을 가지고 있으며, 수록 글자의 자형은 고적 및 문헌을 그 주요 대상으로 하고 있다. 따라서 그 의미 항목의 배열 및 문장 형식에 대한 조정을 통해, 뜻풀이 및 예문이 가진 문언체의 색깔을 최소화 하였다.

(3) 정자의 뜻풀이에 '說文에 따른 자형 해석'을 추가하여, 『異典』 정자의 초기 형태와 의미를 고찰하고, 뜻풀이의 근거를 확립하였다.

(4) 글자가 가지는 의미 개념의 유래를 찾아 ('본의', '파생 의미', '가차(假借) 의미') 그 의미 항목을 재정비하였다.

(5) 본래 『修訂本』의 뜻풀이에 근거하나 그 뜻이 파생되어 현대적 의미를 가지게 된 글자는 대부분 '어휘(詞語)' 용례만 수록되었을 뿐, 역사서의 실례는 누락된 경우가 많았다. 이에 수정 시 『異典』에 수록된 고문전적의 역사적 증거를 최대한 활용하여, 그 문자의 실제 사용 환경을 최대한 반영하고, '이체자형[異體字樣]' 연구와 상호 검증할 수 있도록 하였다. A02104 '毛'와 A02393 '炙'를 예로 살펴보자.

異體字 附錄字

毛

解 說

A02104 毛

解 說 異體字

異體字 附錄字

毛

解 說

字號	A02104	正字	【毛】毛-00 -04
說文釋形	大徐本：，眉髮之屬及獸毛也。象形。凡毛之屬皆从毛。(莫袍切) 段注本：，眉髮之屬及獸毛也。象形。凡毛之屬皆从毛。 (莫袍切)		
音讀	ㄇㄠˊ		
釋義	1. 特指人身上眉毛鬚髮。《說文解字．毛部》：「眉髮之屬及獸毛也。」《左傳．僖公二十二年》：「君子不重傷，不禽二毛。」《孟子．盡心上》：「楊子取為我，拔一毛而利天下，不為也。」南朝宋．劉義慶《世說新語．巧藝》：「顧長康畫裴叔則，頰上益三毛。」唐．賀知章〈回鄉偶書〉詩二首之一：「少小離鄉老大回，鄉音無改鬢毛衰。」 2. 動植物表皮或果實表皮所生之絲狀物。如：「羊		

毛」、「桃子的果皮上有很小的細毛。」《書經. 堯典》：「日短、星昴，以正仲冬。厥民隩，鳥獸氄毛。」《禮記. 禮運》：「未有火化，食草木之實、鳥獸之肉，飲其血，茹其毛。」

3. 泛稱植物、草木，多指可食用之五穀、蔬菜。《左傳. 隱公三年》：「苟有明信，澗谿沼沚之毛，蘋蘩薀藻之菜，筐筥錡釜之器，潢汙行潦之水，可薦於鬼神，可羞於王公。」三國蜀. 諸葛亮〈出師表〉：「故五月渡瀘，深入不毛。」宋. 辛棄疾〈鷓鴣天. 石壁虛雲積漸高〉詞：「呼玉友，薦溪毛。慇勤野老苦著相邀。」
4. 借指走獸、獸類。《禮記. 樂記》：「羽者嫗伏，毛者孕鬻。」晉. 左思〈蜀都賦〉：「毛群陸離，羽族紛泊。」唐. 李善. 注：「毛群，獸也。」
5. 輕微、瑣細。《廣雅疏證. 卷三上. 釋詁》：「毛，輕也。」《詩經. 大雅. 烝民》：「德輶如毛。」宋. 陳亮〈論勵臣之道〉：「而群臣邈焉不知所急，毛舉細事，以亂大謀。」
6. 小。如：「毛驢」、「毛毛雨」、「毛孩子」。《西遊記. 第一四回》：「有幾個毛賊翦徑，是我將他打死，唐僧就絮絮叨叨，說了我若干的不是。」《紅樓夢. 第六○回》：「這會子又調唆我和毛丫頭們去鬧。你不怕三姐姐，你敢去，我就伏你。」
7. 無、沒有。《後漢書. 卷二八上. 桓譚馮衍列傳. 馮衍》：「飢者毛食，寒者裸跣。」唐. 李賢. 注：「衍集『毛』字作『無』。」
8. 驚慌失措之狀。《紅樓夢. 第九九回》：「書辦也說：『誰不知道李十太爺是能事的，把我一詐就嚇毛了。』」
9. 急躁、生氣、發怒之狀。如：「毛毛躁躁」、「別把我惹毛了！」《官場現形記. 第一五回》：「若把老爺弄毛了，他一動氣，要頂真辦起來，你們

	吃得住嗎？」 10. 粗糙、未經加工者。如：「毛糙」、「毛貨」、「毛坯」。 11. 約略、概略。如：「毛估」、「毛利」、「毛重」。 12. 我國幣制中「角」之俗稱，一角稱為「一毛」。 13. 古國名，在今河南省宜陽縣境。《左傳．僖公二十四年》：「故封建親戚，以蕃屏周。管、蔡、郕、霍、魯、衛、毛、聃，……文之昭也。」 14. 姓。如漢代有毛亨。 15. 二一四部首之一。

정품 5버전과 베타 버전을 비교하면 1, 2번의 뜻풀이 순서가 조정되었음을 알 수 있는데, 이는 『說文』의 '眉髮之屬及獸毛也'에 나타난 본의를 따르고, 『左傳, 僖公二十二年』, 『孟子, 盡心 上』 및 남송 劉義慶의 『世說新語, 巧藝』, 당 賀知章의 「回鄕偶書」의 시 20수 중 한 수 등의 의미 항목을 근거로 추가한 것이다. 「修訂本」의 뜻풀이가 현대적 의미를 갖는 경우에도 관련 문헌 근거를 추가하였다. 예를 들어, 뜻풀이 2의 『書經, 堯典』 및 『禮記, 禮運』의 보완, 뜻풀이 4에서의 晉, 左思「蜀都賦」의 보완, 뜻풀이 6에서의 『西遊記, 第一四回』·『紅樓夢, 第六○回』 보완, 뜻풀이 8에서의 『紅樓夢, 第九九回』의 보완 등을 들 수 있다. 또한 『廣雅疏證, 卷三 上, 釋詁』 중 "毛, 輕也.", 『詩經, 大雅, 烝民』 중 "德輶如毛."에 따라 뜻풀이 5의 "가볍고, 작다(輕微, 瑣細)"의 의미 항목과 그에 따른 예도 추가되었다.

字號	A02393	正字	【炙】火 - 04 -08
說文釋形	大徐本：，炮肉也。从肉在火上。凡炙之屬皆从炙。，籒文。(之石切)段注本：，炙肉也。从肉在火上。凡炙之屬皆从炙。，籒文。(之石切)		
音讀	ㄓˋ		
釋義	1. 烤肉。《說文解字．火部》：「炙，炮肉也。」《詩經．小雅．瓠葉》：「有兔斯首，燔之炙之。」《戰國策．魏策二》：「齊桓公夜半不嗛，易牙乃煎敖燔炙，和調五味而進之。」《樂府詩集．卷三七．相和歌辭一二．古辭．西門行》：「飲醇酒，炙肥羊。」 2. 烤熟之肉食。《禮記．曲禮上》：「乾肉不齒决，毋嘬炙！」《史記．卷八六．刺客列傳．專諸》：「酒既酣，公子光佯為足疾，入於窟室中，使專諸置匕首魚炙之腹中，而進之。」漢．揚雄〈解嘲〉：「司馬長卿竊訾於卓氏，東方朔割炙於細君。」 3. 燒烤、燒灼。《齊民要術．卷五．漆》：「世人見漆器暫在日中，恐其炙壞，合著陰潤之地，雖欲愛慎，朽敗更速矣。」唐．崔顥〈霍將軍〉詩：「莫言炙手手可熱，須臾火盡灰亦滅。莫言貧賤即可欺，人生富貴自有時。」清．李汝珍《鏡花緣．第五回》：「公主笑道：『好好牡丹，不去澆灌，卻用火炙，豈非六味丸用的炙單皮麼？』」 4. 薰染、陶冶。《孟子．盡心下》：「非聖人而能若是乎？而況於親炙之者乎？」		

문자의 초기 형태와 그 본의를 파악하기 위해 베타 버전에서는 『說文』의 '炮肉(고기를 볶다)'을 뜻풀이에 추가하였다. 또한 의미의 발전 과정에 따라, 우선 '烤肉(고기를 굽다)'의 동사와 명사 관계를 구분하고, 다시 그 파생된 의미인 '燒烤(굽다)' 및 '薰染(영향을 받다)'등의 의미를 차례로 추가하였다. 중앙연구원(中央研究院) 한적문헌(漢籍文獻) 전자DB인 '古籍十八種'『齊民要術校釋』 卷

五 漆第四十九 및 集部 小說『鏡花緣』第五回 '俏宮娥戲嘲枇皮樹 武太后怒貶牡丹花'(P12) 및 교육부『成語典』의 '炙手可熱(손이 델 만큼 뜨겁다)' (http://dict.idioms.moe. edu.tw/chengyu/pho/fsj/fsj00182.htm) 등 그 의미에 따라 역사 문헌의 근거도 추가하였다.

2) '민속문헌 용어'의 연구

(1)『異典』원전에 수록된 민속 용어를 바탕으로,「民俗文獻用字表」를 편집하였다. 이는 수록된 자형에 대한 학술적 연구를 위한 작업으로, 초기 정리를 위해 연구가 필요한 수량이 약 2,000組에 이른다.「民俗文獻用字表」와 관련된 편집 해설과 추가된 용례는 다음과 같다. 본 용어표는 명·청 통속문학 작품(『明成化說唱詞話』·『清平山堂話本』·『白蛇故事研究』) 및 오늘날 각종 광고문 등에 사용된 이체자 등을 망라하여 엮어낸 것으로, 총 1,823개의 정자 및 4,024개의 이체자가 수록되어 있다.

(2)「民俗文獻用字表」는 정자를 기준으로 하고 이와 관련된 이체자, 예문 및 그 기원을 추가한 형식으로 정리되어 있다. 이체자의 기록 순서는 정자와 상응하되 그 형태가 두 개 이상인 경우, 우선 부수의 획순을 따르고, 다시 부수 이외의 필획에 따라 나열하는 것을 원칙으로 한다.

(3) 출처가 다르나 동일한 형태의 이체자는 그 문헌의 시대 순서에 따라 나열함으로써 민간에서의 이체자 사용 현황을 파악할 수 있도록 하였다. 또한 일부 자형은 증편된『異體字字

典』의 본문을 근거로 하여, 『異典』에 수록된 자형에 보다 완벽을 기할 수 있었다.

(4) 본 용어표는 정자와 형태가 변화한 이체를 하나로 묶어 연구를 진행하였다.

(5) 이체 연구는 ① 형태변화, ② 음성 연구, ③ 뜻풀이를 중심으로 이루어졌으며, 또한 관련된 용례 등이 참고 되었다. 아래에서는 '丈' 자의 예를 살펴보자.

<table>
<tr><td>正字</td><td>丈</td><td>異體字</td><td>𠀋、𠀋、𠀋</td><td>研訂者</td><td>曾榮汾</td></tr>
<tr><td>音讀</td><td colspan="5">ㄓㄤˋ</td></tr>
<tr><td colspan="6">「𠀋」、「𠀋」、「𠀋」為「丈」之異體。丈，《說文．十部》作「支」，云：「支，十尺也，从又持十。」隸變作「丈」，字本無點，後世俗寫多於右旁，添加一點。《隸辨．上聲．養韻．丈字》引〈郙閣頌〉即作「𠀋」。《俗書刊誤．卷三．去聲．漾韻》：「丈，俗作𠀋非。」此種於字構加點，於漢字書例常見，《字鑑．上聲．養韻》即云：「丈，案丈、升、冘、土、友、氏、曳、閏、究、軌、染等字，《說文》俱無點，俗加點非。」可以為證。依此推之，《明成化詞話》、《清山堂話本》、《白蛇故事彙編》「方𠀋」、「𠀋人」、「𠀋夫」等詞所見之「𠀋」、「𠀋」、「𠀋」等三形，僅點之位置稍異，皆可視為「丈」之異體。</td></tr>
</table>

A01277-1-1 '侵', A01279-1-1 '征'의 예를 보면, 먼저 형태 변화, 음성 연구 및 글자의 뜻풀이에 대해서 다루고 관련된 용례를 들고 있음을 알 수 있다.

<table>
<tr><td>正字</td><td>役</td><td>異體字</td><td>伇</td><td>研訂者</td><td>許學仁</td></tr>
<tr><td>音讀</td><td colspan="5">ㄧˋ</td></tr>
<tr><td>內容</td><td colspan="5">「伇」為「役」之異體。漢碑已見殳旁隸省作殳之役字,《隸辨·入聲·昔韻》：「役〈校官碑〉：『復役十年』，伇〈曹全碑〉：『役不干時』。」
敦煌寫卷殳字或作殳,《箋注本切韻》一平虞韻市朱反：「殳,《詩》云：『伯也執殳。』」；從殳之字多作殳,一昔韻營隻反載「疫」、「炈」、「鈠」,《楞嚴經音義》一：「伇，音頭」，斯六一七《俗務要名林》「鋪設，下普盧反」，殳旁並書作殳。《金石文字辨異．入聲．陌韻》錄〈唐呂秀巖景教流行碑〉『增益吏役』，役字作伇」。「役」書作「伇」字，敦煌寫卷字多見，如：斯388 《正名要錄》「徇率後得征伇」；《字樣》「傜」字下注：「伇」；伯四○九二《新集雜別紙》副史下：「一夕三秋，伇夢魂而不歇。」又可洪《新集藏經因義隨函錄》「伇，音役。」「伇」為「役」之異體。《明成化詞話·十二·劉知遠還鄉白兔記》「傜役」之「役」字亦作「伇」。：「旦云：『母親家有囤粮(糧)雞大(犬)飽，戶無摇(搖)伇(役)子孫安。』」
按：伇為役之隸省，故定作「役」之異體。</td></tr>
<tr><td>參考文獻</td><td colspan="5">瀏覽俗刻文獻資料、瀏覽形體資料表
可洪《新集藏經因義隨函錄》見《中華大藏經》第五十九冊第658頁第10行)。
※敦煌寫卷字形參黃征《敦煌俗字字典》頁496，2005年，上海教育出版社</td></tr>
</table>

陳新雄교수는 본래 '伇'와 '役'이 자제관계(字際關係)에 있다고 하였다. "'伇'은 '役'의 이체이다. 『說文解字，彳部』："役，戍邊也。從殳從彳。臣鉉等曰：彳，步也，彳亦聲，營隻切。伇，古文役從人。". 『隸辨，入聲，昔韻』："伇，〈無極山碑〉：「增益吏伇。」 따라서 『說文』에서 고문 '役'은 종자(從者)이다.". 『金石文

字辨異, 入聲, 陌韻』: "伇, 〈唐呂秀巖景教流行碑〉". 따라서 '伇'은 '役'의 예성(隸省)이며, 이에 '役'의 이체이다.(http://dict2.variants.moe.edu.tw/variants/A01277-001'伇') 필자는 伯元師의 연구를 토대로, 6차 베타 버전에 漢碑에 기록된 '殳' 방(旁)을 예성(隸省)자인 '𠬛'자로 쓴 '役'자를 추가함으로써 伯元師의 연구를 입증하였다. 또한 敦煌의 唐人 필사본『箋注本切韻』·『楞嚴經音義』·『正名要錄』·『字樣』·『新集雜別紙』및 可洪의『新集藏經因義隨函錄』에 기록된 '殳'자가 '𠬛'으로도 기록되고 있는 것과『明成化詞話, 十二, 劉知遠還鄉白兔記』의 '徭役'을 '搖伇'으로 기록한 예시를 그 근거로 들었다. 이를 통해, '伇'가 '役'의 이체임을 알 수 있을 뿐 아니라, 한(漢)대에서 당(唐)·명(明)대에 이르기까지 이체를 '伇'으로 기록하고, '殳'방을 '𠬛'으로 기록했다는 이체의 변천 과정 역시 살펴볼 수 있었다. 이에 '伇'를 '役'의 이체로 추가하였다.

·請選擇查詢方式 : 正字

·請輸入正字 : 役

檢索結果 : 1筆(共1頁) 上一頁 1 下一頁

正字	異體字	詞例	來源/頁/行	俗字研訂
役	伇	搖伇	明成化詞話/0625/08	

A01279-1-1「征」

正字	征	異體字	彸	研訂者	許學仁
音讀	ㄓㄥ				
內容	「乏」為「正」之異體《隸辨·卷六·偏旁》引《孔靇碑》：「君少履天姿自然之正」，「正」字所從止已連筆作[illegible]。《干祿字書．去聲》：「乏、正，上通下正。」《甘肅省藏敦煌文獻》錄甘博001《法句經》：「慧而不起邪，思正道乃成。」敦研179-2《妙華蓮華經授記品第六》：「得佛智慧，成等正覺。」「正」字並連筆作「○」、「ㅁ」。《佛教難字字典．止部》「正」字之異體有「乏」。「乏」為「正」字筆畫連書之通俗寫法，並與《干祿字書》所論相應。 伯二五二四《語對》「西征」，「征」字作「△」，同卷「東征」、「征陌」之「征」字作「▲」，右旁連筆作乏；又伯三七四二《二教論》：「或播殖以利世，或修(休)征以定亂」，「征」字作「◎」，右旁並已連筆作乏《明成化詞話·三·唐薛仁貴跨海征遼故事》「早行到晚無港泊，晚行道曉少孤村，人人征東思父母，為人怎不想親人。」之「征」字作「彸」。「彸」固為「征」之異體字。				
參考文獻	※瀏覽俗刻文獻資料、瀏覽形體資料表 敦煌寫卷「正」、「征」字形資料，參黃征著《敦煌俗字典》頁550，2005年，上海教育出版社。				

연구과정에서 해설이 불가능한 경우에는 공개적인 논의를 진행하였다. A02410 '焊'을 예로 들면, 이체자의 자제관계(字際關係)가 매우 복잡하여, 그 처리 방식에 대한 논증이 시급하였다. 정식 5버전에서는 이를 다음과 같이 설명하고 있다.

字號	A02410	正字	【焊】火-07-11
音讀	ㄏㄢˋ		
釋義	1. 乾枯、乾涸。同「熯」、「暵」。集韻. 上聲. 旱韻：「暵, 乾也。或作熯、焊。」 2. 通「銲」。		

베타 버전에서는 '이체를 조(組)로 묶어 연구'한다는 방침에 따라, '暵'·'焊'·'熯'·'銲' 등 4개 이체자의 '자제관계(字際關係)'를 추가하였다. 1) 자형(字形)의 연구에 있어, 본래 "'熯'은 '焊'의 이체(異體)이다. 『說文解字, 火部』에는 '焊'은 없고 '𤎐'만 있으니, '乾皃。從火漢省聲。人善切'이라고 하였다."라고 설명하고, "'熯'은 별도의 정자를 겸한다."고 주를 달았다. 그러나 『龍龕手鑑』·『廣韻』·『四聲篇海』·『字匯』·『重訂直音篇』 등의 자서(字書)와 운서(韻書)에서는, '焊'과 '熯'만을 이체 관계로 보고, 그 뜻을 '火乾(불로 말림)' 혹은 '火乾皃(불로 말리는 모양)'으로 해석하고 있어, '불이 타는 소리'에서 '불로 물건을 말리다'나, '불로 물건을 말린 이후의 마른 모양'의 뜻이 나온 것이라고 추정할 수 있다. 『集韻』·『類篇』의 '暵其乾矣' 중 '暵'자에서는(『廣韻』"日乾也. 呼旱切." 동음이의(同音異義)이나, 혼용되지 않는다.) 세 글자를 이체자로 간주하고 있다. '暵'의 본의에 대해 原編本은 『集韻』·『類篇』의 '乾(마르다)'의 해석에 따라(『說文, 日部』:"暵, 乾也。"라고 하였으며, 다만 단주본(段注本)에서는 "'乾'上當有'日'字"라고 주석을 달았다.) 그 뜻을 '乾枯(물기가 없이 마름)', '乾涸(물이 말라 굳음)'으로 해석하고 있으며, 이들 세 글자의 이체관계를 제시하였다. 그러나 수정버전에서는 최초의 형태 및 의미에 근거해, '乾枯(물기

가 없이 마름)', '乾涸(물이 말라 굳음)'이 아닌, '불로(혹은 햇볕에 쬐여) 물건을 마르게 하다'로 뜻을 풀이하였다. 이로써, 『集韻』·『類篇』에서의 이체 관계를 유지하였을 뿐 아니라, '녹은 금속으로 금속 부품이나 금속으로 된 기물을 연결함'이라는 뜻풀이를 추가하여 '銲'의 뜻과 통함을 나타내었다. 다만, 자형의 발전을 가늠하기 위해 '銲'은 이체로 보지 않고, '熯'만을 이체로 수록하였다. 2) 음독을 재검토 하였다. 원 연구에서는 "『廣韻, 上聲, 旱韻』焊, 火乾也, 同熯. 又呼旰·人善二切. 또한 『字彙. 火部』에서는 焊에 대한 주석으로 '許旱切。音罕。火乾也。亦作熯'라 하였고, 『正字通, 火部』 焊,俗熯字。"라 설명하였다. 수정 버전에서는 '焊(呼旱切)'·'熯(呼旱切/呼旰切)'·'暵(呼旱切)'이 모두 '曉母', '元韻'에 속하므로, '暵'·'焊'·'熯'의 음을 모두 거성(去聲) 'ㄏㄢˋ'으로 발음하고, 기타 서적에서 기록하고 있는 'ㄏㄢˇ'의 음독을 취하지 않았다. 베타 6버전에서는 아래와 같이 설명하고 있다.

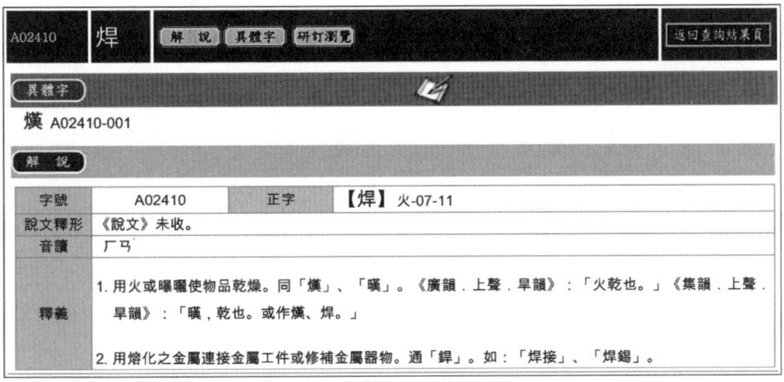
A02410 焊 解說 異體字 研訂瀏覽 返回查詢結果頁

異體字

熯 A02410-001

解說

字號	A02410	正字	【焊】火-07-11
說文釋形	《說文》未收。		
音讀	ㄏㄢˋ		
釋義	1. 用火或曝曬使物品乾燥。同「熯」、「暵」。《廣韻．上聲．旱韻》：「火乾也。」《集韻．上聲．旱韻》：「暵，乾也。或作熯、焊。」 2. 用熔化之金屬連接金屬工件或修補金屬器物。通「銲」。如：「焊接」、「焊錫」。		

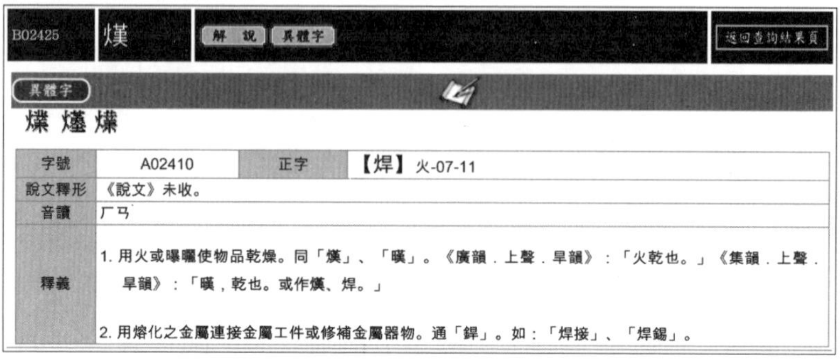

3) 베타 6버전

(1) 사용자의 다양한 수요를 고려하여, 온라인 검색 시스템을 재정비하였다. 정식 5버전의 ‘부수 검색’, ‘획수 검색’외에 ‘단자(單字)’, ‘주음’, ‘한어병음’, ‘창힐법(倉頡碼)’, ‘사각호마법(四角號碼)’ 및 상술한 여섯 가지 방식에 필순과 형태 조건을 추가한 ‘복합 검색’ 등 총 9가지 검색 방법을 제공하였다.

(2) 시스템 글자를 유니코드(20,902자 수록 버전)로 변환하였을 뿐 아니라, 교육부의 표준 송체자(宋體字)를 대량 적용하였다. 베타 버전을 사용하는 동안에도 정품 5버전의 인터페이스를 유지하며 호환하여 사용할 수 있다.

Ⅲ. 대만 교육부 전자사전 편찬의 미래 기획 방향

사전 편찬은 '역사성'과 '새로움'을 모두 갖추기 위해 지속적인 수정과 업그레이드가 필요한 작업이다. 전통적인 종이 형식의 사전은 물론, 디지털화된 전자 사전의 경우 더욱 그러하다. 사용자들은 손쉽게 인터넷에 접속하여 대규모의 네티즌을 형성하고 검색 엔진이나 전문 검색을 통해 사전의 단어 · 뜻풀이 · 예시 · 논거 등에 관여하게 되었으며, 이에 따라 일방적인 정보 제공은 더 이상 이루어질 수 없게 되었다. 독서 중 발생하는 여러 의문점을 해결하는 데 있어서도 사회 각계에 퍼져있는 네티즌의 감시와 검열을 거쳐야 한다.

전통적인 종이 사전은 일단 편집 후 인쇄가 되고 나면 관련된 모든 일이 일단락되고 해당 편집팀 역시 해체되었으며, 이후 수정이나 업그레이드가 필요한 경우 다시금 모여 팀을 이루고 관련 작업을 진행하면 되었다. 하지만 인터넷 전자 사전은 출시된 이후에도 유지보수팀을 운영하고 온라인 관리 시스템을 개발하여 지속적인 유지 보수가 이루어 질 수 있도록 시스템을 구축해야 한다. 누락되거나, 보완이 필요한 자료는 유지보수팀이 보수 시스템을 통해 수정하고, 업그레이드하여 지속적인 업데이트를 기대하는 사용자의 요구를 만족시켜야 한다.

이 같은 기능으로 말미암아 전자 사전은 실시간 업데이트가 이루어질 뿐 아니라, 언제나 일정 수준 이상의 자료를 유지할 수 있게 된다. 또한 보수 시스템을 통해 지속적으로 다양한 각도에서 코퍼스에 담긴 데이터와 그 성과 시스템을 점검하고, 기 구축된 자료를 토대로 새로운 정보를 추가·누적해 감으로써 차세대 사전의 대규모 보수를 위한 새로운 데이터를 확보하게 된다.

1. 표제자 내용의 추가 보완

1) 기 수록된 표제자의 뜻풀이 보완

언어 사용 환경의 변화에 따라 단어의 개념이 달라지거나 중의가 발생할 수 있거나, 혹은 별도의 의미가 추가되어 기존의 의미 해석으로는 언어의 실제 사용 상황을 충분히 반영할 수 없게 된 경우로, 이에 대한 수정이나 보완이 요구된다. 이들 표제자는 역사적 변천의 흐름을 함축하여 그 흔적을 유지함과 동시에 현재의 언어 활용 상황을 충분히 담아낼 수 있어야 한다. 또한 언어 사용 환경에 따라 언어 연구는 물론 사회적 활용의 척도를 모두 포착해내야 한다. 이 때에야 비로소 사용자를 만족시킬 수 있으며 오래도록 그 권위를 유지할 수 있다.

2) 단어 층위의 추가 및 보완

역사적으로 언어는 지속적으로 변화하고, 사회의 다양한 모습은 생활용어를 통해 기록된다. 뉴스나 미디어는 늘 신조어 등 새로운 단어와 의미를 만들어내므로, 광범위한 자료 수집과 논의, 지속적인 관찰을 통해서만 이처럼 다양한 언어 정보를 적시에 파악할 수 있다. 이에 매년 상용어, 전문 신지식어, 미디어 용어, 미디어 신조어, 미디어 언어, 미디어 유행어 등 자료 조사를 통해, 대형 코퍼스를 운용해야 한다. 또한 정기적인 관리와 비교 작업을 통해 기초 언어의 사용 빈도를 파악하고, '고빈도 사용 언어' 중 '상용 단어'를 정리하고, 이를 정기적으로 '신조어' 코퍼스에 업데이트해야 한다. 단어가 사용되는 관련 환경을 비교 검토하여 뜻을 풀이하고 우선 부록에 추가한 뒤, 이를 선별하여 다시 '신조어' 표제어로 추가해야만 언어의 발전 현황을 적시에 반영하고 '새로운' 언어의 특징을 공유함으로써 편집자와 사용자 간의 거리를 좁혀 나갈 수 있다.

『修訂本』과 『簡編本』은 상술한 원칙을 기준으로 현대 사회의 디지털 인터넷 기술을 활용하여 사회 생활 언어에 대한 실시간 검토가 가능한 효과적인 메커니즘으로 자리 잡았다. 또한 매년 이루어지는 언어 조사를 통해 지속적으로 그 내용이 추가, 보완되고 있다.

2. 전자사전의 호환 기능 강화

교육부는 언어 '규범화' 정책을 통해 '정형(定形)[常用標準國字字體及各體字形母稿]', '정음(定音)[一字多音審訂表]', '정서(定序)' 등에 관한 연구를 진행하고, 이를 전자 사전의 편찬에 적용하여 언어 학습 및 기능 강화를 기대하고 있다. 『重編國語辭典修訂本』 전자사전 시리즈의 편집은 사용자의 다양성을 고려하여 내용 보완, 화면 인터페이스 및 검색 기능 등 세 가지 측면에서 새로운 '쌍방향' 기능을 선보이고 있다. 일반 대중이 주로 사용하는 『修訂本』, 초중고교생 및 외국인이 주로 사용하는 『簡編本』에서, 초등학생을 고려하여 편찬된 『小字典』까지, 다양한 사용자를 중심으로 각각 다채로운 기능을 제공하고 있다. 예를 들어, 멀티미디어 사전을 지향하는 『簡編本』과 『小字典』은 지속적인 업그레이드는 물론 '어음 결합'·'이미지 해석'·'비교 판별' 등 언어 활용과 관련된 기능을 강화하였다. 『成語典』의 새로운 인터페이스는 정형화된 정태적 화면 모드에서 벗어나 전자 사전이 가진 다양한 기능을 다채롭게 제공하며 사용자로 하여금 자신이 설정해 놓은 사용 기준에 따라 원하는 정보를 선택, 제공받을 수 있게 하였다.

3. 한자 사용 환경을 통합한 『異體字字典』의 확충

자형과 관련된 다양한 정보를 담은 대형 DB인 『異體字字典』은 철저한 문헌 검수와 다양한 이체자 수집 및 사례 제시가 이루어져야 한다. 曾榮汾 교수는 교육부의 『異典』에 대해 '한자 사용 환경의 통합과 중문 정보의 발전에 부합하는 전방위적인 중문 자형 DB를 지향한다'고 그 편집 의도를 밝힌 바 있으며, 여기에 사용된 기본 문헌은 고금은 물론 국내외 문자 연구를 아우르는 도서 전적[11]이 포함되어 있다. 그 중 『說文』·자서(字書)·운서(韻書) 및 자양서(字樣書)를 중심으로, 예서(隸書)·비각(碑刻)·속자보(俗字譜)·불경문자(佛經文字)·고문자(古文字)·간독(簡牘) 등 출토 문헌을 아우르면, 거의 모든 자료를 갖춘다고 할 수 있을 것이다.

그러나 편집 초기 인력 부족, 문헌에 대한 이해 미비 등의 이유로, 모든 정자에 대한 상세한 고증이 이루어지지 않았으며, 편집 자

---

11) 선별된 기본 문헌은 『說文』, 古文字, 簡牘, 隸書, 碑刻, 書帖, 字書, 韻書, 字樣書, 俗字譜, 佛經文字, 現代字書 등 교육부 『異體字字典』의 '편집 자료'에 제시된 '기본 문헌' 12종이다.

체에 얽매여 그 내용에 적지 않은 누락이 발생했다. 曾교수는『異典』의 편찬을 진행하는 데 겪은 7가지 어려움 중 편집학적으로 겪었던 6가지 어려움을 아래와 같이 꼽았다. '정자의 표준 미비', '이체의 정형(定形) 파악의 어려움', '이체의 훈음과 정자의 대응 문제', '문헌별 기술 태도의 차이', '심의 및 기술 관점의 차이', '전자 버전의 편집 기술' 등이 그것이다. 전면적인 통합과 광범위한 문자 수집, 글자의 유래 탐색, 정자와 이체의 대응, 이체자 및 검색 인터페이스 등 여전히 보완되고 수정해야 할 부분이 많이 남아있는 것이다.[12)]

교육부가 수정한『異典』의 신 버전은 다음과 같은 특징을 보여준다. (1) 문자의 '자형 유래' 및 '표준화'에 있어 정자의 표준을 확립하여 이체자 대조를 위한 기준을 마련하였다. (2) '뜻풀이'는 문헌 전적을 기본으로 하고 현대 사전에서 다루고 있는 문법 이론을 참조함으로써『修訂本』에서 다루어진 현대적 의미해석은 물론, 고한어의 뜻풀이를 함께 연용하여 한어 의미의 발전 체계를 재정비하였다. (3) '출토문헌'의 고문자는 물론, '전초문본(傳鈔文本)' · '비각

---

12) 필자는「이체자 정리에 관한 몇 가지 방향성」이라는 글에서 '고문자(古文字)'와 '금문자(今文字)'의 이체자 체계의 정리 방향에 대해 논의한 바 있다. 간략히 말해, 문자의 기본 모양은 자서(字書), 운서(韻書) 외에 '傳鈔文本', '碑刻原拓', '版刻文本' 및 '內典音義' 등 한자 연구의 원시 자료를 참고할 수 있다고 보고, 이체자(異體字)를 수집하는 네 가지 경로를 제안하였다. ① 계련(系聯) 규칙을 통해 이체자의 변형 과정을 유추, ② 문헌 중 언어 사용 상황을 통해 이체자(異體字)의 자제관계(字際關係)를 파악함, ③ 어휘의 용례 비교를 통해 이체자(異體字)의 다양한 형태를 추가 보완함. ④ 용례를 통해 한자의 동형이용(同形異用)을 파악하고 각종 실례를 제시함.(許學仁,「이체자 정리에 관한 몇 가지 방향성[異體字整理的幾個面向]」, 林尹교수 기념 국제학술대회 발표 논문, 민국 101년 5월 26일, 국립 대만사범대학 참고)

원탁(碑刻原拓)'·'판각문본(版刻文本)'·'내전음의(內典音義)'·'민속용어(民俗用字)' 등 금문(今文) 자료에 대해서도 철저한 고증을 진행하고, 그 순위와 유형을 구분·보완하며, 국제 코드 기구를 통해 코드화 작업을 진행, 대형 문자 코드표를 확충하였다. 이로써 입력·전송·교환 등이 더욱 편리하게 이루어지고, 전자 사전의 편집 프로세스도 더욱 원활하게 작동하게 되었다. 또한 한자 사용 환경을 통합한 '전방위 중문 자형 DB'의 구축을 통해 『異典』의 새로운 면모를 널리 드러내고 『修訂本』의 수정·보완을 위한 새로운 자료를 마련할 수 있게 되었다.

4. 사전 편찬을 위한 전문 인력 양성

전자 사전의 편집 수준을 일정하게 유지하기 위해서는 다음과 같은 4부류의 사전학 전문 인력이 필요하다. 첫째는 사전 편찬 인력이며, 둘째는 정보 전문 인력이며, 셋째는 사전학 이론의 연구 인력이며, 넷째는 편집 출판 인력이다. 편찬이 주체가 되고, 정보는 그 매개가 되며, 이론은 선도적 역할을, 출판은 그 출구의 역할을 담당함으로써 상호간 밀접하고 유기적인 관계를 형성해야만 보다 원활한 편집 작업이 가능해 질 것이다. 실제 편집 작업을 보아도 편집인 개개인의 능력과 소양은 매우 밀접하게 연관되어 있으며, 편집과 연구가 함께 시너지 효과를 창출하고 그 기능을 발휘할 때에만, 다양한 이론과 숙련된 기술을 바탕으로 원활한 편찬이 가능해진다.

태어날 때부터 편집의 전문가는 없다. 현재 고등교육 과정에도 관련된 전문가 양성 제도가 미비한 실정으로, 보다 체계적이고 세분화된 교육을 통해서만 이론과 실무를 겸비한 전문 인력을 양성해 낼 수 있을 것이다. 이를 바탕으로 시대적 특성과 역사적 의미를 두루 갖춘 전자사전의 모범을 만들어 낼 수 있을 것이다.

〈참고문헌〉

『國語辭典』.

『國語辭典簡編本』.

『國語小字典』.

『國語一字多音審訂表』, 教育部, 民國 101년 12월 12일~103년 6월 11일.

『常用國字標準字體表』, 教育部.

『成語典』.

『異體字字典』.

『重編國語辭典修訂本』.

曾榮汾, 「교육부 4개 전자사전 소개」, 『辭書學論文集』(1987~2004), 辭典學研究室 編, 2005年 10月.

許學仁, 「이체자 정리에 관한 몇 가지 방향성」, 林尹교수 기념 국제학술대회 발표 논문, 국립 대만사범대학, 民國101년 5월 26일.

[번역 : 오유정(고려대)]

[*이 글은 단국대학교 동양학연구원 학술지 『동양학』 54집 (2013.8.30.)에 수록된 것이다. 이후 동양학연구원 사전학총서 3집 간행의 취지에 부응하여 재수록하였다.]

제2부

학술자료의 정보 서비스 방안

『한국민족문화대백과사전』 웹서비스의 현황과 발전방안*

김 창 겸**

Ⅰ. 머리말

1991년 12월 한국정신문화연구원(현 한국학중앙연구원)[1]이 출간한 『한국민족문화대백과사전』 (이하 '『민백』'으로 약칭함)은 2001년 12월 제1차 개정증보판인 시디롬판, 이른바 'EncyKorea'를 출간하여 디지털 서비스를 시작한 이후, 지속적으로 수정 보완하면

---

* 이 글은 필자가 단국대학교 동양학연구원 주최, 제4회 동양학연구원 사전학 국제학술대회, "동아시아의 사전학(Ⅳ) 동아시아 한자사전의 웹정보화 현황과 미래"(단국대학교 석주선기념박물관, 2013.2.1.)에서 발표하였던 '『한국민족문화대백과사전』 웹서비스의 현황과 발전방안'을 바탕으로 추가 보완 수정하여 작성하였다.

** 한국학중앙연구원 수석연구원 / kimck@aks.ac.kr

1) 1978년 개원한 한국정신문화연구원은 2005년 3월에 지금의 한국학중앙연구원으로 이름을 바꾸었다.

서 2007년부터 인터넷 서비스를 시작하여 현재는 두 개 포털업체와 제휴하여 일반인을 대상으로 웹서비스를 하고 있다.

필자는 일찍이 1983년부터 『민백』 편찬사업에 직접 참여하여 실무를 하였고, 또 최근에는 연구책임자로서 실무 전체를 총괄하면서, 이 사전의 권위를 지속적으로 보전하고 세계적인 백과사전으로 발전을 위해 개정증보사업을 수행하였다.2)

사실 백과사전의 특수한 성격상 『민백』의 콘텐츠를 디지털화하여 서비스하는 것에는 매우 복잡하면서도 내용의 정확성을 확보해야 하기에 여러 가지 많은 어려움이 있다. 더구나 국내에서 백과사전의 웹서비스는 에둘러 말하자면 아직까지는 초보 단계에 불과하여 여러 실험적인 과정을 거듭하는 실정이다. 그러므로 사전의 학문적 콘텐츠를 생성과 제작, 편찬하는 자와 이것을 서비스하는 프로그램과 시스템을 개발하는 사람은 상호 긴밀하게 협력하여 이용자에게 보다 편리성을 제공하도록 끊임없이 노력하여야 한다.

여기서는 『민백』의 웹서비스 현황과 그 발전방안에 대해 약간을 언급하고자 한다. 먼저 간단하게 『민백』의 편찬 연혁과 현재 진행 중인 개정증보사업의 편찬프로세스를 소개하고, 이어서 본격적으로 지금 시점에서 웹서비스의 실상을 이야기하겠다. 그리고 맺음말로서 『민백』의 발전방안이랄까, 『민백』 서비스에서 보완되었으면 하는 필자의 생각과 바라는 바 몇 가지를 언급하고자 한다.

---

2) 현재 한국학중앙연구원 백과사전편찬실에서 편찬연구사업을 수행하고 있다. 그리고 이 글에서 다룬 내용은 여기에 관여한 모든 분이 함께 이룬 성과물임을 밝히면서, 아울러 이 분들에게 감사드린다.

Ⅱ. 『한국민족문화대백과사전』 편찬의 연혁

우선 『민백』 웹서비스에 대한 이해를 돕기 위해, 편찬사업의 연혁을 간단하게 알아보겠다.

『민백』 편찬사업은 우리 민족의 모든 문화적 유산과 업적을 정리, 집대성하여 국내외에 보급함으로써 새로운 민족문화를 창조하는 기반을 구축하고, 민족문화의 독창성과 우수성을 현양한다는 취지와 목적 아래 1980년부터 1991년까지 12개년에 걸쳐 추진된 대문화사업이었다.

1978년 12월 15일 당시 박정희 대통령께서 '우리 민족문화를 한눈에 볼 수 있는 대백과사전 편찬계획을 검토하여 보고하라'는 말씀에 따라, 1979년 9월 25일 '한국민족문화대백과사전 편찬사업 추진위원회 규정'을 선포(대통령령 제9628호)하였으며, 이어서 1980년 3월 18일 한국정신문화연구원에 부설로 한국민족문화대백과사전 편찬부를 발족하여 편찬 실무를 추진하였으며, 그 결과 1991년 12월 31일 『민백』 초판본 총 27권을 완간하였다.[3)]

그리고 1992년 3월 5일 『민백』 초판본 편찬사업 추진 경과와 완간에 대하여 당시 노태우 대통령에게 보고하자, '백과사전의 내용을 계속 수정·보완하여 세계적인 백과사전으로 발전시킬 것'을 당부하였다.

그리하여 10년 주기로 개정증보판을 편찬한다는 계획에 따라 2001년 12월 제1차 개정증보판인 '디지털 한국민족문화대백과사

---

3) 『한국학중앙연구원 30년사』, 한국학중앙연구원, 2009, 265~273쪽.

전', 즉 CD-ROM판 'EncyKorea'를 출간하여 디지털 백과사전으로 거듭났다. 그리고 2007년 11월 1일 교육과학기술부가 주관하는 한국학진흥사업의 일환으로 『민백』 개정증보 1단계 사업이 시작되었고, 또 2010년 11월부터 2단계 사업이 시작되어 2013년 6월 현재 진행중이다.

한편 『민백』의 콘텐츠는 2007년 11월 9일에 포털업체 '네이트'(현 SK컴즈)가 온라인 서비스를[4] 개시하였으며, 또 2011년 7월 14일에 포털사이트 '네이버'가 온라인 서비스를[5] 공식 개시하여, 드디어 『민백』의 본격적인 웹서비스에 들어갔다. 그리하여 한국학중앙연구원 내부에서는 개정증보 편찬사업을 진행하면서, 한편으로는 자체 홈페이지와 외부 포털업체를 통해 콘텐츠를 인터넷 서비스하고 있다.

그리고 현재 진행중인 『민백』의 개정증보 방향 및 내용은 "신규항목은 '한국민족문화대백과사전 집필지침'을 기준으로 최근의 내용을 종합적으로 반영하여 원고를 집필하며, 개정집필 · 보완집필 대상항목은 초판본 발간 이후의 분야별 학문적 연구 성과를 집중 반영하여 원고를 집필함. 이와 함께 존속 항목 중 부분적 수정 대상 항목은 기존의 원고 내용에 대하여 교열 · 교정 함."과 "도판자료의 개정증보는 동영상 및 음향 등 A/V자료의 추가 보완에 중점을 두며, 수집 · 제작이 가능한 현대 부분의 우리 문화 내용 관련 신규 자료를 다량 보완함."이다.[6]

---

4) http://www.encykorea.com/(검색일 : 2013.2.1, 이하 웹문서 이용은 모두 같음)

5) http://terms.naver.com/list.nhn?cid=392&categoryId=392&categoryType=dictionary

6) 『한국민족문화대백과사전 편찬세부지침』, 한국학중앙연구원 백과사전편찬

Ⅲ. 『한국민족문화대백과사전』 편찬의 프로세스

현재 한국학중앙연구원 백과사전편찬실에서 진행중인 『민백』의 제2차 개정증보사업 편찬프로세스, 즉 개정증보 편찬 추진 체계를 이해하기 쉽게 나타내면 〈그림 1〉과 같다.

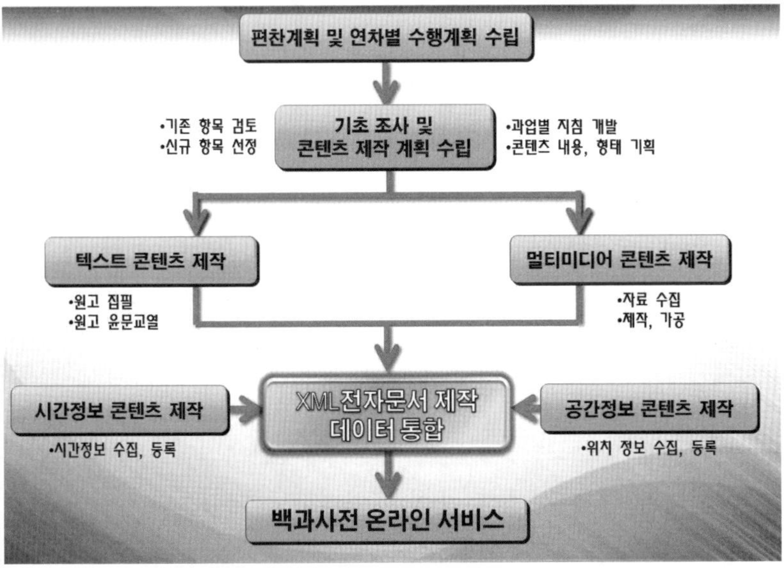

〈그림 1〉『민백』 개정증보 편찬 추진 체계도

1) 먼저 전체 10개년간의 『민백』 개정증보 편찬사업의 계획을 수립하고, 이와 더불어 총 3단계 및 그 단계 내에서 해당 연차별 수행계획을 수립한다.

실, 2012.11.

2) 이 계획에 따라서 이미 수록된 기존 항목을 검토하여 재수록 적합성 여부를 확정하고, 아울러 신규 항목을 추출하여 선정하면서, 동시에 편찬지침 개발과 콘텐츠 내용, 형태를 기획하는 기초조사 및 콘텐츠 제작을 계획 수립한다.
3) 그리고 한편에서는 원고 집필과 원고를 윤문 교열하는 이른바 텍스트 콘텐츠 제작를, 다른 한편에서는 자료 수집과 제작, 가공하는 멀티미디어 콘텐츠 제작이 이루어진다.
4) 이 텍스트들에서 시간정보를 수집 등록하여 시간정보 콘텐츠(전자연표)를 제작하고,
5) 아울러 위치정보를 수집 등록하는 공간정보 콘텐츠(전자지도)를 제작하여서,
6) 시간정보와 공간정보 콘텐츠들을 멀티미디어 자료와 함께 XML 전자문서로 가공된 원고 데이터와 통합 연계한다.
7) 그리하여 이것을 서비스 시스템에 올려, 백과사전의 모든 것을 온라인 서비스하게 된다.

이러한 편찬프로세스에 의해 생성, 제작된『민백』서비스의 현황과 실제를 다음 장에서 차례로 살펴보도록 하겠다.[7)]

---

7) 이 글은 2013년 2월 1일 학술대회에서 발표한 것을 바탕으로 하였다. 다만 이후에 편찬실무진에서 수정 보완한 사항이 더러 있어, 현재 서비스되는 것과는 약간 차이가 있다.

Ⅳ. 『한국민족문화대백과사전』 웹서비스의 실제와 현황

1. 포털사이트를 통한 서비스 현황

앞에서 언급하였듯이, 한국학중앙연구원에서는 『민백』을 일반인에게 서비스하고 연구사업의 대중화를 위해 한국학중앙연구원 홈페이지에서 자체 서비스는 물론 네이버, 네이트 등 주요 포털과 협약을 맺어 『민백』의 모든 내용을 이들 사이트에 콘텐츠로 공급하고 있다. 백과사전편찬실에 의하면 2013년 2월 현재 매월 이용자의 접속건수는 500만건 이상에 이른다고 한다.

그러면 『민백』 웹서비스의 실제와 현황에 대해서 구체적으로 알아보자.[8)]

먼저 네이버 메인 화면에서 『민백』 개별 항목과 기사에 대한 검색을 해보자. 예를 들어 이용자가 한국학중앙연구원의 초대 원장이었던 '이선근' 박사가 어떤 분인지 궁금해서 찾아보면 다음과 같다.

검색창에 '이선근'이라고 입력하고 검색하면, 그림에서 보듯이 '지식백과'라는 코너의 가장 위에 사진 자료와 함께 '이선근(李瑄根) 한국민족문화대백과'라고 보인다.

---

8) 다만 이야기 전개의 편의상 현재 한국에서 가장 많은 네티즌이 이용하는 포털사이트인 네이버 화면을 이용함을 해량해 주길 바란다.

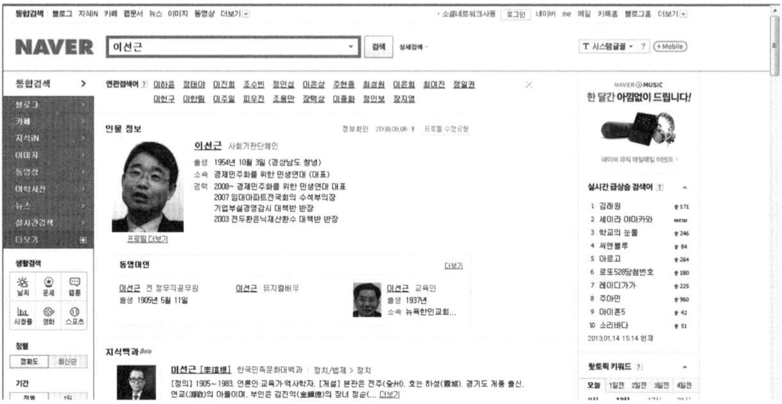

〈그림 2〉 포털 '네이버'에서 검색결과9)

이것을 누르면 『민백』 홈페이지의 '이선근' 항목의 콘텐츠로 바로 연결되고 서비스되어 진다. 그래서 이용자는 직접 콘텐츠를 확인할 수 있다.

〈그림 3〉 포털 '네이버'에서 『민백』의 콘텐츠 보기10)

9) http://search.naver.com/search.naver?where=nexearch&query=%EC%9D%B4%EC%84%A0%EA%B7%BC&sm=top_hty&fbm=1&ie=utf8

이처럼 『민백』은 일반 포털에서도 서비스되고 있어 어디서나 누구든지 매우 편리하게 이용할 수 있다.

지금부터 『민백』 홈페이지를 통해서 서비스의 실제를 차례로 살펴보자.

2. 『한국민족문화대백과사전』 홈페이지의 구성과 서비스 현황

네이버 검색창에 '한국민족문화대백과대전'을 입력하고, '검색'을 누르면 〈그림 4〉와 같이 네이버에서 『민백』 관련 사항들이 보여진다.

이 중에서 화면 윗 부분의 "바로가기 한국민족문화대백과사전 encykorea.aks.ac.kr"를 누르면 한국학중앙연구원에서 구축한 한국민족문화대백과사전 홈페이지로 곧바로 연결된다.

〈그림 4〉 포털 '네이버'에서 『민백』 사전 이용[11)]

---

10) http://terms.naver.com/entry.nhn?cid=1596&docId=542292&mobile&categoryId=1596

11) http://search.naver.com/search.naver?sm=tab_hty.top&where=

(1) 『민백』 홈페이지 메인 화면

'한국민족문화대백과사전' 홈페이지 메인 화면은 〈그림 5〉와 같다.

〈그림 5〉 『민백』 홈페이지 메인 화면[12]

여기에서 엄청나게 많은 양의 콘텐츠를 다양한 서비스 방법으로 제공하고 있음을 볼 수 있다. 다시 말해, 『민백』의 내용에 접근하는 방법은 매우 다양하다.

메인 화면 오른측 상단에 보면 '디렉토리 분류', '콘텐츠 색인', '참고문헌', '테마한국문화', 그리고 한가운데는 통합검색 창 등 주요 서비스 기능이 있다.

---

nexearch&ie=utf8&query=%ED%95%9C%EA%B5%AD%EB%AF%BC%EC%A1%B1%EB%AC%B8%ED%99%94%EB%8C%80%EB%B0%B1%EA%B3%BC%EC%82%AC%EC%A0%84&x=6&y=21

12) http://encykorea.aks.ac.kr/

그러면 이들에 대해서 차례로 살펴보도록 한다.

(2) 디렉토리 분류

우선 수록된 항목(표제어)들을 체계적으로 검색하기 위한 수단으로 '디렉토리 분류'를 이용해서 기사에 접근하는 방법과 기능에 대해 살펴보겠다.

화면 오른쪽 상단의 '디렉토리 분류'라는 아이콘을 누르면 다음 〈그림 6〉과 같은 화면이 열린다.

〈그림 6〉『민백』 '디렉토리분류'의 대분야 화면[13)]

여기서 '디렉토리 분류'는 이용자가 선호하는 바나 필요에 따라 '분야', '유형', '시대' 3개 요소를 통해 기사를 검색하는 서비스를 말한다.

설명의 편의상 디렉토리 분류 중에서 가장 위에 표기된 '분야'를 열면, 그 아래에는 '정치경제', '과학', '교육', '문학' …… '지리' 등 13개 대분야로 나누어져 있다. 또 그 하위에는 각각 모두 59개 중

13) http://encykorea.aks.ac.kr/Contents/Index?dataType=02

분야로 분류되고, 그 중분야 아래는 다시 각각 한글 가나다 음순에 따라 해당 분야의 항목을 배열해 놓았다. 이러한 '디랙토리 분류'는 쉽게 말하자면 종이책의 '차례(목차)'에 해당한다.

예를 들어, 〈그림 7〉에서 보여주듯이 항목의 분야에서 가장 아래에 있는 '지리'를 열면, '인문지리'와 '자연지리'로 분류되고, 이 중에서 '인문지리'를 열면, 한글 음순에 따라 '가덕도등대'부터 '희천군 읍지'까지 배열되어 있는 것을 볼 수 있다.

〈그림 7〉『민백』의 '디렉토리분류' '인문지리' 분야 항목체계[14)]

이처럼 『민백』의 웹서비스는 모든 항목을 대분야, 중분야, 그리고 소분야로 분류하여 그룹화한 뒤에, 이에 속하는 전체 항목을 한글 가나다 음순에 따라 나열하였다.

다음엔 이 항목들의 텍스트, 원고와 멀티미디어 자료가 실제 서비스되고 있는 것을 살펴보도록 한다. 검색의 편의상, 여러 항목 중에서 거의 마지막에 가까운 부분에 있는 '가평군(경기도)'을 열어

14) http://encykorea.aks.ac.kr/Contents/Index?dataType=02

보겠다.

〈그림 8〉을 보면 먼저 '가평군'이란 항목명칭이 있고, 그 아래에 가평군에 대한 기본정보의 메타 값을 제공하고 있다. 즉, 한자 명칭, 유형은 지명, 성격은 군, 위치는 경기도 동부 북한강 중류, 면적은 843.48㎢, 군 상징 꽃은 개나리, 나무는 잣나무, 새는 꿩이라는 것과, 군청 홈페이지 주소를 제공한다.

〈그림 8〉『민백』의 '가평군' 콘텐츠 제공의 실제[15)]

본문 기사에는 '정의'가 있고, '개관', '자연환경' '역사', '유물유적', '교육문화', '민속', '설화민요', '산업교통', '관광', '읍면'에 대한 기술에 이어 '참고문헌'이 차례로 수록되어 있는 것을 볼 수 있다.

한편 제시된 화면 왼쪽 상단에 '목차' 찾기가 있다. 그 기능은 이처럼 원고의 분량이 많은 경우에, '목차' 찾기를 이용하여 원하는 곳으로 바로 갈 수가 있도록 한 것이다. 예를 들어, 내용에서 '유물·유적'을 우선 보고 싶으면, 유물유적을 누르면 〈그림 9〉와 같

15) http://encykorea.aks.ac.kr/Contents/Index?dataType=02

이 '유물 · 유적'의 본문으로 곧바로 가서 볼 수 있다.

〈그림 9〉『민백』의 '가평군' 항목의 본문 기사 모습[16)]

본문 기사 중에는 가평의 "유교문화재로는 가평읍 읍내리에 가평향교, 설악면 선촌리에 미원서원지와 외서면 청평리에 잠곡서원지가 있다."는 등의 내용이 있다.

다시 위로 올라가서 화면의 왼쪽을 보면, '관련 시청각' 코너가 있다(〈그림 8〉 참조). 이것은 본문 기사와 관련 있는 사진 자료들을 모아 놓은 것이다. 제목을 누르면 사진자료를 하나씩 차례로 보여준다. 이것을 한 눈에 보려면 가장 아래에 있는 '관련 시청각'을 통해서 볼 수 있도록 편리하게 서비스하고 있다.

16) http://encykorea.aks.ac.kr/Contents/Index?dataType=02

〈그림 10〉『민백』 '가평군' 항목의 '관련 시청각' 자료들[17)]

〈그림 10〉에서 보듯이 『민백』의 '가평군' 항목의 '관련 시청각'으로는 북한강, 미원서원 경현단, 잣나무 수림, 보납산 등 사진과 가평군 문화지도 등 많은 자료를 보여 주고 있다.

그러나 '관련 시청각' 자료를 보면 오로지 사진을 중심으로 한 이미지 자료의 나열에 불과하다. 과연 이것으로 이용자의 욕구를 충족시킬 수 있겠는가? 이용자들은 정지된 시각자료만이 아니라 움직이면서 소리를 함께 들려주는 현장감 있는 자료를 원하고 있을 것이다. 그러기 위해서는 동영상이나 A/V, 가상현실(VR) 자료 등이 추가되어져야 하겠다.

한편 앞에서 언급했듯이, '디랙토리 분류'에서 '분야', '유형', '시대'로 구분하여 놓았는데, 그 두 번째인 '유형'으로 들어가 검색해

17) http://encykorea.aks.ac.kr/Contents/Index?dataType=02

보겠다.

〈그림 11〉에서 보듯이, 『민백』의 '유형'에는 인물, 지명 …… 의식행사, 동식물 등 모두 14개 세부 유형이 분류되어 있다.

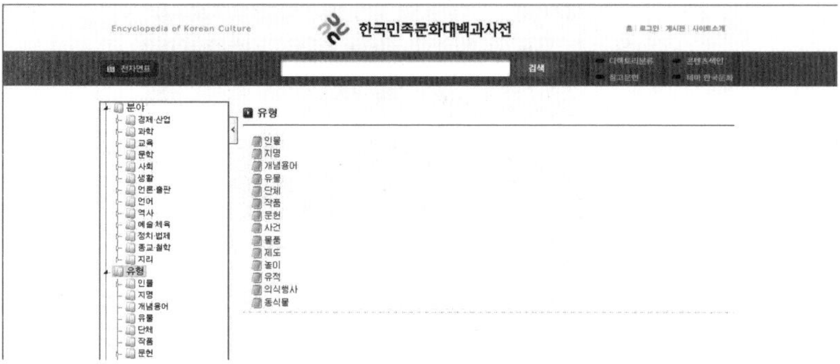

〈그림 11〉 『민백』 '디랙토리 분류'의 '유형' 분류 체계[18]

이해를 돕기 위한 편의상, 이 중에서 '사건'으로 들어가면 〈그림 12〉 화면이 열린다.

〈그림 12〉 『민백』 '디렉토리 분류'의 '유형'에서 '사건' 항목들[19]

18) http://encykorea.aks.ac.kr/Contents/Index?dataType=02

보다시피, 여기에는 '가덕도 해전'을 비롯하여 '흥왕사의 변'까지 우리 역사상 있었던 많은 사건 항목들이 나열되어 있다.

특히, 최근에 있었던 사건으로 '청계천 복원사업'이라는 항목을 볼 수 있다. 이것을 클릭하면, 〈그림 13〉에서 보듯이 '청계천복원사업'이라는 항목 명칭이 표시되어 있고, 그 아래에는 기본정보가 제공되어 있다.

〈그림 13〉『민백』의 '청계천복원사업' 콘텐츠 제공 화면[20]

본문은 '정의', '개설', '역사적 배경', '경과', '의의와 평가', '참고문헌' 순서로 서술되어 있다.[21]

---

19) http://encykorea.aks.ac.kr/Contents/Index?dataType=02

20) http://encykorea.aks.ac.kr/Contents/Index

21) 또 관련 시청각 자료를 보면, 복개되기 전 청계천, 청계천 복개공사, 복개된 후, 건설된 청계고가도로, 고가도로가 철거되고 복원된 청계천, 복원된 청계천에서 휴식을 즐기는 시민들 모습 등 여러 사진을 청계천의 역사적 변천과 대비해서, 이용자들의 이해를 돕기 위해 배려하여 놓은 것을 볼 수 있다.

하지만 여기에서 이용자가 청계천이 어떤 것인지 좀더 알아 볼 수 있는 추가 서비스 기능이 없다. 가장 쉬운 방법은 본문에서 '청계천'이란 단어에 태그를 하여 청계천 본항목으로 연결하여 그곳의 콘텐츠를 제공하는 방법이라 하겠다. 당장은 이것이 힘들면 메타정보에 '관련항목'란을 갖추어 연결시키는 방법이 편리할 듯하다. 좀더 폭넓은 서비스를 하려면 다른 기관에서 제공하는 '청계천' 전문 사이트로 연결하는 이른바 '지식연계' 시스템을 갖추는 것이 좋을 듯하다.

(3) 콘텐츠 색인

한편 『민백』 웹서비스 기능의 하나로 '콘텐츠 색인'을 활용하는 방법이 있다. 메인 화면 오른쪽 상단에 있는 '콘텐츠 색인'이라는 아이콘을 누르면 『민백』의 전체 텍스트에 들어 있는 고유명사류의 낱말들을 검출하여 색인을 작성해서 제공하고 있다.

그리고 이것을 그 성격에 따라 인명, 지명, 서명 등으로 분류하여 놓은 것을 볼 수 있다. 그 실제를 보면 다음 〈그림 14〉와 같다.

〈그림 14〉 『민백』의 '콘텐츠 색인' 분류체계[22]

예를 들어, '인명'에서 'ㅎ'으로 들어가면, '하겸진~한공'를 비롯하여 여러 소그룹화된 색인 목록이 보인다.

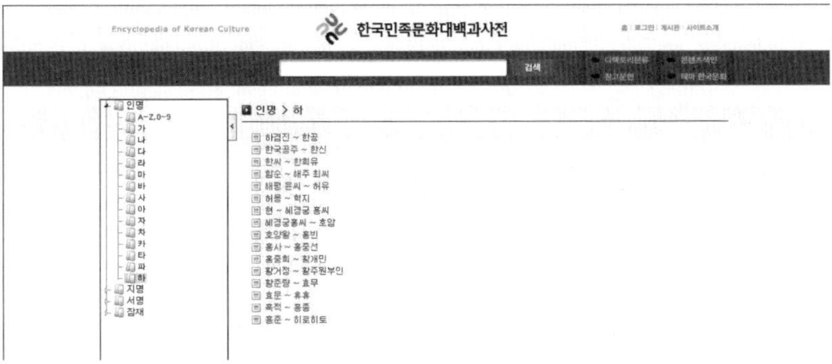

〈그림 15〉『민백』'콘텐츠색인', '인명'의 '하' 부분 23)

그리고 이 중에서 마지막에 보이는 "흥준~히로히토"를 누르면 다음과 같은 색인어들이 보인다.

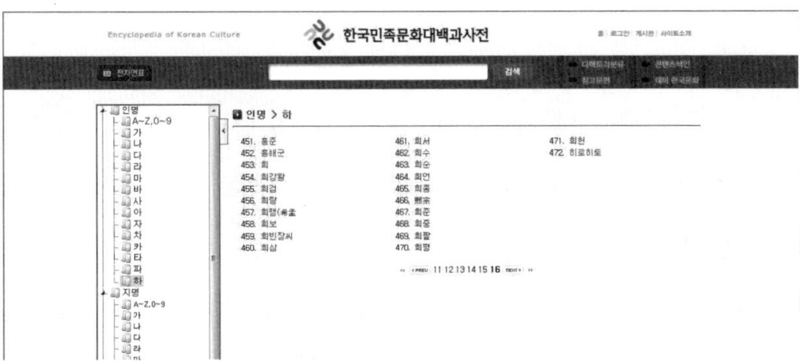

〈그림 16〉『민백』'콘텐츠 색인', '인명'의 '하' 부분의 색인24)

22) http://encykorea.aks.ac.kr/Contents/Index?dataType=03
23) http://encykorea.aks.ac.kr/Contents/Index?dataType=03
24) http://encykorea.aks.ac.kr/Contents/Index?dataType=03

이 중에서 '471.희헌'을 누르면 '천수경'이란 항목명이 나온다. 이것을 클릭하면 '천수경'이란 항목의 텍스트와 시청각 자료 등 모든 콘텐츠 정보를 보여준다(〈그림 17〉 참조).

〈그림 17〉『민백』'천수경' 항목의 콘텐츠 모습[25)]

그러므로 『민백』 웹서비스에서는 '콘텐츠색인'을 통해서도 이용자가 찾고자하는 항목과 그 내용을 볼 수 있도록 서비스 시스템을 갖추어져 있다.

(4) 참고문헌

다음엔 주요 서비스 기능으로 '참고문헌'이 있다.

이것은 『민백』 각 항목에 인용된 참고문헌들을 모두 모아서 한글 가나다 음순으로 정리해 놓은 것이다. 그러므로 이용자들은 이 문헌을 보면 수록된 항목과 그 내용을 이해하는데 도움을 받을 수

25) http://encykorea.aks.ac.kr/Contents/Index

있다.

가령 가장 마지막의 '하'를 열면 '하강문고'에서 '하늘의 개척자 최용덕 장군'까지가 보인다(〈그림 18〉).

〈그림 18〉『민백』 '참고문헌'의 '하' 부분 서비스 실제[26)]

이것을 열면 이 속에는 '1. 하강문고'에서 '30. 하늘의 개척자 최용신장군'까지 사이의 30개 문헌이 있다.

이 중에서 '1. 하강문고'를 누르면 '박제경'이라고 보인다(〈그림 19〉). 이것은 '하강문고'라는 문헌이 항목 '박제경'에 인용되었음을 알려주는 기능이다.

이 '박제경'을 누르면 '박제경' 본항목과 기사 내용으로 바로 연계가 된다.

26) http://encykorea.aks.ac.kr/Contents/Index?dataType=06

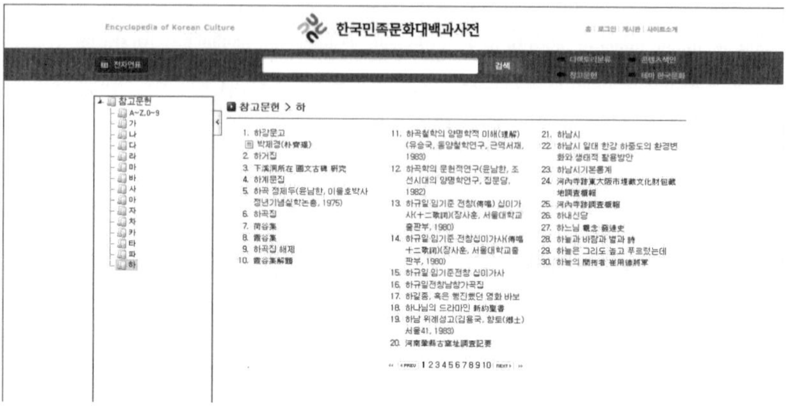

〈그림 19〉『민백』 '참고문헌' 코너 '하'의 '하강문고' 부분[27]

그 결과 '박제경'이란 항목의 '참고문헌'에 이것이 있음을 확인할 수 있다.

그러므로 이러한 참고문헌 코너의 기능을 이용해서 전문 연구자와 이용자들은 『민백』의 내용을 일일이 살펴보고 이용할 수가 있겠다.

(5) 테마 한국문화 - 테마 서비스

한편 『민백』 홈페이지 메인 화면을 보면 '테마한국문화'라는 아이콘이 있다(〈그림 5〉). 여기에는 '조선시대 과학기술'을 비롯하여 의술, 풍속화 등 10개의 주제를 선정하여, 이 범주에 속하는 항목과 콘텐츠들을 연계하여 서비스하는 기능이 있다.

예를 들어, 조선시대 과학기술을 보면 장영실, 측우기, 관천대, 혼천의 등이 나열되어 있어 조선시대 과학기술 관련 콘텐츠를 일목요연하게 볼 수 있다(〈그림 20〉).

---

27) http://encykorea.aks.ac.kr/Contents/Index?dataType=06

이처럼 『민백』에서는 이용자의 편의를 위하여 다양한 시스템으로 서비스하고 있다고 하겠다.

〈그림 20〉 『민백』 '테마한국문화' 코너의 모습 28)

(6) 통합 검색

〈그림 21〉 『민백』 통합 '검색'의 결과 모습29)

28) http://encykorea.aks.ac.kr/Contents/Index?dataType=1001
29) http://encykorea.aks.ac.kr/Contents/Index?dataType=1001

〈그림 5〉에서 보듯이 『민백』 홈페이지 상단에는 통합 '검색'창이 있다. 이것은 이용자가 원하는 것을 무엇이든지 바로 찾는 무작위 검색에 해당한다고 하겠다. 다시 말해 가장 편리한 이용방법이다.

예를 들어, 우리에게 매우 익숙한 퇴계 '이황'을 한번 찾아보자. 검색창에 '이황'이라고 입력을 하고 검색을 하면, 〈그림 21〉에서 보다시피 항목 명칭에 '이황'이란 단어가 들어있는 것이 2개 항목, 내용에 '이황'이란 단어가 들어있는 것이 1,182개 항목이 있다는 정보를 알려준다.

이 중에서 가장 위에 보이는 '표제어에서 검색' 중 항목 명칭 '이황'을 누르면 『민백』의 '이황' 텍스트가 열린다(〈그림 22〉).

〈그림 22〉 『민백』 통합검색 결과 '이황' 항목의 콘텐츠30)

먼저 간략정보로, 유형은 인물이고, 시대는 조선이며, 생년은 1501년, 몰년은 1570년이라고 하였다. 그리고 출신지는 경상북도 안동 출신, 본관은 진보이며, 저서로는 성학십도 등이 있고, 대표

30) http://encykorea.aks.ac.kr/Contents/Index?dataType=1001

관직은 단양군수, 풍기군수, 성균관 대사성, 대제학 등을 역임했다고 알려주고 있다.

더욱이 간략정보의 끝 부분에는 '집필자'를 표기함으로써, 집필자가 내용에 대한 책임을 지게 하여 콘텐츠의 정확성과 권위를 확보함으로써 이용자들에게 신뢰감을 주고 있다.

그리고 본문 기사를 보면 인명, 서명, 작품명, 유적명에 해당하는 낱말은 글자의 색깔을 달리하여 구분한 일종의 태그를 해놓았다.[31] 하지만 이것에 딸린 링크 콘텐츠가 없어서 정녕 여기에 등장하는 해당 인명과 유적, 서명 등 본문 기사를 이해하는데 참고 콘텐츠로 제공되어야 할 부연 기사를 찾을 수가 없다. 즉 링크 기능의 추가가 필요하다. 간단하게는 『민백』에 수록된 항목명, 같은 검색어가 등장하는 다른 항목의 본문이나 멀티미디어 자료, 또는 전자연표의 해당기사라도 연계되어져야 하겠다.

(7) 전자연표

한편 메인 화면 상단에 왼쪽에 보면 '전자연표'가 표시되어 있다(〈그림 5〉). 향후에는 좀더 시스템 기능을 추가하여 연표의 기사와 본항목 및 그 내용의 태그 요소, 시간정보와 연계 서비스할 필요가 있다.

연대 선택에서 백과사전편찬실에서 설정한 시대와 연대 구분에 따라, 또는 어느 시기에서 어느 시기까지의 모든 것, 또는 유형에서 찾고자 하는 분야만을 선택하여 서비스 받을 수 있다.

예를 들어, 연대를 '조선 전기'에서 '1910년'까지로 하고, 이 시기의 책에 대하여 찾고자 한다면, 유형에서 '서책'을 선택하여 조합하

31) 앞에서 제시한 '가평군' 항목에는 지명만 태그된 것이 보인다.

면 이 시기에 간행된 서책의 연표를 일목요연하게 볼 수 있다(〈그림 23〉).

연도	연호	사건	유형
1394. 2	태조 3년	권중화 등이 《동국역사제현비록촬요》를 편찬함	서책
1395. 1	태조 4년	정도전 등이 《고려사》를 편찬함	서책
1395. 2	태조 4년	《대명률직해》를 간행함	서책
1397. 12. 26	태조 6년	《경제육전》을 간행함	서책
1398. 6	태조 7년	김희선 등이 《향약제생집성방》을 편찬함	서책
1399. 5	정종 1년	《향약제생집성방》을 간행함	서책
1399. 9	정종 1년	《고봉화상선요》를 다시 간행함	서책
1403. 8. 29	태종 3년	평양에서 주문공《가례》를 간행함	서책
1412. 7. 9	태종 12년	주자소에서 《십칠사》를 간행함	서책
1412. 10. 1	태종 12년	주자소에서 《대학연의》를 간행함	서책
1412. 이해	태종 12년	《동국사략》을 간행함	서책
1413. 2. 30	태종 13년	《원육전》·《속육전》을 간행함	서책
1414. 10	태종 14년	《대광익회옥편》을 다시 간행함	서책
1415. 5	태종 15년	《양잠경험촬요》를 간행함	서책
1415. 12. 14	태종 15년	《침구동인도》를 간행함	서책
1415. 이해	태종 15년	《춘정집》을 간행함	서책
1415. 이해	태종 15년	《대명분류율 》을 간행함	서책
1416. 3. 27	태종 16년	주자소에서 《승선직지록》을 간행함	서책

〈그림 23〉『민백』의 '전자연표' 서비스 모습[32)]

3. 부가 서비스 기능

이외에도 『민백』에는 여러 가지 부가 서비스 기능이 있다.

메인 화면에 보이는 ① '추천 콘텐츠', ② '테마 갤러리', ③ '역사 속 인물', ④ '역사 속 오늘', ⑤ '내가 본 목록' 등이 그것이다(〈그림

32) http://encykorea.aks.ac.kr/?idx=5289 - 한국민족문화대백과사전 전자연표 - Windows Internet Explorer

5〉 참조).

이들 대부분은 『민백』의 전체 콘텐츠에서 특별 주제를 설정하여 기획 설정한 것이다. 즉 ① '추천 콘텐츠'는 『민백』에 수록된 전체 항목 중에서 한국문화의 정수가 되는 개념 내지는 주제를 정하여 이에 속하는 항목들을 그룹화하여 보여주고 있다. ② '테마 갤러리'는 전체 멀티미디어 자료 중에서 역시 한국문화의 정수가 되는 주제 내지는 분야를 정하여 이에 속하는 자료들을 그룹화한 것이다. ③ '역사 속 인물' 또한 전체 항목 중에서 각 분야의 대표적인 인물을 택하여 보여주는 기능이다. 한편 ④ '역사 속 오늘'은 시간정보인 한국 민족문화 연표의 기사를 해당 월일에 맞추어 보여주는 서비스 기능이다.

다만 유일하게 ⑤ '내가 본 목록'은 좀다른 기능이다. 이것은 특정 이용자가 이 시간에 이 사이트에 접속하여 지금까지 살펴본 항목들의 목록을 기록해 주는 기능이다. 〈그림 22〉에서 보듯이 화면 왼쪽 중단에 '내가 본 목록' 코너가 있어 지금까지 살펴본 항목의 명칭들이 나열되어 표기되어 있다.

그래서 이용자가 지금까지 살펴본 기사 중에서 어떤 내용을 다시 한번 확인하고 싶으면, 그 항목 명칭을 눌러 바로 되돌아갈 수가 있다.

V. 맺음말 – 몇 가지 발전적 제안

지금까지 살펴보았듯이, 『민백』의 온라인판은 이용자들에게 다양한 시스템과 기능으로 서비스하기에 대단히 유용하다. 그러므로 이와 같은 『민백』의 웹서비스는 한국의 역사문화와 발전상을 일반 대중 모두에게, 그리고 나아가서는 전세계에 한국의 문화를 올바르게 알리고 소개하는 중요한 창이며 통로로써 매우 중요한 기능과 역할을 하고 있다. 종전에 책이란 매체를 통해 한정된 공간과 이용자에게만 활용되던 『민백』을 어디서나 누구나 쉽게 이용하고 활용할 수 있도록 해주고 있다.

그럼에도 불구하고, 백과사전의 종합성이란 특수 조건으로 때문에 웹서비스가 아직까지는 초보 단계라 하겠다. 그래서 앞으로 이용자에게 편의를 제공한다는 입장에서 보다더 다양한 서비스를 할 수 있는 여건을 갖추는데 도움을 주고자 기능적인 면에서 필자 나름대로 약간의 바람이랄까 생각을 이야기하는 것으로 맺음말에 대신하겠다.

한국학중앙연구원 백과사전편찬실에서 작성한 『한국민족문화대백과사전 편찬세부방침』에는 '증보의 필요성 및 기본 방향'을 "백과사전의 생명력은 이용자의 요구에 맞는 다양하고도 새로운 정보를 지속적으로 제공할 수 있을 때 유지되며, 또한 지식정보시대 국내외적인 한국학 지식의 확산을 위해 첨단 미디어를 이용한 온라인 체제의 전자백과사전 구축도 필수적이다."고 말하였다. 그러면서 "지식정보화 시대에 발맞추어 책자가 아닌 지속적인 개정증보가 가능하고 동영상, 음향 등의 생생한 관련 자료를 적재한 온라인 디지

털 백과사전을 발간"한다고 하였다.[33]

이러한 취지와 목적을 달성하기 위해서는 적어도 다음과 같은 사항은 기본적으로 해결되고 갖추어야 한다는 생각한다.

1) 이용자에게 더 많은 정보를 제공하기 위해 항목간의 '관련 항목'의 설정과 연계가 필요하다.
2) 아직까지 링크 기능이 구현되지 않고 있다. 이용자에게 기사의 내용에 대한 이해를 돕기 위한 수단과 방법으로 시급히 추가되어야할 기능이다. 우선은 최소한 웹 자체 내에서 본문과 수록된 개별 항목으로라도 링크가 필요하다.
3) 관련 시청각으로 사진 자료만을 보여주는데, 동영상과 음향 및 가상현실(VR) 자료도 제공되어야 한다.
4) 특히 텍스트 내용에 등장하는 위치정보와 공간정보를 알려주는 전자지도는 반드시 필요하다.
5) 그리고 '전자연표'는 따로 기능할 것이 아니라, 전자연표에서도 항목 검색과 해당 항목의 본문 내용으로 바로 연계하여 볼 수 있어야 한다.
6) 이용자들이 기사를 보다가 궁금한 사항이 있으면 문의도 가능하도록 해야 한다. 아니면 이용자가 집필자에게 직접 문의하도록 집필자에 대한 최소한의 기본정보도 공개 서비스하는 것이 좋겠다.
7) 디지털에서는 콘텐츠의 수정과 보완이 편리하여 수시로 그것이 이루어짐으로 그 내력을 보여주는 '콘텐츠 이력'을 남기는 기능이 있었으면 좋겠다.

---

33) 『한국민족문화대백과사전 편찬세부방침』의 '2. 개정증보의 필요성 및 기본 방향', 2013.

8) 아울러 이용자가 『민백』의 내용뿐만 아니라 보다 더 많은 지식을 습득할 수 있도록 다른 사이트, 홈페이지 등과 연계 서비스하는 기능이 더해졌으면 좋겠다.

〈참고문헌〉

『한국학중앙연구원 30년사』, 한국학중앙연구원, 2009.

『한국민족문화대백과사전 편찬세부방침』, 한국학중앙연구원 백과사전편찬실, 2013.

http://encykorea.aks.ac.kr/

http://www.encykorea.com

http://terms.naver.com/

[*이 글은 단국대학교 동양학연구원 학술지 『동양학』 54집 (2013.8.30.)에 수록된 것이다. 이후 동양학연구원 사전학총서 3집 간행의 취지에 부응하여 재수록하였다.]

藏書閣 디지털 자료관 정보 서비스의 발전 방안

- 한국학 자료의 지식 정보화를 위한 정보 서비스 기능의 다양화를 중심으로 -

이 건 식*

I. 서언

藏書閣 디지털 자료관(http://yoksa.aks.ac.kr)은 장서각에 소장된 자료와 한국학중앙연구원이 조사・수집한 자료를 디지털화 하여 인터넷 기반으로 정보 서비스를 하고 있다. 지식정보자원관리사업[1]의 일환으로 2000년에 개발을 시작하여 금년까지 8년 동안[2]

---

* 단국대학교 동양학연구원 편찬실장.

1) 제5차 사업까지는 지식정보자원관리사업의 전담기관이 한국정보사회진흥원(구 한국전산원)이었다가 제6차 사업부터는 전담기관의 임무가 한국정보문화진흥원으로 이관되어 사업이 추진되어 왔다.

2) 장서각 디지털 자료관의 제1차 사업은 2000.3.26~2000.12.31, 제2차 사업은 2001.10.19~2002.8.18, 제3차 사업은 2002.11.5~2003.9.4, 제4차 사업은 2003.5.26~2003.11.30, 제5차 사업은 2004.4.22 ~2004.11.30, 제6차 사업은 2005.4.20~2005.11.30, 제7차 사업은 2006.5.11~2006.11.30 등의 기간에 시행되었으며 2007.3.22~2007.10.31까지 제8차 사업을 진행하고

계속하여 장서각 디지털 자료관의 정보 서비스 데이터를 확충하여 왔다. 동시에 정보 서비스 기능의 안정화와 다양화를 추구하여 왔다. 이 결과 장서각 디지털 자료관은 한국학중앙연구원의 여러 정보시스템[3] 가운데에서 한국학 연구자를 주요 고객으로 하는 정보시스템으로 자리매김하였다. 그러나 정보 서비스 기능의 발전 방안을 체계적으로 마련하지 못하였다. 유사한 정보시스템의 정보 서비스 기능과 비교하면서 그 기능을 보완해 왔을 뿐이다. 따라서 장서각 디지털 자료관이 고급의 한국학 지식 정보를 제공하는 정보시스템으로 거듭 태어나기 위해서 장서각 디지털 자료관의 발전 방안을 체계적으로 마련할 필요가 있다.

정보시스템의 우수성은 두 가지 측면에서 평가될 수 있다. 하나는 제공하는 정보의 가치적 품질 측면이고, 다른 하나는 정보를 서비스하는 방법적 측면이다. 가치 있는 지식 정보도 그 가치를 잘 드러내지 못하고 잘못된 방법으로 정보 서비스 한다면 가치 없는

있다.

3) 한국학중앙연구원에서 일반 국민에게 한국학 연구의 성과를 알기 쉽게 전달하기 위하여 1997년 2월 개발되기 시작한 '디지털 한국학' 정보시스템, 1998년과 1999년에 정보통신부의 정보화근로사업으로 개발된 목록 중심의 '한국학전자도서관' 정보시스템, 『한국민족문화대백과사전』의 내용을 2001년에 디지털화하여 개발한 '한국민족문화대백과사전' CD-ROM, 지방의 역사와 문화를 데이터베이스화하고자 2003년에 개발이 착수된 '향토문화전자대전', 최근 서비스된 한국민족문화대백과사전 등의 정보시스템과는 구별된다. 장서각 디지털 자료관에서는 자료가 가진 논리적 구조에 따라 그대로 조직화한 기초 DB로 8개의 DB를 서비스하고 있으며 기초 DB 자료의 논리적 구조를 재조직화하여 구성한 부가DB 7개를 서비스하고 있다. 8개의 기초 DB는 고서 DB, 고문서 DB, 한국문화화상자료 DB, 한국구비문학대계 DB, 한국방언자료집 DB, 한국민요대관 DB, 한국사기초사전 DB, 한자전거 DB 등이다. 7개의 부가 DB는 연대기 DB, 한문용어용례 DB, 지명용례 DB, 의궤도설자료 DB, 민간요법 DB, 척독류 DB, 생활야사 DB 등이다.

정보로 전락되고 만다. 그러므로 이 글에서는 우선 구축된 정보를 서비스하는 방법적 측면에 주안점을 두어 장서각 디지털 자료관 정보 서비스의 발전 방안을 논의하고자 한다.

디지털 시대 이전 책자를 통한 정보 검색은 매우 힘든 과정을 거쳐야 했다. 1980년대 중반 개인용 컴퓨터가 널리 보급되고 아날로그 데이터가 디지털화 되면서 정보 검색은 매우 편리해졌다. 1990년대 중반부터는 인터넷이 널리 확산되면서 정보 검색에 시간과 공간의 제약이 사라지게 되었다. 정보 검색의 이같은 변화는 전통적 도서관을 인터넷 기반 정보시스템인 디지털 도서관으로 변모시켰다. 1997년 시범 개통한 국립중앙도서관의 정보시스템을 필두로 국내의 많은 학술 정보시스템이 탄생하게 되었다. 전통적 도서관에서의 정보 검색과 비교하면 디지털 도서관에서의 정보 검색은 가히 혁신적이라 할 수 있다. 그렇지만 정보 검색의 혁신성 때문에 디지털 도서관은 이용자들로부터 새로운 변화를 요구받고 있다.

학술정보 서비스 주체인 디지털 도서관에 요구된 새로운 변화를 두 가지 방향에서 파악할 수 있다. 하나는 단순한 정보의 제공이 아니라 보다 고급의 지식 정보 제공을 이용자가 요구하는 것이고 다른 하나는 이용자 중심의 정보 서비스를 요구하는 것이다. 전자의 요구에 부응하여 IFLA(국제도서관연맹)는 개체—관계 모델(entity-relation model)에 기반한 FRBR(Functional Requirements for Bibliographic Records) 모델(model)을 정보시스템이 수용할 것을 제안하였으며 후자의 요구에 부응하여 Michael Casey는 Web 2.0을 응용한 Library 2.0.을 제안하였다.[4)]

4) 구중억 · 이응봉, 「Open API 기반 OPAC 2.0 서비스 구현 및 유용성에 관한 연구」, 『한국문헌정보학회지』, 40권 2호(2006), 316~321쪽.

이성숙(2006)은 FRBR 모형을 적용한 주요 국외 디지털 도서관의 사례를 분석하고 FRBR 모델의 중요성을 강조하였다.[5] 고영만(2007)은 한국학술진흥재단 기초학문자료센터의 연구성과물 데이터베이스 개발에 FRBR을 적용하여 FRBR 모델이 보다 고급의 지식 정보를 제공하는 실제 사례를 보여 주었다.[6] 이응봉(2007)은 RSS, Blog, Wiki, Ajax, Flicker, Tagging, PodCast, Web Service, ToolBar, Bookmarket, Mash-up 등의 Web 2.0. 또는 Library 2.0. 정보 기술과 이 정보 기술을 적용한 국내외 사례를 소개하고 Library 2.0.이 학술도서관 디지털 정보 서비스 발전의 미래적 경향이 되어야 함을 강조하였다[7].

개방성(openness), 연결성(connectivity), 참여지향성 및 상호작용성(interactivity)을 특징[8]으로 하는 Web 2.0.은 정보의 공급자와 수요자의 양방향적인 역동성을 중시한다. 이것은 특별한 상황에서는 정보의 공급자도 정보의 수요자가 될 수 있으며 정보의 수요자도 정보의 공급자가 될 수 있음을 뜻하는 바로써, 정보의 수요자가 정보의 공급자보다 더 전문적인 지식을 가질 수 있음을 강조한 것이다.

이상과 같은 관점에서 이 글은 장서각 디지털 자료관의 정보 서비스 발전 방안을 검토하고자 한다. 이를 위하여 다음과 같이 연구

---

5) 이성숙, 「학술연구정보서비스(RISS)의 발전방안 연구」, 『한국도서관・정보학회지』, 37권 3호(2006), 106쪽.

6) 고영만, 「한국학술진흥재단 기초학문자료센터 연구성과물 데이터베이스」, 『한국・독일 디지털도서관 컨퍼런스 디지털정보시대의 미래를 향한 도전 발표집』(국립중앙도서관, 2007.10.24).

7) 이응봉, 「학술도서관 디지털정보서비스의 향후 전망」, 『한국문헌정보관리학회지』, 41권 2호(2007), 18~193쪽.

8) 구중억・이응봉, 앞의 논문, 317쪽.

를 진행하고자 한다.

첫째, 학술정보 서비스 주체의 변화 양상을 기술하여 장서각 디지털 자료관이 학술정보 서비스 주체의 하나로써 가져야 할 특성을 검토한다. 둘째, 기존의 학술정보시스템에 마련된 정보 서비스 기능의 다양성을 분석하는 기준을 검토한다. 셋째, 정보서비스 기능의 다양성 분석 기준에 따라 국내 주요 11개 학술정보시스템이 가진 정보 서비스 기능의 다양성과 비교하여 장서각 디지털 자료관에 마련된 정보서비스 기능의 다양성 수준을 분석한다. 넷째, 데이터베이스 설계의 논리성과 확장성이 있어야 저렴한 비용으로 지식 정보를 서비스하는 기능을 강화할 수 있으므로 장서각 디지털 자료관 데이터베이스 설계의 특징을 기술하고 확장 방안을 제안하도록 한다. 다섯째, 고급의 지식 정보를 제공하기 위한 정보 서비스 기능의 다양화 개발 방안과 정보 서비스 이용 환경 개선 방안을 기술하도록 한다.

II. 장서각 디지털 자료관 정보 서비스 기능의 현황 분석

1. 디지털 시대 학술정보 서비스의 주체

디지털 시대 이전에 학술정보 서비스의 주체는 도서관이었다. 연구자 개인의 재정 형편으로는 구매할 수 없는 지적 저작물을 구매하여 연구자가 열람을 요청할 때 구매한 지적 저작물을 대여해 주는 것이 도서관의 핵심적인 기능이었다. 그런데 디지털 시대를 맞이하여 학술정보 서비스의 주체에는 큰 변화가 일어났다. 종래의 서비스 방식을 넘어서 전통적 도서관은 디지털 도서관으로 점진적으로 탈바꿈하였다. 아울러 가상 디지털 도서관, 디지털 자료관, 검색 포털 시스템 등이 학술정보 서비스의 새로운 주체로 등장하였다.

1) 디지털 도서관

국립중앙도서관 '전자도서관 시범시스템'의 개통일이 1997년 11월 25일[9]인 것을 참고하면 전통적 도서관의 디지털화는 1997년을 계기로 활성화되었을 것으로 생각된다. 전통적 도서관에서 출발한 디지털 도서관으로 국립중앙도서관과 국회도서관의 정보시스템을 대표적으로 들 수 있다. 국립중앙도서관의 '전자도서관 시범시스템'은[10] 1997년의 1년 만에 완성된 것으로 생각되지 않는다. 이수상(2006)의 연구에 따르면 단계 1인 '도서관자동화시스템(Library Automation System)', 단계 2인 '전자도서관(Electronic Library)', 단계 3인 '디지털 도서관(Digital Library)' 등의 단계를[11] 거쳐서 1997년에 국립중앙도서관은 '전자도서관 시범시스템'을 완성한 것으로 생각된다. 물론 1998년에 개통된 한국학중앙연구원의 '한국학

9) http://www.nl.go.kr, 국립중앙도서관 도서관 소개, 연혁[cited:2007.10.27].
10) http://www.nl.go.kr
11) 이수상, 「디지털도서관의 통합검색 방식에 관한 연구」, 『한국도서관・정보학회지』, 37권 2호(2006), 130쪽.

전자도서관 시스템'처럼[12] 단계 1과 단계 2를 거치지 않고 단계 3으로 바로 진입한 디지털 도서관도 있을 것이다. 국회도서관 정보시스템[13]은 1997년도 국가전자도서관 구축 기본계획에 의거하여 구축되었다. 국회도서관에 소장한 자료의 서지 정보뿐 아니라 저작권 문제가 없는 원문 정보를 서비스하고 있다. 개정 저작권법이 발효된 2000년 7월 1일부터는 학술정보 상호 협력 협정을 체결한 전국의 도서관에서도 국회도서관이 구축한 약 463만 건의 서지정보 및 약 7,200만 면의 원문 자료를 이용할 수 있다.[14]

2) 가상 디지털 도서관

가상 디지털 도서관에는 '국가지식포털', '국가전자도서관', 'YESKISITI', 'RISS', '한국역사정보시스템', '한국고전적종합목록' 등이 있다. 국가지식포털[15]은 1999년부터 시작된 정보통신부의 지식정보자원관리사업으로 개발되어 한국정보문화진흥원에서 관리하고 있다. 과학기술 분야 16개 기관, 교육학술 분야 9개 기관, 문화 분야 11개 기관, 역사 분야 19개 기관, 기타 3개 기관, 선도활용 6개 기관의 서지가 總合되었다. 국가전자도서관[16]은 국립중앙도서관, 국회도서관, 연구개발정보센터, 한국교육학술정보원, KAIST 과학도서관 등이 참여하여 구축한 것으로 1997년 11월말 이후 개통하였다. 국가전자도서관은 현재 국립중앙도서관, 국회도서관, 법원도서

12) http://lib.aks.ac.kr에서 서비스된다. 1998년과 1999년 정보화근로사업으로 구축되었다.

13) http://www.nanet.go.kr

14) http://www.nanet.go.kr, 연혁 및 개요, [cited:2007.10.27].

15) http://www.knowledge.go.kr

16) http://www.dlibrary.go.kr

관, 한국과학기술원 과학도서관, 한국과학기술정보연구원, 한국교육학술정보원, 농촌진흥청 농업과학도서관, 국가지식포털 등 8개 기관의 서지를 종합하여 서비스하고 있다. YESKISTI[17]는 한국과학기술정보연구원에서 구축한 것이다. 과학 기술에 관한 학술지 논문, 학술회의 자료집 논문, 학위 논문, 분석 리포트, 글로벌 동향브리핑, 동향 지식지, 연구 보고서 등과 한국, 미국, 일본, 유럽 등의 특허 목록, 국제 특허 목록, 표준(규격) 문서에 대한 서지를 종합하여 서비스하고 있다. 서지의 종합 방식은 메타데이터 통합 방식이다. 디지털 원문 자료가 제공되는 것도 있으나 단순히 목록만 제공되는 경우도 많으며 경우에 따라서는 비용을 지불해야 하는 경우도 있다. RISS[18]는 한국교육학술정보원에서 구축한 것이다. 전국의 대학 도서관이 소장한 인문사회 분야의 단행본 목록과 학술지 수록 논문에 대한 서지를 종합하여 서비스하고 있다. 서지 종합의 방식은 메타데이터 통합 방식이다. 디지털 원문 자료가 제공되는 것도 있으나 단순히 목록만 제공되는 경우도 있다. 저작권이 협약된 기관의 네트워크 상에서만 디지털 원문이 열람되는 것도 있다. 한국역사정보통합시스템[19]은 역사 관련 19개 기관이 소장한 자료에 대한 서지를 종합하여 서비스하고 있다. 국사편찬위원회가 관리하고 있으며 서지 종합의 방식은 메타데이터 통합 방식이다. 디지털 원문 자료는 소장하지 않고 있다. 19개 기관의 목록은 〈http://www.koreanhistory.or.kr〉에 소개되어 있다. 한국고전적종합목록[20]은 국립중앙도서관과 고서를 소장한 국내 42개 기관이

17) http://www.yeskisti.net
18) http://www.riss4u.net/index.jsp
19) http://www.koreanhistory.or.kr
20) http://www.nl.go.kr/korcis

함께 구축한 것이다. 국립중앙도서관이 관리하고 있다. 서지 총합의 방식은 메타데이터 통합 방식이다. 디지털 원문 자료는 소장하지 않고 있다.

가상 디지털 도서관으로 출발한 디지털 도서관은 대체적으로 특정 분야를 대표하여 해당 분야의 서지를 총합하며 실물 자료를 수집하지 않고 디지털 원문 자료를 수집한다. 국가전자도서관, 국가지식포털, 한국역사정보통합시스템, 한국고전적종합목록 등의 가상 디지털 도서관은 해당 분야에서 구축된 서지 정보를 총합하여 원문 소장 기관으로 연계하는 기능만 제공하고 있다. YESKISTI와 RISS 등의 가상 디지털 도서관은 국내의 해당 분야에서 구축된 서지 정보를 총합하는 것은 물론 해외의 디지털 원문 자료도 획득하여 이용자에게 제공하고 있다. RISS의 경우 14종의 해외전자 DB를 국가라이선스로 구독하여 이용자에게 제공[21]하고 있다.

3) 디지털 자료관

전통적 도서관의 디지털화가 진행되고 가상 디지털 도서관이 출현한 것과 아울러 1998년과 1999년의 정보화근로사업, 1999년부터 지금까지 8년 동안 시행되어온 지식정보자원관리사업으로 디지털 자료관이 출현하였다. 민족문화추진회, 국사편찬위원회, 규장각한국학연구원, 한국학중앙연구원 등이 개발한 정보 서비스를 대표적으로 들 수 있다. 이들 정보시스템의 대표적인 특징을 간략히 설명하도록 한다. 민족문화추진회 정보시스템[22]은 한문으로 기록된 우

---

21) 이성숙, 앞의 논문, 106쪽.

22) http://www.minchu.or.kr/MAN/index.jsp.

리의 고전을 국역하여 그 결과를 책으로 출판하였는데 이를 디지털화하였다. 국사편찬위원회 정보시스템[23]은 근현대 관련 역사 자료를 디지털화하였다. 규장각한국학연구원 정보시스템[24]은 규장각 소장 자료와 책으로 출판된 소장 자료집에 대한 해설 자료집을 디지털화하였다. 한국학중앙연구원은 장서각 소장 자료, 전국 명가 소장 고문서 자료, 『한국구비문학대계』와 이것의 저본이 된 녹취 음성자료를 디지털화하였다.

디지털 자료관은 디지털 도서관과 다르게 대체적으로 자체에서 생산하여 저작권을 확보한 자료를 대상으로 정보 서비스를 하게 되는 것이 특색이다. 그리하여 디지털 도서관의 경우에는 서지 목록, 수록 기사 목록, 초록의 수준에서만 검색 서비스를 개발하지만 디지털 자료관의 경우에는 서지 목록, 수록 기사 목록, 초록의 수준뿐만 아니라 입력된 본문의 수준까지 확대하여 검색 서비스를 개발한다.

4) 검색 포털 시스템

Google, Naver, Empas 같은 검색 포털 시스템이 학술정보 서비스의 새로운 주체로 등장한 것도 디지털 시대의 특징이다. 검색 포털 시스템은 웹자원을 대상으로 공개된 학술 정보의 소재지를 검색 결과로 제시해 주고 해당 콘텐츠로 연결시켜 준다. 이뿐만 아니라 일상 생활에 필요한 각종 정보를 제공해 주는 까닭에 일반인은 학술정보 서비스보다 주로 검색 포털 시스템을 이용한다. 일반인이 다수 이용하는 까닭에 검색 포털 시스템은 점차적으로 정보의 집결

---

23) http://e-kyujanggak.snu.ac.kr/search/e-kyu.jsp.

24) http://www.history.go.kr/front/dirservice/dirFrameSet.jsp.

지로서 발전하게 되었다. 이러한 점 때문에 많은 이용자들에게 널리 알려질 수 있게 하기 위해서 대다수 학술 정보시스템이 검색 포털 시스템과 연계되고자 하였다. 국가지식포털의 데이터가 검색 포털 시스템인 파란, Empas에서 검색되며 국립중앙도서관의 데이터베이스가 민간 포털 시스템과의 연계 방안을 모색 중에 있는[25] 것을 대표적인 사례로 들 수 있다.

대다수 이용자를 등에 업은 검색 포털 시스템의 위력은 학술정보 서비스의 인터페이스 디자인에도 영향을 미친다. 학술정보 서비스에 대한 많은 평가 보고서나 학술 연구논문에서 검색 포털 시스템과 유사한 사용자 인터페이스를 학술정보 서비스에도 요구[26]하고 있다. 물론 검색 포털 시스템에서 적용하는 인터페이스가 직관적이고 합리성을 갖춘 것이라면 그러한 요구는 정당한 것이다. 그러나 사실 검색 포털 시스템의 인터페이스가 직관적이고 합리적이라는 증거는 어디에도 없다. 다수의 사용자가 사용하는 것이 좋다는 단순 논리 이상의 것이 아니라고 생각한다.

2. 학술정보 서비스 기능 다양성에 대한 분석 기준

학술정보시스템에 마련된 정보 서비스 기능에 대하여 다양성을 평가하는 기준에 대해서는 이성숙(2006)의 연구에서 논의된 바 있다. 이성숙(2006)은 한국교육학술정보원의 학술 정보시스템인

25) 이치주, 「국립디지털도서관 정보서비스 방안」, 『한국・독일 디지털도서관 컨퍼런스 디지털정보시대의 미래를 향한 도전 발표집』(국립중앙도서관, 2007.10.24), 14쪽.

26) 이성숙, 앞의 논문, 123쪽.

RISS의 정보 서비스 발전 방안을 연구하기 위해 RISS와 유사한 성격을 가지는 OCLC(Ohio College Library Center), RLG(Research Library Group), NIL(일본 국립 정보학 연구소), NLA(National Library of Australia) 등의 정보 서비스 기능을 분석하고 5개 디지털 도서관이 제공하는 정보 서비스 기능을 〈표 1〉과 같이 정리하였다.[27)]

〈표 1〉 이성숙(2006)의 정보 서비스 기능의 다양성 분석 기준과 사례

서비스명			KERIS	OCLC	RLG	NIL	NLA
검색 서비스	제공 방식	도서관사이트	○	○	○	○	○
		도서관과 검색포털 연계	×	○	○	×	△
		개인화	○	○	○	○	○
		이용자참여서비스	×	○	×	×	×
	인터페이스 방식	검색포털과 유사한 인터페이스 제공	×	○	○	×	○
	검색 대상	단행본, 학위논문, 학술지의 서지정보	○	○	○	○	○
		논문의 서지정보	○	○	○	○	○
	검색 결과	서지정보	○	○	○	○	○
		소장정보	○	○	○	○	○
		인용정보	×	×	×	○	×
		결과 디스플레이 방식 FRBR화	×	○	○	×	△
		서지관리서비스	×	×	○	×	×
		전문가연계	×	○	○	×	○
자원공유 서비스	원문연계		○	○	○	○	○
	상호대차/원문복사서비스		○	○	○	○	○
	온라인 서점 연계		×	○	○	×	○
	관련 사이트 연계		×	×	○	×	○
	RSS서비스		×	○	×	×	△

○:실시, ×: 미실시, △: 2006년 검토 후 서비스 예정

이성숙(2006)의 연구는 디지털 도서관의 해외 사례를 분석하고

27) 위의 논문, 123쪽.

주요 특징을 소개했다는 점에서 의의가 있다. 그리고 매우 복잡하게 전개되어 온 디지털 도서관의 정보 서비스 방법을 분석하기 위한 시도로 〈표 1〉의 분류를 제시했다는 점에서 의의가 있다. 그러나 〈표 1〉은 도서관의 업무 영역을 고려하지 않고 설정된 분류 기준으로 분류의 기준 설정에 몇 가지 문제가 발견된다.

첫째, '도서관 사이트', '도서관과 검색포털 연계', '개인화', '이용자 참여서비스' 등을 검색 서비스의 '제공 방식' 아래에 분류하고 있는데 '제공 방식'의 개념이 분명치가 않다. 이성숙(2006)이 말하듯 '이용자 참여서비스'는 이용자의 참여를 유도하기 위해 이용 자료에 대한 목차, 비평, 서평을 작성하는 기능을 이용자들에게 제공한다.[28] 이것이 검색의 접근점을 다양화하는 '도서관과 검색 포털 연계'와 같은 범주로 묶일 수 있을지 의문이 든다. 이용자가 작성하는 목차, 비평, 서평 등은 이용자가 참여하는 서지 목록 작성의 업무 영역에 속한다.

둘째, '검색 결과'의 아래에 기술된 '서지관리 서비스'는 검색의 결과로 산출된 데이터를 이용자가 재활용하는 것이다. 그러므로 이 '서지관리 서비스'의 업무 영역은 '검색 결과'의 업무 영역이 아니라 '검색 결과 활용'의 업무 영역에 속한다.

셋째, '전문가 연계'도 검색된 결과에 대해 전문가가 이용자들에게 보충적인 설명을 제공하는 것이므로 '검색 결과'의 업무 영역이 아니라 '검색 결과 활용'의 업무 영역에 속한다.

넷째, '자원공유서비스' 아래에서 기술한 온라인 서점 연계는 검색된 논문이나 단행본을 온라인 서점에서 구입할 수 있는지를 이용자에게 알려 주는 것으로 '검색결과' 업무 영역 아래에서 기술한 '소

28) 위의 논문, 124쪽.

장 정보' 검색 결과와 동일한 업무 영역에 속한다.

다섯째, '자원공유서비스' 아래에서 기술한 '원문 연계'는 복합적인 업무 영역을 가지고 있다. 하나는 디지털 원문 자료를 연계시키기 위해 발생되는 저작권 문제에 관한 타협 측면의 업무 영역이고, 다른 하나는 서지 목록에서 디지털 원문 자료로 연계시키는 정보 기술적 측면의 업무 영역이다. 전자는 장서의 수집과 관련된 문제이고, 후자는 검색 서비스와 관련된 문제이다. 따라서 이 두 개념을 분리해서 파악하는 것이 바람직하다. 그밖에 저작권의 확보 문제는 정보 서비스 방법의 문제는 아니다.

여섯째, FRBR은 이용자가 원하는 자료를 논리적으로 탐색할 수 있는 구조를 지향하고 있으므로 검색 결과의 디스플레이에 국한한 문제는 아니다. 서지 데이터베이스 구성과 정보 검색에도 관계된 문제이다.

정보 서비스 기능에 대한 이성숙(2006)의 분류는 이상과 같이 정보 서비스의 작업 영역에 대한 명확한 구분이 결여되어 있다.

전통적 도서관에서 장서를 수집한 후에 나타나는 작업 영역에는 사서가 수집 장서의 서지 목록을 작성하는 영역, 이용자가 서지 목록을 탐색하는 영역, 이용자가 열람을 신청하고 사서가 대출해 주는 영역 등이 있다. 순차적으로 작업 영역이 진행된다. 디지털 도서관에서도 이러한 세 단계의 작업 영역이 순차적으로 진행된다. 디지털의 특성 때문에 시간과 공간의 제약 없이, 즉시적으로 업무 절차가 이루어지고 사서와 이용자 간의 양방향성이 강화되는 특성을 가진다.

데이터베이스에 적재될 자료가 결정되고 난 후의 정보 서비스 작업 영역에 대해 David M. Ktonenke는 데이터베이스 관리자

(database administrator) 작업 영역, 지식담당자 및 프로그래머(knowledge worker and programmer) 작업 영역, 사용자(user) 작업 영역 등의 세 영역으로 구분[29)]하고 있다. 이 구분은 도서관 업무 영역과 정확히 일치한다. David M. Ktonenke가 제안한 세 가지 작업 영역과 도서관의 업무 영역을 대조하여 제시하고 각 작업 영역에서의 핵심적인 문제를 제시하면 〈표 2〉와 같다.

〈표 2〉의 각 작업 영역에 제시된 정보 서비스의 세부적인 기능에는 이성숙(2006)에서 그대로 가져온 것, 용어를 바꾸어 제시한 것이 있다. 경우에 따라서는 작업 영역을 재배치하였다. 그리고 가상 디지털 도서관인 '국가지식포털', '국가전자도서관', '한국역사정보통합시스템', '한국고전적종합목록시스템', YESKISTI, RISS 등에서 채택한 주요 정보 서비스 방법을 추가하였다.

장서의 수집 영역, 수집 장서의 목록 작성 영역, 이용자들의 서지 목록 탐색 영역, 사용자 영역 등에 대해 천착하면 더 많은 세부 기능을 〈표 2〉에 추가할 수 있다. 그러나 중요한 정보 서비스 기능은 〈표 2〉에 모두 제시되었다고 생각된다. 장서각 디지털 자료관의 정보 서비스 발전 방안을 기술하는 III장 2절에서 〈표 2〉에 제시된 기능 일부를 구체적으로 설명하고 여기에서는 가상 디지털 도서관과 관련된 기능과 모든 정보시스템에 공통적으로 마련된 기능의 개념에 대해서만 설명하기로 한다.

29) David M. Ktonenke/나연묵・박우창・엄기현・이원영・진민(공역), 『데이터베이스처리론』(한국학술정보(주), 2005), 19~20쪽.

〈표 2〉 학술정보 서비스 기능의 다양성 분석 기준

<table>
<tr><th>데이터베이스 작업 영역</th><th>도서관의 업무 영역</th><th colspan="5">정보 서비스 세부 기능</th><th>번호</th></tr>
<tr><td rowspan="2">적재될 자료의 결정</td><td rowspan="2">장서의 수집</td><td colspan="5">디지털 원문 확보의 유연성</td><td>A</td></tr>
<tr><td colspan="5">국내외 DB 구매 여부</td><td>B</td></tr>
<tr><td rowspan="2">데이터베이스 관리자 (데이터베이스)</td><td rowspan="2">수집 장서의 목록 작성</td><td colspan="5">데이터베이스의 확장성</td><td>C</td></tr>
<tr><td colspan="5">(서평 작성 등의) 이용자참여서비스</td><td>D</td></tr>
<tr><td rowspan="15">지식담당자와 프로그래머 영역(검색시스템)</td><td rowspan="15">이용자들의 서지 목록 탐색</td><td colspan="5">접근점의 다양화(검색포털과 연계)</td><td>E</td></tr>
<tr><td colspan="5">검색포털과 인터페이스 유사성</td><td>F</td></tr>
<tr><td rowspan="11">검색 서비스</td><td colspan="2" rowspan="2">검색도구</td><td colspan="2">시소러스 사전</td><td>G</td></tr>
<tr><td colspan="2">온톨로지 기반 의미 사전</td><td>H</td></tr>
<tr><td rowspan="7">검색 방식</td><td rowspan="4">검색 종류</td><td colspan="2">분류검색</td><td>I</td></tr>
<tr><td rowspan="3">문자열 검색</td><td>논리 조건식 검색</td><td>J</td></tr>
<tr><td>시소러스 기반 검색</td><td>K</td></tr>
<tr><td>온톨로지 의미 기반 검색</td><td>L</td></tr>
<tr><td rowspan="3">검색 대상</td><td colspan="2">메타데이터 요소 지정</td><td>M</td></tr>
<tr><td colspan="2">본문데이터 지정</td><td>N</td></tr>
<tr><td colspan="2">검색범위 지정</td><td>O</td></tr>
<tr><td colspan="2" rowspan="2">검색결과</td><td colspan="2">관계항목 제시</td><td>P</td></tr>
<tr><td colspan="2">관련항목 제시</td><td>Q</td></tr>
<tr><td colspan="5">개인화서비스</td><td>R</td></tr>
<tr><td colspan="5">(온라인 서점) 연계서비스</td><td>S</td></tr>
<tr><td rowspan="3">사용자 영역</td><td>열람 신청과 대출</td><td colspan="5">원문연계</td><td>T</td></tr>
<tr><td rowspan="2">대출 자료의 활용</td><td colspan="5">서지관리서비스</td><td>U</td></tr>
<tr><td colspan="5">협력형 전문가 연계</td><td>V</td></tr>
</table>

'디지털 원문 확보의 유연성'이란 디지털 원문 확보에 유리한 법적 지위를 갖거나 디지털 원문을 확보하기 위한 재정을 쉽게 마련할 수 있는 것을 말한다. '국내외 DB 구매 여부'란 협약이나 대가를 지불하고 국내외 다른 정보 시스템의 콘텐츠를 이용자에게 제공하는 것을 말한다. 이러한 기능의 확보는 해당 분야의 대표 정보시스템으로 기능하는 가상 디지털 도서관이 다른 종류의 학술 정보시스템보다 유리하다.

'데이터베이스 확장성'이란 새로운 정보 서비스 요구에 부응하여 기존의 데이터베이스 구조를 저렴한 비용으로 갱신할 수 있는 것을 말한다. 데이터베이스가 개체—관계 모델에 기반하고 개체의 독립성을 잘 파악하여 개체를 정의하였다면 데이터베이스는 확장성을 가졌다 하겠다.

'분류 검색'은 자료의 내용에 대한 주제 분류별 디렉토리 서비스를 말한다. 주제 분류별 디렉토리도 일종의 시소러스로 검색 이용자의 지식을 확장시켜 준다. 분석 대상이 되는 정보시스템은 대부분 분류 검색 기능을 제공하고 있다. 그러나 자료마다 다양한 분류체계가 존재한다. 대부분의 정보시스템은 '검색 문자열'과 논리 조건식으로 일치되는 자료를 찾아주는 정보 서비스를 제공하고 있다.

'검색결과'에서 '관계 항목 제시'와 '관련 항목 제시'의 두 가지 기준이 설정되었다. 관계 항목이란 고서 원문 이미지의 또 다른 실현체인 본문 텍스트 간이나 논문의 원문 이미지에 대한 초록 간의 관계 등을 말한다. 반면에 관련 항목이란 저자의 또 다른 저작물 개체나 개체에 대한 사용 빈도 항목 등을 말한다.

'메타데이터 요소 지정'과 '본문 데이터 지정'은 각각 메타데이터의 요소를 검색대상으로 지정하고 본문의 텍스트 데이터를 검색 대상으로 지정하는 것을 말한다. 디지털 도서관의 경우 대체적으로 메타데이터에 대해서만 검색할 수 있다. 그러나 디지털 자료관의 경우에는 대체적으로 본문 데이터에 대해서도 검색할 수 있다.

'검색 범위 지정'은 데이터베이스의 종류를 지정하는 것을 말한다. 정보시스템마다 데이터베이스의 종류는 다양하다. 논문, 단행본, 연구보고서, 발표 자료집, 고서, 고문서 등의 자료 유형이 있다. '연계서비스'란 관련된 외부의 자료를 연계시키는 정보 서비스인데 여기에서는 온라인 서점과의 연계에 국한한다.

3. 장서각 디지털 자료관 정보 서비스 기능의 다양성 수준

국내 학술정보시스템이 제공하는 정보 서비스 기능의 사례와 비교하여 장서각 디지털 자료관 정보 서비스 기능의 다양성 수준을 파악하여 보고자 한다. 장서각 디지털 자료관을 포함하여 민족문화추진회, 규장각한국학연구원, 국사편찬위원회 등의 디지털 자료관 3개와 국립중앙도서관, 국회도서관 등 디지털 도서관 2개, 국가지식포털, 국가전자도서관, 한국역사정보통합시스템, 한국고전적종합목록, YESKISTI, RISS 등 가상 디지털 도서관 6개 등 12개 정보시스템을 비교 분석의 대상으로 하였다. 〈표 2〉에 제시된 정보 서비스 기능의 다양성 분석 기준에 따라 12개 학술정보 서비스의 기능 구현 여부를 제시하면 다음 〈표 3〉과 같다.[30)]

30) 〈표 3〉에서, '장서각'은 '장서각 디지털 자료관', '규장각'은 'e-규장각', '국편'은 '한국사데이터베이스', '민추'는 '민족문화추진회 정보시스템', '국중'은 '국립중앙도서관 정보시스템', '국회'는 '국회도서관 정보시스템', '국지'는 '국가지식포털', '국가', '국가전자도서관', '역통'은 '한국역사정보통합시

〈표 3〉 국내 학술정보 서비스 기능 다양성 비교

세부 기능 번호	분포 유형	디지털 자료관				디지털도서관		가상 디지털 도서관					
		장서각	규장각	국편	민추	국중	국회	국지	국가	역통	고전적	KISTI	RISS
A	구분	×	×	×	×	○×	×	○	○	○	○	○	○
B	특수	×	×	×	×	×	×	×	×	×	×	○	○
C	보류	○	□	□	□	□	□	□	□	□	□	□	□
D	공통	×	×	×	×	×	×	×	×	×	×	×	×
E	특수	×	×	×	×	×	×	○	×	×	×	×	×
F	보류	□	□	□	□	□	□	□	□	□	□	□	□
G	특수	×	×	○	○	×	×	×	×	○	×	×	×
H	공통	×	×	×	×	×	×	×	×	×	×	×	×
I	결여	○	○	○	○	○	×	○	×	○	○	○	○
J	공통	○	○	○	○	○	○	○	○	○	○	○	○
K	공통	×	×	×	×	×	×	×	×	×	×	×	×
L	특수	×	×	×	×	×	×	×	×	×	×	×	○
M	공통	○	○	○	○	○	○	○	○	○	○	○	○
N	구분	○	○	○	○	×	×	×	×	×	×	×	×
O	공통	○	○	○	○	○	○	○	○	○	○	○	○
P	공통	○	○	○	○	○	○	○	○	○	○	○	○
Q	특수	×	×	×	×	×	×	×	×	×	×	○	×
R	구분	×	○	×	×	×	×	○	×	○	×	○	○
S	공통	×	×	×	×	×	×	×	×	×	×	×	×
T	구분	○	○	○	○	○×	○×	○×	○×	○	○×	○×	○×
U	특수	×	×	×	×	×	○	×	×	○	○	×	×
V	특수	×	×	×	×	×	×	×	×	×	×	○	×

※ 범례 ○ : 실현, × : 미실현, ○× : 부분적 실현, □ : 불명

스템', '고전적'은 '한국고전적종합목록 정보시스템', 'KISTI'는 'YESKISTI' 등의 약어로 사용하였다.

〈표 3〉에서 '○'은 기능이 실현되었음을, '×'는 기능이 실현되지 않았음을, '○'과 '×'가 동시에 표시된 '○×'는 부분적으로 실현되었음을 표시한다. 'ㅁ'는 근거 자료가 없어[31] 실현 여부를 판단할 수 없음을 나타낸다. 이 글에서는 기능의 수준에 대해서는 고려하지 않는다. 초보적 수준의 기능을 제공한다고 하더라도 그 기능이 실현된 것으로 파악하였다.

〈표 3〉에 제시된 각종 정보 서비스의 기능 실현 여부는 보류를 제외하고 공통, 구분, 결여, 특수 등 4가지 분포 유형을 보인다.

공통 분포 유형은 12개 정보 서비스 모두가 동일한 분포를 보이는 것이다. 어떤 기능이 12개 정보시스템에 동일하게 실현되었거나, 실현되지 않은 것임을 말한다. D(서평 작성 등의 이용자 참여 서비스), H(온톨로지 기반 의미 사전), J(논리 조건식 문자열 검색), K(시소러스 기반 검색), M(메타데이터 요소 검색 지정), O(검색범위 지정), P(관계항목 제시), S(온라인 서점 연계 서비스) 등의 정보 서비스 기능이 공통 분포 유형에 속한다.

구분 분포 유형은 정보시스템마다 편차를 보인 것이다. A(디지털 원문 확보의 유연성), N(본문 데이터 검색 지정), R(개인화서비스), T(원문연계) 등이 구분 분포 유형에 속한다. 가상 디지털 도서관에 속하는 정보 서비스는 디지털 원문 확보에 유연성을 가지고 있으나 디지털 자료관과 디지털 도서관은 그렇지 못하다. 이는 가상 디지털 도서관이 해당 분야를 대표하는 포털로서의 기능을 가진 것에서 발생한 것이다. 디지털 자료관은 예외없이 본문 데이터에

31) 번호 B는 데이터베이스 확장성이다. 장서각 디지털 자료관 이외에는 'ㅁ'로 표시되었는데 이는 데이터베이스 설계에 관한 자료를 구할 수 없었기 때문이다. F는 검색포털과의 인터페이스 유사성이다. 판단이 매우 난해하여 'ㅁ'로 표시하였다.

대하여 검색할 수 있는 정보 서비스를 제공하고 있으나 디지털 도서관과 가상 디지털 도서관은 대체적으로 본문 데이터에 대한 검색 서비스를 제공하지 않는다. 개인화 서비스는 주로 가상 디지털 도서관의 정보 서비스에서 발견된다. 이는 디지털 도서관과 디지털 자료관이 소장 자료에 대한 검색 서비스에 주력하는 것에서 나타나는 현상으로 이해된다. 원문연계 서비스는 디지털 자료관에서는 예외 없이 서비스되고 있으나 디지털 도서관과 가상 디지털 도서관에서는 대체로 서지 목록만 서비스하는 경우가 있다. 이는 디지털 자료관은 저작권을 소유한 자료를 디지털화하여 서비스하고 디지털 도서관과 가상 디지털 도서관은 우선 서지 목록을 디지털화 한 후 디지털 원문을 확보하여 서비스하기 때문으로 판단된다.

결여 분포 유형은 기능이 마련되지 않았음을 말한다. I(분류검색)가 이 분포 유형에 속한다. 디지털 도서관인 국회도서관과 가상 디지털 도서관인 국가전자도서관에서 주제 분류 검색 서비스를 제공하지 않고 있다.

특수 분포 유형은 몇몇 정보시스템에서만 서비스하는 것을 말한다. E(검색 포털과의 연계), G(시소러스 사전), L(온톨로지 의미 기반 검색), Q(관련 항목 제시), U(서지 관리 서비스), V(협력형 전문가 연계) 등이 특수 분포 유형에 속한다. 이 분포 유형에 속한 정보 서비스 기능은 적게는 1개의 정보시스템만이 많게는 3개의 정보시스템만이 제공한다.

E(검색 포털과의 연계)는 국가지식포털에서만 제공하고 있는데 이는 국가지식포털이 타 정보시스템의 서지를 총합한 대표 정보시스템이기 때문이다. 검색 포털 시스템에서 업무의 간편화를 위해 국가지식포털과의 연계 욕구를 강하게 가진 것에서 비롯된 것이다.

G(시소러스 사전)는 국사편찬위원회[32]와 민족문화추진회의 정보시스템에서 제공하고 있는데 이는 이들 정보시스템이 본문 텍스트를 서비스하는 디지털 자료관이어서 이용자에게 유용한 검색 도구를 제공코자 하는 욕구에서 비롯된 것이다. Q(관련 항목 제시)는 YESKISTI 정보시스템에서만 제공하고 있는데 논문의 검색 결과에 인용된 논문을 제시하는 단순한 기능을 한다. U(서지 관리 서비스)는 국회도서관, 한국역사정보통합시스템, 한국고전적종합목록 등의 정보시스템에서 제공하고 있는데 검색 결과를 엑셀 파일(excel file)로 출력해 준다. 검색 결과를 Copy&Paste 기능을 활용하여 이용하는 것보다는 다소 편리하다. V(협력형 전문가 연계)는 YESKISTI 정보시스템에서만 제공하고 있는데 한국과학기술정보연구원이 국외 디지털 도서관의 최신 동향을 발빠르게 수용하고 있음을 알 수 있다.

〈표 3〉에서 분석한 바와 같이 장서각 디지털 자료관 정보 서비스 기능의 다양성 수준은 다른 3개의 디지털 자료관, 2개의 디지털 도서관의 그것에 뒤지지 않으나 일부 가상 디지털 도서관이 보여주는 기능의 다양성 수준에는 미치지 못한다고 할 수 있다. 이성숙(2006)이 소개한 국외의 가상 디지털 도서관과 비교해서는 더욱 그 다양성 수준이 떨어진다.

---

32) 한국역사정보통합시스템의 시소러스 사전은 국사편찬위원회 정보시스템에서 제공하는 시소러스 사전과 동일한 것이다.

III. 장서각 디지털 자료관 정보 서비스의 발전 방안

1. 지식 정보 서비스 기능 강화를 위한 데이터베이스 설계 확장 방안

정보시스템의 데이터베이스는 논리적으로 구성되고 확장이 용이한 방식으로 설계되어야 데이터베이스에 적재된 지식 정보를 저렴한 비용으로 변형하거나 결합시켜 고급의 지식 정보를 정보시스템 이용자에게 제공할 수 있다. 이점에 주목하여 IFLA는 개체-관계 모델에 기반한 FRBR 모델을 디지털 도서관 정보시스템이 갖출 것을 권고하였다. 장서각 디지털 자료관의 데이터베이스도 FRBR 모델은 아니지만 개체-관계 모델을 적용하였다. FRBR 모델과의 공통점과 차이점을 검토하면서 보다 고급의 지식 정보를 제공할 수 있도록 장서각 디지털 자료관이 추구해야 할 데이터베이스 설계의 확장 방안을 제안하도록 한다.

장서각 디지털 자료관의 데이터베이스에서는 고서, 고문서, 녹취음성자료, 사전자료 등과 같은 개체(entity)[33]의 표현체(expression)[34]를 다루어야 한다. 그리고 이 표현체는 다양한 실현체(manifestation)로 나타나게 된다. 예컨대 고서와 고문서의 경우

33) David M. Ktonenke, 앞의 책, 136쪽. "개체(entity)란 사용자가 추적하고자 하는 사물이다. 그것은 사용자의 작업환경에서 쉽게 식별될 수 있는 어떤 사물이다."

34) IFLA의 FRBR 모형에서 말하는 work, expression, manifestation, item 중의 하나인 expression을 말한다. 고영만은 work를 저작, exrpression을 표현체, manifestaion을 실현체, item을 개별 자료로 번역하고 있다. 고영만, 앞의 논문(2007).

이미지와 텍스트의 두 가지 형태로 실현되며[35] 녹취 음성자료의 경우 음성과 텍스트의 두 가지 형태로 실현된다. 또 특정 '고서'의 내용을 간략하게 설명한 해제도 데이터베이스에서 다루어야 한다. 이와 같이 표현체와 실현체의 관계, 개체와 개체 간의 관계를 논리적으로 처리하기 위해서 개체-관계 모델[36]을 장서각 디지털 자료관의 데이터베이스 설계에 적용하였다. 제1차 사업에서 개체-관계 모델을 도입하였고 제 2차 사업에서 개체-관계 모델을 대폭적으로 정비하였다.

1) IFLA의 FRBR 개체 관계 모델

종전의 평면적인 서지 목록의 한계를 극복하고자 IFLA은 1998년 개체-관계 모델에 기반한 FRBR 서지 목록 형식을 발표하였다. 이 FRBR은 기존의 평면적인 서지 구조를 다양한 개체(entity)와 속성(attribute), 관계(relationship)를 통해 입체적으로 연결함으로써 이용자가 원하는 자료를 논리적으로 탐색할 수 있는 구조를 지향[37]한다. 개체 관계 모델의 하나로서 FRBR은 제1집단의 '저작물' 개체, 제2집단의 '저자' 개체, 제3집단의 '주제 분류' 개체 등 세 개체를 식별의 중요한 개체로 규정하고 있으며 '저작물' 개체를 저작

---

35) 이미지와 텍스트 형태의 실현체 이외에 이미지와 텍스트의 저장 포맷을 무엇으로 하느냐에 따라 또 다양한 실현체를 상정할 수 있다.

36) 개체-관계 모델에서 개체는 속성의 집합인 릴레이션(relation)으로 표현된다. 그리고 릴레이션에 대한 정규화를 통해 개체가 가지는 독립성을 식별하고 개체 간에 설정된 관계의 무결성을 담보한다. 또 기존 구조의 변형 없이 개체와 개체 간의 관계가 추가될 수 있는 것이 개체-관계 모델의 특징이다.

37) 노지현, 「한국의 도서관 환경에서 FRBR 모델의 의미」, 『한국도서관·정보학회지』, 38권 2호(2006), 226쪽.

(work), 표현체(expression), 실현체(manifestation), 개별 자료(item) 등 네 개의 층위로 파악하고 있다.[38)]

노지현(2007)은 우리 문헌정보학계에서 2003년 국립중앙도서관에서 FRBR 최종 보고서를 번안 출간하면서부터 FRBR 도입의 문제를 본격적으로 논의하기 시작하였다고 한다.[39)] 그러나 디지털 도서관이 아니라 디지털 자료관에서는 2003년 이전부터 FRBR 모델은 아니지만 개체-관계 모델을 적용하여 정보시스템을 구축하여 왔다. 장서각 디지털 자료관도 개체-관계 모델을 적용한 정보시스템의 하나이다.

개체 간의 관계는 의미론적이다. 개체-관계 모델의 설계자가 의미론적으로 중요한 관계로 인식한 것만이 개체-관계 모델에 구현된다. 이점을 FRBR 모델을 적용한 한국학술진흥재단의 기초학문자료센터의 연구성과물 데이터베이스를 예로 들어 설명하기로 한다. 고영만(2007)에 따르면 연구성과물 데이터베이스의 FRBR 모델 설정에서 제1집단의 개체로 '연구과제' 개체, 제2집단의 개체로 '통합연구인력정보' 개체, 제3집단의 개체로 '연구분야 분류 및 데이터레지스트리' 개체 등이 설정되고 있다. '연구과제' 개체는 12종 자료 유형의 연구성과물을 표현체로, 표현체의 저장 포맷을 실현체로, 실현체의 소장 위치를 개별 자료로 규정하고 있다. 고영만(2007)이 언급하였듯이 연구성과물 데이터베이스가 이러한 개체-관계 모델을 가짐으로써 이용자가 원하는 버전의 자료를 정확하게 선택케 하고 관련 있는 모든 연구성과물에 대한 검색을 가능케 하고 검색의 진행과정을 네트워크 구조로 변경하여 이용자가 원하는 정보로 바로

38) 고영만, 앞의 논문, 35~38쪽.
39) 노지현, 앞의 논문, 236쪽.

이동케 하기 위한 목적[40]을 충분히 실현하였다.

FRBR 적용으로 얻어진 효율성을 음미하는 것도 중요하다. 그렇지만 데이터베이스 설계에서 FRBR 모델을 적용한 동기를 음미하는 것도 개체-관계 모델의 의미론적 특성을 이해하는 데에 중요하다. 연구성과물 데이터베이스 상에서 연구 과제, 저자, 주제 분류 등을 중심으로 한 정보 검색의 경우, 관련 있는 정보를 이용자에게 제시해 주어야 하는 근본적인 동기는 이용자에게 독창적인 연구 주제를 선정하기 위한 참고 데이터를 제공해 주는 것에 있다. 정보시스템 구축의 목적에 따라 개체와 개체 간의 관계 설정이 의미론적으로 중요할 수도 있고 그렇지 않을 수도 있기 때문이다. 예컨대 생활 물품을 판매하는 대형 마트의 정보시스템에서는 '물품' 개체와 '제조 회사' 개체 간의 관계보다는 '물품' 개체와 '판매 수량' 개체 간의 관계가 의미론적으로 더 중요하다.

2) 장서각 디지털 자료관에 적용된 개체-관계 모델의 특징과 확장 방안

개체 간의 관계가 의미론적 특성을 가지는 점을 염두에 두면서 한국학술진흥재단의 연구성과물 데이터베이스에 적용된 FRBR 개체-관계 모델과 비교하여 장서각 디지털 자료관에 적용한 개체-관계 모델의 특징을 살펴보기로 한다. 장서각 디지털 자료관의 개체-관계 모델에서 정의한 개체를 FRBR처럼 제1집단, 제2집단, 제3집단으로 구분하여 제시하면 〈그림 1〉과 같다.

〈그림 1〉에서 개체는 네모로, 개체와 개체 간의 관계는 '◇'로,

---

40) 고영만, 앞의 논문, 35쪽.

'◇'안의 숫자는 개체와 개체 간의 카디널리티(cardinality)를 표시한 것이다. '1 n'은 개체 간의 '1 대 다', 'n 1'은 '다 대 1'의 관계, 'n m'은 개체 간의 '다 대 다' 관계를 나타낸다. 제2집단 개체, 제2집단 개체와 제1집단 개체 간의 관계, 제3집단 개체와 가상 개체 간의 관계 표시는 점선으로 표시하였는데 이는 내부적으로 정의되었지만 정보 검색 서비스 상에서는 구현하지 않았음을 나타낸다. 그리고 가상 개체, 연관 개체는 장서각 디지털 자료관에서 새로이 사용한 개체의 분류 방법이다. 〈그림 1〉은 장서각 디지털 자료관 데이터베이스의 설계가 연구성과물 데이터베이스의 FRBR 모델과 공통점과 차이점이 있음을 보여 준다.

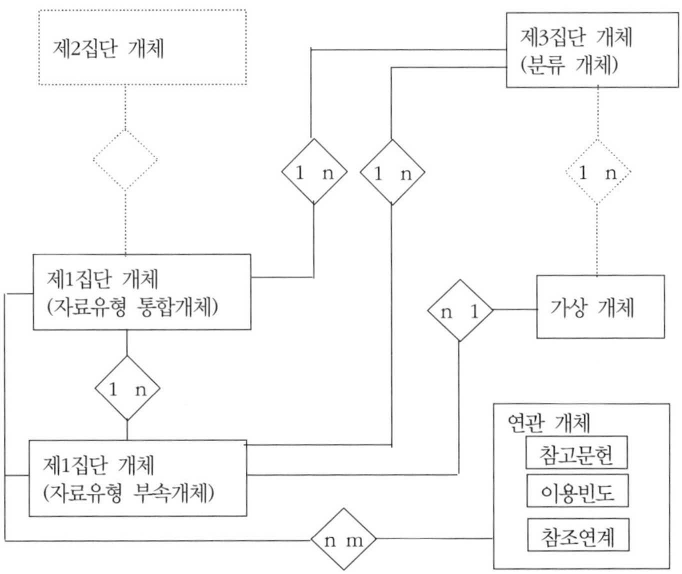

〈그림 1〉 장서각 디지털 자료관 개체-관계 모델 개념도

장서각 디지털 자료관 데이터베이스의 설계에서는 제1집단 개체인 자료 유형 통합 개체에 내재된 부속 개체를 독립적으로 정의하였고 이로 인해 발생되는 가상 통합 개체를 추가적으로 정의하였다. 부속 개체를 포함한 통합적 개체의 대표적인 예로 신문을 들 수 있다. 신문은 독립성을 가지는 뉴스 기사가 집합되어 통합 개체를 형성한다. 신문과 마찬가지로 '고서'도 대체적으로 독립적인 부속 개체를 포함하고 있는 통합 개체이다. 통합 개체를 1개의 층위로 파악할 수도 있고 2개의 층위로 파악할 수도 있다. 전자의 경우는 독립성을 가지는 부속 개체가 내재되고, 후자의 경우는 독립성을 가지는 부속 개체가 외현된다. 이와 마찬가지로 논문과 단행본 저서는 몇 개의 하위 장으로 구성되는데, 논문의 경우 하위의 장이 독립성이 매우 약하지만, 단행본 저서의 경우에는 하위의 장이 독립성을 강하게 가지는 경우도 있다. 다만 목록과 그에 대한 디지털 원문을 이미지 실현체로 서비스하는 디지털 도서관류와 같은 정보 시스템에서는 집합적 개체에 포함된 부속 개체를 독립적으로 파악하는 일이 무의미하다.

장서각 디지털 자료관에서는 집합적 개체의 이미지 실현체뿐만 아니라 텍스트 실현체까지 서비스하므로 집합적 개체에 포함된 부속 개체를 독립적으로 파악하는 것이 정보 서비스에 매우 유익하다. 집합적 개체에 포함된 부속 개체를 독립적으로 인식함으로써 크게 2가지 효과를 얻게 된다. 하나는 내재된 부속 개체가 외현됨으로써 이 외현된 개체를 대상으로 분류 개체를 추가하여 정보 접근의 다양성을 획득할 수 있다. 다른 하나는 외현된 부속 개체를 개념에 따라 통합함으로써 가상적인 집합적 개체를 새로이 산출할 수 있다.

예컨대 '鄭道傳'에 관한 인물 정보가 인물 사전의 하나인 『國朝人物志』와 기사본말체의 역사서인 『紀年便攷』에서 상이한 관점으로 기술되고 있는데, 이 경우를 대표적인 예로 들 수 있다. 내재된 부속 개체를 외현화시키는 일이 '鄭道傳'을 대상으로 한 집합적 지식을 산출하는 원동력이 되며 이는 기구축 자료를 저렴한 비용으로 재활용하는 방법이 된다. 그리하여 고서에 포함된 부속 개체를 외현화시킴으로써 가상 개체를 대상으로 연대기 DB, 지명 용례 DB, 의궤도설 DB를 설계할 수 있었다.

장서각 디지털 자료관의 개체-관계 모델에서는 제2집단 개체인 행위자 개체를 설정하지 않았다. '고서', '고문서', '음성 자료'에 대한 행위자 개체, 고서 해제 작성자 등을 고려하여 제2집단 개체를 염두에 두긴 했으나 설계에 반영하지 않았다. '고서' 등의 저자가 미상인 것이 많다는 것이 하나의 이유이고, 정보시스템 개발의 1차적인 목적이 '고서' 해제 작성자의 작성 수준을 가늠하는 것에 있지 않고 미지의 '고서' 내용에 대한 길잡이 정보 검색에 있다는 것이 또 다른 이유이다. '고서', '고문서', '음성자료'에 대한 행위자 개체를 독립시키지 않고 서지 개체에 포함된 속성의 하나로 기술하여 저자 또는 필자와 관련된 저작물을 검색케 하고 있다. 그러나 제2집단 개체를 이용하여 저자 또는 필자와 관련된 저작물을 집합적으로 이용자에게 제시하는 것이 보다 바람직한 것으로 생각한다.

FRBR이 제안한 제3집단 개체는 주제 분류 개체로 제1집단 개체를 동일 범주로 묶는 기준으로 사용된다. 사실 다양한 기준에서 다양한 분류 체계를 상정할 수 있는데, 정보 검색에 있어서 분류 체계를 가짐으로써 얻어지는 효과를 고려하여 데이터베이스 설계에 제3집단 개체를 정의하는 것이 바람직하다. 연구성과물 데이터베이스의 FRBR 모델에서 '연구 분야 분류'를 제3집단 개체로 정의하고 있는데 이는 매우 적절한 정의이다. 이 분류를 이용하여 정보시스템 운영자는 연구 분야별 연구 과제의 수량을 점검할 수 있다. 그리고 이용자는 이 분류에 의한 정보 검색으로 자신의 연구 주제를 독창적으로 판단하며 설정할 수 있다. 이러한 효과를 고려하여 장서각 디지털 자료관의 데이터베이스 설계에서도 제3집단 개체를 정의하였다. 자료 유형 개체별로 제3집단 개체의 정의는 달라지는데 이를 제시하면 〈표 4〉와 같다.[41)]

〈표 4〉 장서각 디지털 자료관 DB별 분류체계 현황

분야	DB명	개념분류											지역 분류	시간 분류
		분야	사부	작품 형태	문체	작품 유형	소재	증상	약재	물품	권책	부수		
기초 DB	고서DB		○		○									
	고문서DB			○										
	한국문화화상자료DB	○												
	한국구비문학대계DB					○	○				○		○	
	한국방언자료DB												○	
	한국민요대관DB					○							○	
	한국사 기초사전DB	○												
	한자전거DB											○		
부가 DB	연대기DB													○
	지명용례DB												○	
	민간요법DB							○	○					
	의궤도설DB									○				

41) 한문용어용례 DB, 척독류 DB, 생활야사 DB는 분류 체계 없이 서비스하므로 〈표 4〉에서는 제외하였다.

주제 분류 체계는 시간, 공간, 개념의 관점에서 생각할 수 있다. 시간과 공간의 경우에는 분류의 기준이 하나만 설정된다. 그러나 개념 분류의 기준은 〈표 4〉에서 보는 바와 같이 자료의 유형, 자료의 내용에 따라 분류 기준을 여러 개 설정할 수 있다. 〈표 4〉의 개념 분류에 제시된 세부 분류 기준인 분야 분류, 사부(四部) 분류, 작품형태 분류, 문체 분류, 작품 유형 분류, 소재 분류, 증상 분류, 약재 분류, 물품 분류, 권책[42] 분류, 부수 분류 등은 바로 자료 유형과 내용에 따라 그 특색을 살리기 위한 것이다.

연관 개체는 장서각 디지털 자료관의 데이터베이스에서 정의한 것이다. 제1집단 개체와 연관이 되는 개체이다. 목적에 따라 많은 연관을 상정할 수 있다. 이 글에서는 저렴한 비용으로 구축할 수 있고 연관 작업의 효과가 바로 나타날 수 있는 참고문헌, 이용 빈도, 참조 연계만 제시하였다. 이러한 연관 관계를 활용한 정보 서비스 발전 방안은 III장 2절에서 구체적으로 소개하기로 한다.

2. 지식 정보 서비스 기능 개발 및 정보 서비스 이용 환경 개선 방안

앞 절에서 장서각 디지털 자료관은 다른 디지털 자료관과 마찬가지로 일부 가상 디지털 도서관이나 외국의 가상 디지털 도서관에 비해 결여된 기능이 있음을 밝혔다. 결여된 기능을 단순하게 보완하는 것은 소극적으로 정보 서비스 기능의 발전 방안을 마련하는 것이다. 그보다는 가상 디지털 도서관과 차별되는 장점을 가진 디

42) 제1집 제1권, 제2집 1권 등을 말한다.

지털 자료관으로서의 정보 서비스 발전 방안을 마련하고, 제공하는 지식 정보의 수준을 심화시키는 것이 적극적이고 진취적인 방안일 것이다. 제공 정보의 지식 정보화 강화 측면, 정보 서비스 이용 환경 개선 측면으로 나누어 적은 재정으로 실현 가능한 개선 방안을 중심으로 기술하도록 한다.

1) 지식 정보화 강화 측면의 정보 서비스 기능 개발 방안

지식 정보화 강화 측면에서 문맥 기반 관련어 사전 기능, 관련 항목 제시 기능, 검색 결과 재활용 서비스 기능 등의 개발이 필요하다. 디지털 시대 이전에 학술 연구에 필요한 정보를 찾는 일은 매우 많은 시간을 요했다. 그러나 디지털 도서관, 가상 디지털 도서관, 디지털 자료관 같은 학술정보 서비스가 출현하면서 학술 연구에 필요한 참고문헌 목록, 콘텐츠를 획득하는 일은 그리 어렵지 않게 되었으며 놀라울 정도로 많은 분량에 이르는 관련 정보를 제공하게 되었다. 그리하여 필요한 정보뿐만 아니라 잉여적인 정보까지도 이용자에게 제공되었다.

그런데 잉여적인 정보가 이용자에게 경우에 따라 유익하기는 하지만, 대개는 필요 없는 정보로 이해되므로 이용자는 정보 검색의 효과적인 방법을 요구하게 되었다. 이용자는 이제 변별적인 정보를 찾는 효과적인 정보 검색 방법, 지식의 확장을 위한 연관 정보가 충분히 제시되는 정보 검색 결과, 검색된 결과의 재활용 방법의 편리성을 요구하게 되었다. 이러한 이용자의 요구에 부응하는 방편의 하나로 문맥 기반 관련어 사전 기능, 관련 항목 제시 기능, 검색 결과 재활용 서비스 기능 등의 개발을 제안하고자 한다.

(1) 문맥 기반 관련어 사전 기능 개발

문맥 기반 관련어 사전 기능은 문맥 속에서 관계를 맺는 인명, 지명, 서명 등을 기반으로 관련어를 제시해 주는 사전 기능을 말한다. 장서각 디지털 자료관은 본문 텍스트 구축 시 고서 본문을 부속 개체로 분절하였고, 본문 텍스트에 출현하는 인명, 지명, 서명 등의 고유명사에 마킹을 하여 구축하였기 때문에 저렴한 비용으로 개발이 가능하다. 예컨대 다음은 민찬 사서인『大事編年』제1권의 부속 개체의 하나인 '圍花園' 기사로 遙東을 공격하지 않고 회군한 太祖가 이를 비판한 崔瑩을 공격하여 체포해서 高峰縣으로 유배시키는 과정을 기술하고 있다.

圍花園[43)]

時禑削敏修等官 分守四門 欲以拒戰 左軍由宣義門入 右軍由崇仁門入 左右軍猗角而進 守城之軍 莫有拒者 俄而 上建黃龍大旗由善竹橋 登南山 塵陵漲天 鼙鼓震地 瑩麾下望風奔潰 瑩奔還花園禑時御宮 吹大螺一通 諸軍毁毀園闌入 郭忠輔等 直入殿庭索瑩 禑執瑩手汶[泣]別 瑩再拜 隨忠輔而出 上謂瑩曰 若此事變 非吾本心 然攻遼之擧 非惟逆大義 國家未寧 故不得已焉 好去好去 相對而泣 遂流瑩於高峯縣今高陽 兩都統使及三十六元帥 詣闕拜謝 還軍門外(그때에 禑王은 敏修 등의 관직을 깎아 내리고 四門을 나누어 지키고 항거하는 전투를 하고자 하였다. 左軍은 宣義門으로 공격해 들어갔고 右軍은 崇仁門으로 공격해 들어갔다. 左右軍이 角을 불면서 진군하니

43) 장서각 디지털 자료관 데이터 구축시 제목은 〈title〉, 인명은 〈name〉, 지명은 〈geo〉, 건물명은 〈building〉, 관직명은 〈duties〉 등으로 표시하였으나 여기에서는 가독성을 위해 이 것들을 모두 밑줄로 표시하였다.

성을 지키는 군사 중에 항거하는 자가 없었다. 이윽고 상(태조)이 黃龍大旗를 세우고 善竹橋로부터 南山에 오르니 먼지가 높이 올라 하늘을 뒤덮었고 말위에서 치는 북소리는 땅을 진동시켰다. 瑩의 麾下 군사들이 바람을 보고 달아났다. 瑩은 花園으로 달아났다(禑王은 그때에 궁궐에 있었다). 큰 소라를 한번 크게 부니 모든 군사들이 花園을 짓밟고 들어갔다. 郭忠輔等이 곧바로 殿庭에 들어가 瑩을 찾아내니 禑王이 瑩의 손을 잡고 울면서 작별하였다. 瑩은 재배하고 忠輔를 따라 나오니 상이 瑩에게 말하기를 "이 사변은 나의 본심이 아니다. 그러나 요를 공격하려는 거병은 비단 大義에만 거역했을 뿐만 아니라, 국가가 편치 못한 까닭으로 부득이한 일이니, 잘 가시오. 잘 가시오." 하고 서로 마주보며 울었다. 마침내 최영을 高峰縣(지금의 고양)에 유배시켰다. 두 都統使와 36명의 元帥들이 대궐에 나아가서 拜謝하고, 殿門 밖으로 군사를 돌이켰다).

위 기사에 태조, 조민수, 곽충보, 36원수, 우왕, 최영 등의 인물이 등장한다. 그리고 그 배경으로 花園, 宣義門, 崇仁門, 善竹橋, 南山, 高峰縣, 大闕 등의 건물명과 지명이 나타난다. 그리고 강등, 공격과 방어, 도망, 체포, 유배, 보고 등의 사건과 관련하여 등장인물과 건물명, 지명 등이 〈그림 2〉와 같이 관계를 맺고 있다.

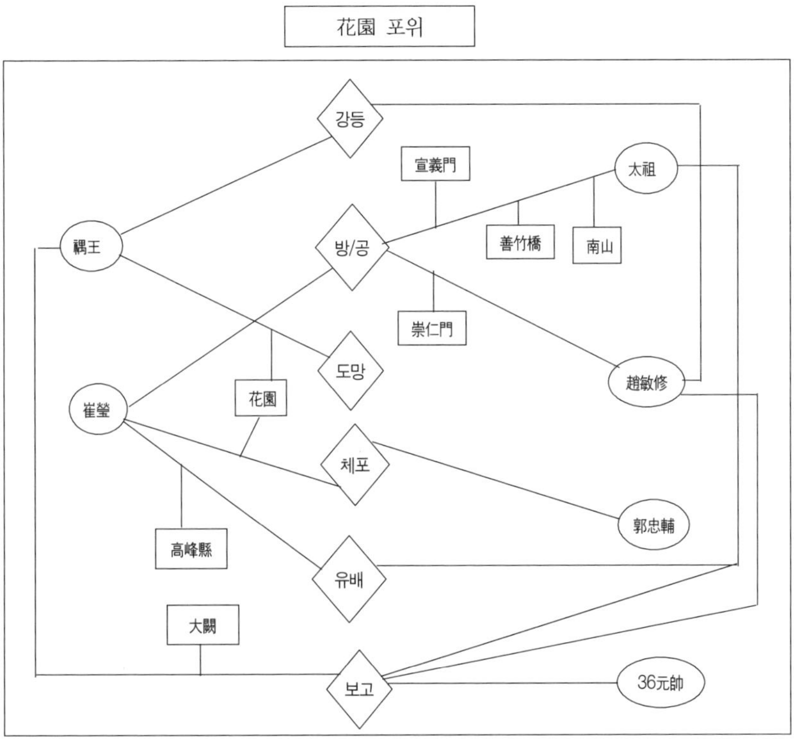

〈그림 2〉 圍花園 기사 등장 인물의 관계

〈그림 2〉에서 보는 바와 같이 일부의 등장 인물만이 유의미한 관계를 맺게 된다. 禑王과 趙敏修(강등), 崔瑩과 太祖, 조민수(방어와 공격), 최영과 郭忠輔(체포), 최영과 태조(유배), 우왕과 태조, 조민수, 36元帥(보고) 등의 8가지 인물 관계만이 유의미한 관계를 맺는다. 그렇지만 우왕이 조민수의 관직을 강등한 것과 관련해서 태조, 곽충보, 36원수와 간접적으로 관련을 가지고 있다고 할 수 있다. 또 최영을 화원에서 체포한 곽충보도 태조, 조민수, 36원수의 지시에 의한 것이므로 체포와 관련해서도 최영과 태조, 조민수,

36원수 등이 관계를 맺고 있다고 볼 수 있다. 그리고 태조, 조민수, 36원수, 곽충보가 협력자로서 관계를 맺고 있고, 우왕과 최영이 상대자로서의 관계를 맺고 있다고 할 수 있다. 이와 같이 6명의 등장인물이 보여줄 수 있는 인간 관계 유형 15가지(6*5/2)는 모두 유의미하다고 할 수 있다. 이러한 모든 인간 관계는 기계적으로 작성하는 것이 가능하고 관계 맺은 빈도가 높은 것을 이용한다면 수작업으로 작성한 시소러스 사전과 유사한 효과[44]를 얻을 수 있을 것으로 생각된다.

장서각 디지털 자료관의 자료 전체를 대상으로 인간 관계가 구축되어 인간 관계의 빈도가 파악된다면 우리는 이 지식 정보에서 역사 연구의 새로운 주제를 찾을 가능성이 있다. 그 동안의 역사 연구에서 주목받지 못했던 역사 인물의 협조자나 투쟁자의 관계가 새로이 발견될 가능성도 없지 않다. 이것이 디지털 자료의 단순한 조직화를 넘어서 진정한 디지털 지식 정보를 생성하는 방편의 하나라고 생각한다.

(2) 관련 항목 제시 기능 개발

관련 항목 제시 기능은 어떤 자료를 검색하는 이용자에게 검색된 자료와 관계된 정보를 제공하는 기능을 말한다. 의미 있는 관계 정보가 많을수록 검색된 자료의 지식 정보 수준은 높아진다. 이에 따라 정보시스템을 활용하는 이용자의 만족도는 비례적으로 높아진다. 의미 있는 관련 항목은 관점에 따라, 자료의 성격에 따라 다양

---

44) 시소러스 사전이 일반성을 가졌다면 이글에서 제시한 문맥 기반 관련어 사전은 특수성을 가졌다 하겠다. 따라서 문맥 기반 관련어 사전은 전체 데이터에 사용되지 않은 개념과 연관 관계를 맺을 수 없으나 데이터 집합 내의 개념은 관계를 맺게 된다.

하게 설정될 수 있다. 그렇지만 특수한 관점, 특수한 자료의 성격에 따라 발생되는 관련 항목을 모두 정보 서비스 할 수 없다. 보편성이 결여되어 있어 자칫 재정적인 낭비를 초래할 가능성이 많기 때문이다. 여기에서는 보편성을 가진 세 가지만 제안하도록 한다. 관계된 참고문헌의 제시 기능, 이용자의 자료 이용 빈도 제시 기능, 타 시스템과의 참조 연계 기능이 그것이다.

관계된 참고문헌의 제시 기능은 장서각 디지털 자료관에서 서비스하는 자료를 연구한 참고 논문을 관련 항목으로 제시하는 기능을 말한다. 장서각 디지털 자료관의 한국학 자료를 주요 텍스트로 연구한 논문, 부차적으로 연구한 논문, 연구 논문에 인용된 자료 등의 등급을 나누어 제시하는 것이 필요하다. 장서각 디지털 자료관에서 서비스하는 자료를 한국학 연구에서 연구한 모든 논문과의 연결 정보를 완성하였을 때 장서각 디지털 자료관은 새로운 지식 정보를 창출하는 도구로 거듭 태어날 것이다. 연구자는 장서각 디지털 자료관을 활용하여 장서각 자료 중 어떤 자료가 연구가 많이 진행되었는지 어떤 자료가 연구가 진행되지 않았는지를 판단할 수 있을 것이다.

이용자의 자료 이용 빈도 제시 기능은 장서각 디지털 자료관에서 서비스하는 자료마다 이용자들의 조회 횟수를 관련 항목으로 제시하는 기능을 말한다. 이 기능을 통해 이용자는 검색 자료의 중요성과 참신성을 판단할 수 있을 것이다. 주 단위, 월 단위, 연 단위마다 이용 빈도의 순위를 이용자에게 제공함으로써 이용자는 다른 이용자들의 이용 실태를 세부적으로 파악할 수 있을 것이다.

타 시스템과의 참조 연계 기능은 장서각 디지털 자료관의 정보와 타 시스템에서 서비스되는 연관된 정보와 연결시켜 이용자로 하여

금 타 시스템의 연관 정보를 편리하게 참조하도록 하는 기능을 말한다. 이 참조 연계 기능은 연구 논문과 인용된 연구 논문을 상호 연결시켜 연구 논문의 인용 지수를 산출하는 유력한 방법으로 연구 논문을 주요 정보로 제공하는 정보시스템에서 이용자에게 고급 지식 정보를 제공하는 방편으로 흔히 쓰인다. 국외의 사례로 PILA(Publishers International Linking Association)의 CrossRef, 영국의 Electronic Libraries(eLib) Programe의 지원 하에 수행된 Open Journal 프로젝트를 들 수 있다.[45)]

논문 인용 지수의 산출과 같은 제2차적인 효과를 고려하지 않더라도 의미론적으로 관련 있는 정보가 이용자에게 동시에 제공될 때 이용자들의 만족도는 높아지므로 장서각 디지털 자료관에서도 이 참조 연계 기능을 서비스할 필요가 있다.

한국학중앙연구원의 다른 시스템과의 참조 연계 기능 개발 가운데에서 한국민족문화대백과사전 정보시스템(http://encykorea.aks.ac.kr)과의 참조 연계 기능 개발이 매우 효과적이다. 장서각 디지털 자료관에서 제공하는 정보는 원문 자료이고 한국민족문화대백과사전 정보시스템에서 제공하는 정보는 해설 정보이기 때문이다. 장서각 디지털 자료관에서 한국민족문화대백과사전 정보시스템으로의 참조 연계 기능뿐만 아니라, 역방향인 한국민족문화대백과사전 정보시스템에서 장서각 디지털 자료관으로의 참조 연계 기능의 개발은 보다 고급의 한국학 지식 정보 제공을 위해 매우 필요하다. 외부 시스템과의 참조 연계 기능 개발 중 가장 시급한 것은 한자용어용례 DB와 국립국어원의 표준국어대사전 정보시스템

---

45) 김지훈, 「참조연결을 위한 인용정보 자동추출에 관한 연구」, 『한국문헌정보학회지』, 37권 1호(2003), 253~254쪽.

(http://www.korean.go.kr)과의 참조 연계 기능 개발이다. 현재 장서각 디지털 자료관에서 한자용어용례 DB는 사자성어(四字成語)에 대하여 뜻풀이 없이 용례만을 제시하고 있다. 국립국어원의 표준국어대사전 정보시스템으로의 참조 연계 기능을 개발하여 사자성어(四字成語)에 대한 뜻풀이 정보를 이용자에게 제공할 필요가 있다.

(3) 검색 결과 재활용 서비스 기능 개발

검색 결과 재활용 서비스 기능이란 검색 결과를 이용자가 편리하게 재활용할 수 있는 기능을 제공하는 것을 말한다. 그동안의 정보시스템은 데이터 보안을 강조하는 경우를 제외하고는 인터넷 브라우저의 Copy&Paste 기능을 이용하여 재활용하거나 엑셀 파일로 출력하는 기능을 제공해 주었다. 그러나 이러한 재활용 서비스 기능은 매우 소박한 수준의 것이다. 이용자는 정보시스템의 데이터베이스에 적재된 데이터 전체를 자신의 컴퓨터로 가져와서 필요한 정보를 추출하여 재활용하기를 원하고 있다. 예컨대 장서각 디지털 도서관에서 책 단위로 서비스하는 고소설 본문 데이터를 Copy&Paste 기능을 이용하여 이용자의 컴퓨터에 저장해 놓고 워드프로세서에서 제공하는 논리 조건식 검색 기능이나 정규 표현식 검색 기능을 활용해서 필요한 정보를 획득하는 경우가 흔히 있다. 이용자들의 이러한 정보 획득 행태는 정보시스템에서의 검색 방법과 검색 결과가 이용자가 원하는 수준으로 제공되지 않고 자료 검색과 이용 시 정보시스템에서 마련해 놓은 인터페이스를 반복적으로 사용해야 하는 불편에서 기인한 것이다.

소위 web 1.0.의 기반으로 만들어진 정보시스템의 홈페이지에서는 이용자가 정보의 공급자가 마련해 놓은 기능으로만 정보시스템의 데이터베이스에 접근할 수 있다. 이것은 정보의 수요자가 정보시스템의 데이터베이스에 자유로이 접근하지 못함을 말하는 것이다. 그리하여 정보의 공급자가 제공하는 기능에 대해 만족하지 못하는 이용자가 존재하게 된다. 그러나 이용자들의 요구는 매우 다양해서 이를 모두 수용하는 홈페이지를 만들기란 불가능에 가깝다. 이용자들의 이같은 불만을 해소하는 방안으로 이용자가 작성한 SQL을 실행하여 그 결과를 출력할 수 있는 기능을 마련할 수 있다. 이것은 이용자가 데이터베이스에 자유롭게 접근하는 것을 허용하는 것이다. 이를 통해 이용자는 SQL이 지원하는 정규 표현식 검색 기능을 이용하여 다양하게 검색함으로써, 보다 유용한 자료를 획득할 수 있으며, 검색 자료를 유익하게 재활용할 수 있을 것이다. 그러나 대부분의 이용자는 SQL 사용이 미숙하므로 SQL Syntax를 비주얼하게 제시하는 기능을 개발하여 SQL 사용에 미숙한 이용자를 지원할 필요가 있다.

2) 정보 서비스 이용 환경 개선 방안

장서각 디지털 자료관 이용 환경을 개선하는 측면에서 이용자가 참여하는 서평 작성 기능을 개발하고 접근점의 다양화 정책을 추진해야 하고 유연한 개인화 서비스 기능을 추진해야 하며 이용자들의 질의에 전문가적 수준에서 응답할 수 있는 상담 서비스를 추진해야 한다. 접근점의 다양성 기능, 개인화 서비스 기능, 협력형 전문가 연계 기능 등은 사실 지식 정보를 제공해야 할 정보시스템의 본질적인 과업은 아니다. 그렇지만 최적의 이용 환경을 이용자에게 제공할 때 장서각 디지털 자료관의 본질적인 과업은 더욱 더 잘 달성된다.

(1) 이용자가 참여하는 서평 작성 기능 개발과 육성책 추진

이용자가 참여하는 서평 작성 기능은 이용자가 이용한 자료에 대해 의견을 작성하는 기능을 말한다. 이용한 자료의 가치, 이용한 자료와 관련된 참고정보, 이용한 자료의 오류 사항 등을 이용자가 작성하게 된다. 이용자가 작성한 서평 정보는 다른 이용자에게도 도움이 될 것이다. 2007년도 장서각 디지털 자료관 구축 사업에 이 기능이 마련되었는데 이용자들의 적극적인 호응이 필요하다. 그러나 이용한 자료의 가치를 혼자만 독점하려는 심리와 서평 정보 작성에 시간을 투자해야 하는 점에서 이러한 정보 서비스가 활발하게 활용되기 위해서는 육성책이 필요하다. 많은 서평을 작성한 이용자에게 노력에 상응하는 대가를 지불하는 제도적인 뒷받침이 필요하다.

(2) 접근점의 다양화 정책 추진

접근점의 다양화란 장서각 디지털 자료관을 인터넷으로 접근하는 다양한 URL을 확보하는 것을 말한다. 장서각 디지털 자료관의 홈페이지 URL은 http://yoksa.aks.ac.kr이다. 장서각 디지털 자료관에 대하여 언론 매체를 통하여 홍보하면 많은 이용자가 장서각 디지털 자료관의 URL을 알게 되어 장서각 디지털 자료관 이용의 활성화가 이루어질 것이다. 그러나 이러한 방법은 비용이 많이 들어 지속적으로 추진할 수 없다. 장서각 디지털 자료관의 URL을 지속적으로 홍보하는 가장 좋은 방법은 접근점의 다양화이다. 접근점 다양화의 방편으로 유관기관의 정보시스템에 배너(banner)를 게시하는 것을 확대하여 추진하고, 장서각 디지털 자료관의 데이터가 검색 포털 시스템의 색인 DB에 적재되도록 유도할 필요가 있다. 장서각 디지털 자료관은 2년 전에 데이터의 보호를 위해서 POST 방식의 프로토콜을 사용해서 정보를 서비스하였다. 이 결과 검색 포털 시스템에서 장서각 디지털 자료관의 데이터를 검색 포털 시스템의 색인 DB에 적재하지 못하는 현상이 발생하였다. 그리하여 검색 포털 시스템을 통해 장서각 디지털 자료관으로 접근하는 것도 장서각 디지털 자료관의 홍보에는 유리하므로 데이터를 호출하는 인자가 노출되는 GET 방식의 프로토콜로 바꾸었다. 장서각 디지털 자료관의 데이터를 색인 DB에 적재하지 않은 검색 포털 시스템을 조사해서 해당 포털 시스템과 긴밀히 협의하는 일도 필요하다.

(3) 개인화 서비스 기능 개발

'개인화 서비스' 기능이란 개인 이용자 각자만 사용 권한이 있는 정보를 제공하는 기능을 말한다. 한국역사정보시스템의 '마이페이지', '검색의 발자취', RISS의 '내서재' 등과 같은 형태의 정보 서비스가 있다. 개인 이용자가 질의한 질의어, 검색한 결과 중 유용한 자료를 서버에 보관해 두었다 후일에 다시 열람할 수 있는 기능을 제공하는 것은 이용자의 정보 서비스 사용 만족도를 높이는 방법으로 생각된다. 이러한 기능의 서비스를 위해 필요한 서버의 용량을 다량 확보하는 일이 중요하다.

(4) 전문가 상담 서비스 정책의 추진

'협력형 전문가 연계'란 이용자가 더욱 전문적인 지식을 요구할 때 이용자와 전문가를 연계시켜 주는 정보 서비스이다. 여러 방법이 있을 수 있으나 LC(Library of Congress)와 OCLC가 2002년 6

월부터 시작한 서비스인 QuestionPoint가 대표적이다.[46] 협력 기관 전문가의 인력 풀을 구성하여 소속 기관에 구애받지 않고 이용자에게 답변을 해주는 방식이다. 분석 대상이 된 학술정보시스템 중 한국과학기술정보연구원의 YESKISTI가 유일하게 Question Point를 운영하고 있다. 장서각 디지털 자료관도 이러한 정보 서비스 정책을 추진할 필요가 있다.

Ⅳ. 결언

이 글은 장서각 디지털 자료관이 학술정보 서비스 주체의 하나로 디지털 도서관, 가상 디지털 도서관 등과는 다른 특성을 가지고 있음을 언급하였다. 그리고 장서각 디지털 자료관에 마련된 정보 서비스 기능의 다양성 수준이 국내외 가상 디지털 도서관의 수준에 미치지 못함을 양적인 측면에서 분석하였다.

디지털 도서관, 가상 디지털 도서관과 비교해서 디지털 자료관이 가지는 특성은 본문 데이터를 정보 서비스하는 것이다. 이러한 특징을 부각시켜 장서각 디지털 자료관 정보 서비스의 발전 방안을 논의해야 한다는 것을 이 글에서 강조하였다. 이러한 입장을 유지하면서 이 글에서는 수준 높은 한국학 지식 정보를 제공할 수 있도

46) 최은주·이선희, 「협력형 디지털참고정보서비스 활용에 관한 연구: KISTI의 Question포인트 운영 사례를 중심으로」, 『정보관리학회지』, 21권 2호(2004), 71쪽.

록 장서각 디지털 자료관의 데이터베이스 설계가 논리적이고 확장이 용이한 구조로 설계되어 있음을 밝혔다. 그 다음에 데이터베이스 설계의 체계적인 구조와 연관 개체 개발의 확장을 바탕으로 수준 높은 한국학 지식 정보를 제공하는 정보 서비스 기능에 대한 발전 방안을 제안하였다.

데이터베이스 설계의 확장 측면에서 참고문헌, 자료이용 빈도, 참조연계 등의 연관 개체를 확대하여 설정할 것을 제안하였다. 이러한 설계의 확장을 바탕으로 지식 정보 강화 측면에서 저렴한 비용으로 개발할 수 있는 문맥 기반 관련어 사전 기능, 관련 항목 제시 기능(참고문헌, 자료 이용빈도, 참조연계), 이용자가 작성한 SQL 지원 기능 등의 개발 방안을 제안하였다. 정보 서비스 이용 환경의 개선 측면에서는 Web 2.0.의 기본 정신을 받아들여 이용자 참여를 위한 육성책 추진, 접근점의 다양화 정책 추진, 개인화서비스 기능 개발, 전문가 상담 서비스 정책 추진 등을 시급히 마련할 것을 제안하였다. 특히 지식 정보 강화 측면에서 제안된 정보 서비스 기능 발전 방안은 디지털 자료관으로서의 장점을 살리는 것임을 강조하였다.

참고문헌

David M. Ktonenke/나연묵 · 박우창 · 엄기현 · 이원영 · 진민(공역), 『데이터베이스처리론』. 한국학술정보(주), 2005.

고영만, 「한국학술진흥재단 기초학문자료센터 연구성과물 데이터베이스」, 『한국 · 독일 디지털도서관 컨퍼런스 디지털정보시대의 미래를 향한 도전 발표집』. 국립중앙도서관, 2007.10.24.

구중억·이응봉, 「Open API 기반 OPAC 2.0 서비스 구현 및 유용성에 관한 연구」. 『한국문헌정보학회지』 제40권 제2호, 2006.

김지훈, 「참조연결을 위한 인용정보 자동추출에 관한 연구」. 『한국문헌정보학회지』 37권 1호, 2003.

노지현, 「한국의 도서관 환경에서 FRBR 모델의 의미」. 『한국도서관·정보학회지』 38권 2호, 2007.

이성숙, 「학술연구정보서비스(RISS)의 발전방안 연구」. 『한국도서관·정보학회지』 37권 3호, 2006.

이수상, 「디지털도서관의 통합검색 방식에 관한 연구」. 『한국도서관·정보학회지』 37권 2호, 2006.

이응봉, 「학술도서관 디지털정보서비스의 향후 전망」. 『한국문헌정보관리학회지』 41권 2호, 2007.

이치주, 「국립디지털도서관 정보서비스 방안」, 『한국·독일 디지털도서관 컨퍼런스 디지털정보시대의 미래를 향한 도전 발표집』, 국립중앙도서관, 2007.10.24.

최은주·이선희, 「협력형 디지털참고정보서비스 활용에 관한 연구: KISTI의 Question포인트 운영 사례를 중심으로」. 『정보관리학회지』 21권 2호, 2004.

[*이 글은 한국학중앙연구원 학술지 『정신문화연구』 제30권 제4호(통권109호, 2007)에 수록된 것이다. 이후 동양학연구원 사전학총서 3집 간행의 취지에 부응하여 재수록하였다.]

조선시대 무과 급제자 정보화 사례 연구

— 집단지성에 의한 사료의 복원 —

양 창 진*

Ⅰ. 서 론

사료의 복원은 올바른 역사의 복원을 위한 단초가 된다. 최근에 각종 고전(古典) 정본화(正本化) 연구가 활발하게 진행되고 있다. 정본화도 엄밀하게 이야기하면 사료 복원으로 볼 수 있다. 그런데 우리의 많은 사료들이 한자로 되어 있기 때문에 대부분의 정본화 연구는 한문을 읽고 해독할 수 있는 소수의 전문 연구자 집단에 의해 수행된다. 그러나 소수 연구자에 의한 사료 복원은 너무 많은 시간과 비용이 소요된다. 그래서 사료 복원에 관심 있는 다수의 적극적 참여 즉 집단지성의 참여에 의한 사료 복원에 주목할 필요가

* 한국학중앙연구원 책임연구원

있다.

전 세계인을 하나로 묶을 수 있는 인터넷의 등장은 인터넷 "집단지성"(collective Intelligence, 集團知性)이라는 새로운 신조어를 만들어 내었다. 역사적으로 뛰어난 능력을 지닌 소수의 천재들이 사회를 움직이는 지식을 생산해 왔는데 인터넷시대에 이르러서는, "지식의 형성과 움직임이 기존의 전문가 집단 혹은 특권층에 한정하여 작동되고 있지 않고, 가상공간을 매개로 다양한 사람들이 만나 정보와 지식을 공유하고 나아가 새로운 지식을 생산해 내는 새로운 단계의 지식생산 메카니즘으로서의 집단지성"[1)]이 점차 중요해지고 있다.

세계적 명성을 지닌 브리태니커 백과사전을 능가하는 세계 최대의 온라인 백과사전 위키피디아(wikipedia)의 등장은 집단지성이라는 신조어를 세계적으로 확산시키는 결정적 계기가 되었다. 수백년의 전통을 지닌 출판사와 학문 분야별 전문가들이 편찬하는 브리태니커 백과사전과 달리, 위키피디아는 인터넷을 이용하는 세계인 모두가 평등하게 참여하여 세계의 지식을 단일 플랫폼에 축적함으로써 단시간에 가장 방대한 지식 백과라는 지위를 획득하였다. 인터넷이라는 문명의 이기로 인해 소수의 관계자만이 수행하던 역할을 네트워크로 묶인 다수의 대중이 수행할 수 있게 된 것이다.

그런데 위키피디아에 수록된 "독도(獨島)" 항목 집필 과정에서 한국과 일본 네티즌 사이에 논쟁이 발생하여 문제가 해결되지 않는 데서 보이듯이 집단지성이 모든 상황에 긍정적으로 작용하는 것은 아니다. "모종의 의도에 이용당해 객관적 정보를 균형 있게 섭취

1) 홍태영, 「지식과 권력 그리고 지식인 : 집단지성 시대 지식인의 새로운 상을 위하여」, 『현대정치연구』 6(1), 2013, 205~232쪽.

하지 못하고 극단적으로 편식할 수 도 있으며, 경험하지 않고 검증되지 않은 인터넷 지식정보를 근거로 자기 의도대로 편집하고 선동하여 전체 공동체를 궁지에 몰아넣을 수도 있다."[2] 따라서 집단지성이 긍정적 역할을 할 수 있기 위해서는 일정한 조건이 필요하다.

이 글에서는 과거 역사의 복원을 위한 사료의 수집 및 축적에 인터넷 집단지성을 활용한 사례를 분석하고, 집단지성의 가능성, 집단지성이 긍정적으로 작용하기 위한 조건과 범위 등에 대하여 살폈다. 연구방법은 한국에서 역대인물 정보가 가장 방대하게 정리되어 있는 "한국역대인물종합정보 DB"(people.aks. ac.kr, 이하 "인물정보"로 약칭)의 무과(武科) 급제자(及第者) 정보 수집, 정리 및 복원 과정에 참여한 이용자들의 상호작용 사례 분석이다. 분석대상은 조선시대 무과 급제자 정보 DB와 이 급제자 정보 복원 과정이 수록된 2006년 2월부터 2014년 7월까지의 이용자 게시글이다.

이 게시판은 인물정보 이용자들과 소통하는 중심 공간이기 때문이며 그 소통 내역 즉, 집단지성이 작동하는 과정이 고스란히 저장되어 있기 때문이다. 그리고 이용자 게시글 사례를 제시하는 과정에 이용자 실명은 개인정보 보호를 위해 성(姓)만 표기하였다. 또한 게시글도 어색한 부분만 일부 수정하고 전체적으로 현장감을 느낄 수 있도록 그대로 제시하였다.

2) 「차길진 칼럼」, 『한국경제』, 2007년 11월 11일자.

Ⅱ. 선행연구 검토

그동안 집단지성에 대한 선행연구는 주로 사회과학 분야에서 대중의 사회 참여에 따른 공론장(公論場) 형성 기능의 한 측면에 많이 집중되었다.[3] 그러던 것이 최근에 학술자료 집대성을 위해 집단지성을 활용하는 방안 연구로 그 범위가 확대되기 시작했다. 이 중 많은 연구들이 대규모 백과사전 편찬에 집단지성을 활용하는 방안 모색에 집중되었다. 이전에는 전 시대에 걸친 인류의 역사와 문화를 집대성하는 백과사전 편찬은 다방면에 걸친 전문 연구자 집단이 장시간에 걸쳐 수행하여 왔다. 그런데 인터넷으로 세계가 하나로 연결되고 세계인을 하나로 묶어주면서, 전 세계에 흩어져 있는 수많은 대중이 함께 참여하여 백과사전을 편찬하는 방법과 그 효과 등에 관심이 주어지고 있다.[4]

집단지성의 효과와 관련해서는 집단지성에 내재하는 긍정적 기능을 검토하면서 한편으로는 집단적 우중화(愚衆化)로 전락할 가능성을 동시에 보여주는 연구도 있다.[5] 하지만 모든 분야에서 부정적 영향만 있지는 않을 것이다. 이런 점에 착안하여 집단지성의

3) 유용민 · 김성해 · 심영섭, 「블로그와 글로벌 공론장 : '그리스 위기' 담론에서 집단지성의 가능성과 한계」, 『사이버커뮤니케이션 학보』 28(2), 2011, 5~52쪽.

4) 유은호, 「집단지성 및 백과사전의 한계, 그리고 미래 : 한국어 위키백과와 집단지성 위키들을 중심으로」, 『한국사전학회 학술대회 발표논문집』, 2012; 한승희, 「집단지성을 활용한 시소러스 갱신에 관한 연구 : 위키피디아를 중심으로」, 『정보관리학회지』 26(3), 2009 등.

5) 최항섭, 「레비의 집단지성 : 대중지성을 넘어 전문가지성의 가능성 모색」, 『사이버커뮤니케이션 학보』 26(3), 2009, 287~322쪽.

부정적 효과보다 긍정적 효과가 더 많이 발현될 수 있는 분야가 어떤 분야일까, 그리고 긍정적 효과를 배가시킬 수 있는 요인은 어떤 것일까 등에 대하여 구체적으로 연구한 사례는 드물다.

이러한 점에 착안하여 역사 자료 복원에 집단지성을 활용한 사례를 고찰하고 그 가능성을 살펴 보았다. 인터넷으로 서비스되고 있는 『국역 조선왕조실록』에 있는 수많은 번역 오류의 교정에 많은 대중이 실질적으로 참여하고 있음에도[6] 불구하고, 역사 기록의 복원 과정을 집단지성이 작동하는 과정으로 이해하여 체계적으로 연구하고 그 효과를 더욱 배가시킬 수 있는 방향으로 유도하기 위한 연구는 부족하다. 그것은 사료 복원을 담당하는 사람은 인문학 연구자이고 정작 집단지성이 작동하는 부분은 정보 기술 또는 사회과학 부분이어서 두 분야를 아우르고 그 경험과 성과를 체계적인 학문적 성과로 정리하지 못했기 때문으로 여겨진다.

이 글에서는 무과 급제자 정보 복원 사례가 집단지성이 긍정적으로 작용하는 전형적인 사례로 보고 그 과정을 분석한 후 집단지성이 더욱 긍정적으로 작동할 수 있는 조건에는 어떤 것들이 있는지를 살펴보았다.

---

6) 국사편찬위원회, 『조선왕조실록』 온라인 서비스(sillok.history.go.kr)의 오류신고 게시판 참고.

Ⅲ. 무과 급제자 정보의 현황과 특징

1. 무과 급제자 현황

조선조 문과(文科)에 대해서는 많은 연구가 이루어져 왔다. 이에 비해 무과(武科)는 상대적으로 연구가 적다. 그럼에도 불구하고 나영일, 정해은 등 소수의 연구자들이 꾸준히 무과에 대한 연구 성과를 축적해 왔다.[7] 그러나 급제자가 대량으로 정리되어 있는 방목 및 유사 자료 중심으로 연구한 관계로, 다양한 기타 자료의 수집 정리를 통한 급제자 자체의 복원까지는 나가지 못하였다. 무과 합격자는 문과 합격자와 함께 500여 년간 조선 조정을 구성하고 조선을 움직여 온 한 축이었음에도 불구하고, 합격자 수의 규모나 무과의 시행 회수 등이 잘 알려지지 않고 있다. 합격자 수를 모르기 때문에 합격자 명단도 당연히 정리되지 않고 있다. 조선시대 무과는 문과와 동시에 실시되었다고 보고, 문과와 같이 약 800여 회 시행된 것으로 연구되고 있는 정도이다.[8] 그런데 초기에는 무과는 시행하지 않고 문과만 시행한 경우도 있는 것으로 알려진다.

---

7) 정해은, 「조선시대 무과방목의 현황과 자료적 특성」, 『군사』 47, 2002; 정해은, 「朝鮮後期 武科 及第者 研究」, 韓國精神文化研究院 韓國學大學院 박사학위논문, 2002; 나영일, 『무과총요 연구』, 서울대학교출판부, 2005 등.

8) 이남희, 「과거제도 그 빛과 그늘」, 『오늘의 동양사상』 18, 2008, 117~136쪽.

> 예전부터 문(文)은 하루도 없앨 수 없고, 무(武) 역시 하루도 버릴 수 없는 것인데, 우리나라의 과거법은 무과를 시험하면 문과도 아울러 뽑으나 문과를 시험하면 무과를 아울러 뽑지 않으니, 이것은 다름 아니라 무는 날로 천해가고 문은 날로 귀해 가기 때문입니다. …… (「군자감 첨정(軍資監僉正) 이안(李晏)이 상소」, 『성종실록』 130권, 1481년 6월 9일)

또한 전시에는 적의 수급을 많이 베어오는 사람을 무과에 급제한 것으로 본 사례도 보이는 바 무과는 다양한 방식으로 시행된 것으로 보인다.

> 하삼도(下三道)에 먼저 무과를 설시(設施)하여 철전(鐵箭) 5대씩을 세 차례 쏘는 것으로 규정을 삼아 전라도에서 3천 명, 경상좌·우도에서 각각 1천 명, 충청도에서 1천 명을 시취(試取)하여 초시(初試) 합격으로 인증하고, 초시에 입격(入格)한 자가 왜적의 수급(首級) 하나를 베어 올 경우 우선 도시(都試)에 나아갈 수 있는 자격을 주고 수급을 많이 베어 오는 자를 장원 1등으로 삼으며 …… (『선조실록』 40권, 1593년 7월 16일)

최근의 연구에 의하면 조선시대 무과 급제자의 총수는 15만을 상회하는 것으로 알려진다.[9] 그런데 조선 전기의 무과 급제 기록은 상당수 소실되어 확인이 힘들다. 현재 인물정보에 구축된 무과 급제자의 수는 26,614명이다. 완벽하게 남아 있는 문과 급제자 15,135명에 비하면 매우 많은 수이기는 하지만 아직도 그보다 많은 수가 확인되지 않고 있다.

---

9) 한국학중앙연구원, 『한국민족문화대백과사전』 - 무과(武科) 항목.

2. 무과 급제자 정보의 특징

무과 급제자 기록 복원 사례를 분석 대상으로 한 것은 무과 급제자 정보에 다음과 같은 특징이 있고, 이로 인해 집단지성이 긍정적으로 작용하는 대표적인 사례가 될 수 있다고 판단되기 때문이다.

첫째, 무과 급제자 정보는 문과와 달리 현재 시점에서 자료가 불완전하며, 복원된 부분보다 복원해야 할 부분이 더 많아 자료가 복원되는 변화상을 쉽게 확인할 수 있기 때문이다. 조선은 문치주의 국가여서 문과 급제자 15,135명의 신상 정보는 종합방목인 『국조방목(國朝榜目)』 등에 거의 완벽하게 정리되어 있다. 그리고 사회적으로도 관심이 많은 만큼 이 『국조방목』도 여러 판본이 제작되어 현존하고 있어서 급제자의 면모를 거의 파악할 수 있다. 반면 무과는 문과에 비해 상대적으로 비중이 낮게 취급되었고 이로 인해 급제자 정보가 종합적으로 관리되고 보관되지 않아 그 전모가 기록된 자료가 없다. 무과가 문과만큼 비중 있게 취급되지 않은 결과, 무과 급제자를 기록한 자료들도 단회방목 및 기타 형태로 여러 곳에 분산되어 있고 그나마 이들도 국가적 전란 등을 거치면서 많은 양이 소실되었다. 따라서 "여러 사람들이 단합된 노력" 여하에 따라 추가적인 발굴 및 정보 구축의 여지가 많다고 판단되었기 때문이다.

둘째, 다른 자료와 달리 일반인을 포함한 각계의 관심이 많아 자료 복원에 연구자는 물론 일반인도 적극적으로 참여할 가능성이 높기 때문이다. 우리나라 국민들은 매우 오래 전의 조상이라 하더라도 자신의 정체성과 동일시하는 경향이 있다. 조상이 훌륭하면 자신의 명예도 높아지고, 반대로 조상이 수치스러우면 자신도 같이 수치스러운 것처럼 느끼는 성향이 강하다. 따라서 조상의 업적을 드러내려고 노력하고 윤색하기도 하며 극단적인 경우에는 없던 것도 있던 사실처럼 꾸미려 하기도 한다. 거의 대부분의 국민들이 훌륭한 조상에서 시작되는 족보를 가지고 있는 것은 이러한 의식을 단적으로 보여준다. 무과 급제 경력은 조상들의 훌륭한 업적이 될 수 있다. 이러한 이유로 불완전한 무과기록의 복원을 위해서는 연구자뿐만 아니라 일반인들도 자발적으로 참여할 가능성이 있으며 이는 집단지성이 동작하는 현상을 확인할 수 있는 좋은 사례가 될 수 있을 것으로 여겨지기 때문이다.

셋째, 무과는 급제자 수가 많지만 구축된 정보가 적어 남아 있는 자료를 상대적으로 쉽게 지속적으로 확보할 수 있을 것으로 판단되었기 때문이다. 뒤에서 살피겠지만 정해은의 연구 이후, 인물정보 이용자들의 참여와 제보에 의해 추가적으로 복원된 정보가 상당함을 알 수 있다.

넷째, 과거 시행 시기별로 급제자 수의 변동이 심하고, 수록 내용도 다양하여 다양한 통계를 통해 당시의 시대상을 연구하는데 많은 도움이 되어 사료 복원 효과를 즉시 확인할 수 있기 때문이다. 무과는 3년마다 치러지는 식년시와 비정기 시험인 별시(別試) 형태로 시행되었는데, 식년시에는 28명 정도를 선발하였다. 그러나 이를 훨씬 초과하는 경우가 많아 보통 몇 백 명, 심한 경우는 몇 천 명을 선발하기도 하였다. 1618년(광해군 10) 정시에서는 3,200명, 1620년 정시에서는 5,000명, 1637년(인조 15) 별시에서는 5,500명의 급제자를 선발하기도 하였다. 뿐만 아니라 1676년(숙종 2)의 정시에서는 1만 8,251명을 뽑아 이른바 만과(萬科)라 불리기도 하였다.[10] 이렇게 많은 수를 선발한 것은 국가적으로 어려운 당시 시대상이 많은 무인을 필요로 하였기 때문이다. 이러한 시대상 연구를 위한 무과 자료의 축적 및 복원에 그 의의가 크므로 필자는 무과를 분석 대상으로 선택하였다.

집단지성은 이용자 참여라는 형태로 나타난다. 이하에서는 이용자 게시판에 나타난 참여의 유형과 그 내용을 살펴보았다.

Ⅳ. 집단지성과 무과 급제자 복원

우선 집단지성으로서의 참여의 유형에 대하여 살펴보자. 무과 급제자 정보의 복원에 참여하는 이용자가 많은 만큼 참여 유형도 다양하다. 이하에서는 참여의 유형과 그에 따른 실제 자료 복원 사례를 간단히 살펴보았다.

1. 자료 소재지 정보의 제공

가장 흔한 참여 유형이다. 이미 언급했다시피 무과 관련 자료중 대표적인 것이 무과방목(武科榜目)과 과거 급제자가 사후에 남긴 문집 등에 부록으로 첨부된 급제 동기생 명단인데 이러한 자료는 사방에 흩어져 있다. 특히 고서를 많이 소장한 박물관이나 주요 도서관에 소장되어 있는 경우가 많다. 이러한 자료들은 연구자 개인

---

10) 한국학중앙연구원, 『한국민족문화대백과사전』 - 무과(武科) 항목.

이나 연구기관이 다 뒤져서 찾아내는 것이 거의 불가능하다. 특히 무과방목이라는 단일 책자로 존재하지 않고 문집 내에 수록되어 있을 경우에는 문헌의 내용을 일일이 확인해야 하기 때문에 자료를 확인하는 것이 더욱 힘들다. 따라서 이러한 자료의 소재를 아는 사람들의 제보는 자료 출처를 확인하는데 큰 도움이 된다. 다음은 인물정보 게시판에 올라 온 제보 사례의 하나이다.

No. 2490 [등록요청] 현전하는 무과방목 중 누락된 방목정보입니다.

이름 : 방○○.　　등록일 : 2010-04-15

본 싸이트에 아래와 같이 현전되고 있으나, 아직 반영이 안된 방목입니다. 참고하시고 추가 요청드립니다. 이번 기회에 전 방목(문과, 잡과, 무과, 사마, 천거록) 등을 텍스트 파일을 곁들여서 원문 이미지도 등록시켜 주시면 좋겠습니다. ……　촌로 드림.

현전방목(現傳榜目) 중 확인 못한 방목

* 1522년 壬午式年文武科榜目 고려대
* 1543년 癸卯式年(文武科)榜目 계명대
* 1549년 己酉式年文武科榜目 山氣文庫
* 1560년 庚申文武科別試榜目 誠庵고서박물관
* 1567년 丁卯式年文武科榜目 하버드옌칭도서관
* 1572년 隆慶六年壬申十二月初二日文(武)科別試榜目 하버드옌칭도서관
* 1591년 辛卯別試文武科榜目 하버드옌칭도서관
* 1594년 萬曆二十二年甲午正月日別試武科榜目 연세대

* 1600년 萬曆二十八年庚子式年退行於辛丑夏文武科榜 하버드옌칭도서관
* 1636년 丙子十二月十一日重試榜 고려대대학원
* 1646년 丙戌文武科重試榜目 하버드옌칭도서관
* 1672년 壬子式年癸丑退行文武科榜目 하버드옌칭도서관

…… 이하 생략

2. 자료 자체의 제공

무과방목 및 방목이 수록된 문집 원문 또는 원문을 촬영한 디지털 파일을 직접 제공하는 경우도 있다. 이 경우는 자료 수집 및 확인 시간이 단축되기 때문에 자료를 정리하는 입장에서는 가장 유용한 참여 유형이다. 하지만 이러한 사례는 매우 드물다. 그 이유는 연구자든 일반인이든 소장하고 있는 귀중본 자료를 외부에 노출시키기 꺼려하는 경향과, 또 자료를 제공하기 위해 직접 촬영하거나 복사해야 하는 노력이 필요하기 때문으로 추정된다. 이러한 자료를 제공 받으면 이 사실을 다음과 같이 공지하여 다른 참여자의 자료 기증을 독려한다.

1599년 기해별시무과 급제자 151명 신규 서비스

등록일 : 2013-10-04

알려드립니다. 1599년(선조 32) 기해 별시 무과 급제자 151명(선발인원=152명)을 등록하였습니다. 저본은 『기해추별시방목(己亥秋別試榜目)』입니다. 이 방목은 게시판을 통하여 많은 의견을 주시고 계신 이○○ 선생님이 기증하셨습니다. 선생님께 거듭

감사드립니다. 앞으로도 새로운 자료를 지속적으로 발굴하여 여러분에게 알릴 수 있도록 최선을 다하겠습니다.

2013.10.04. 한국학중앙연구원 한국학학술정보관

아래는 위와 같은 공지에 반응하여 북경대학교 도서관에 소장되어 있는 방목 등을 이용자가 직접 촬영하여 제공한 자료의 사례이다.

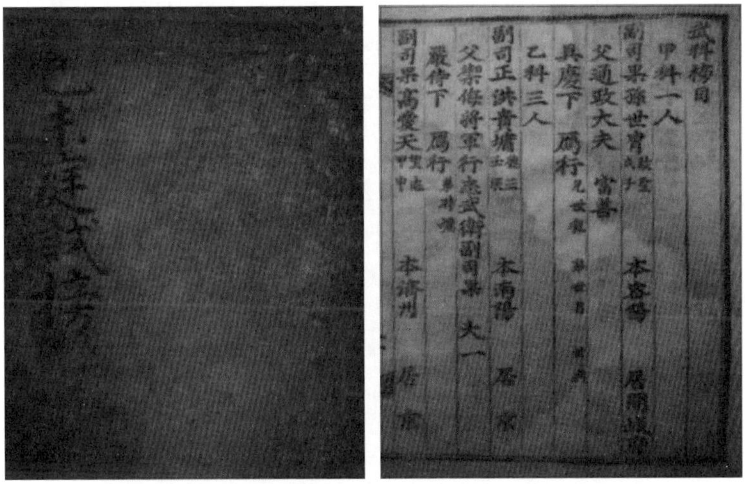

〈그림 1〉 북경대학교 소장『己未庭試文武科榜目』

〈표 1〉 이용자가 직접 제공한 자료 목록

시험년	방목명	원소장처	장원	급제자수(명)
1679	己未庭試榜	북경대학교	손세주(孫世胄)	23
1577	萬曆五年丁丑十月初六日文武科別試榜目	장서각	김남걸(金南傑)	34
1599	己亥秋別試榜目	개인	신득복(申得福)	152

3. 사료 내용 속의 급제 정보 제보

1) 무과 시행 정보

다음 유형은 조선왕조실록 등 여러 사료에 기록된 무과 시행 관련 기록을 조사하여 알려주는 유형이다. 조선왕조실록 무과 시행 기록에는 장원을 비롯한 소수의 급제 기록이 포함되는 경우가 많다. 이용자가 제보한 다음의 예를 보자

No. 12630 [수정요청] 무과 민발 복원 요청
글쓴이 : 민○○　등록일 : 2014-01-09
조선왕조실록 여산군 민발의 졸기 中 "계유년에 무과에 급제하여 …… 성화 병술년에 중시에 합격하고 또 등준시에 급제하여 ……"라는 내용을 참고하여 주세요. 지금 등록되어있는 것은 등준시네요. 복원이 안 된다면 가족사항과 시호라도 추가해주시면 감사하겠습니다.

가족사항 부 : 민수산
처부 : 이다림(本 : 가평)
외조부 : 이거(本 : 인천)
시호 : 위양
첨부파일 : 여흥민씨세보(1802)

조선왕조실록 민발(閔發, 1419~1482)의 졸기에 기록된 무과 시행 및 급제 기록의 일부이다. 조선왕조실록은 과거 급제자의 자세한 신상 정보 보다는, 전반적인 과거 시행 상황을 알 수 있는 자료

이다. 실록에는 과거 시행 기사가 많이 나오는데, 일반적으로 문과와 무과가 동시에 치러졌기 때문에, 문무과 시행 시기, 시험명, 장원 명단 및 급제자 인원 등이 기록되어 있다. 그 형식을 보면 특정 날짜에 과거를 시행했다는 내용과 문과 및 무과 장원이 명시된다. 때로는 문무과 구분 없이 두 사람을 명시하는데, 대체로 앞의 것은 문과 장원이고 뒤의 것은 무과 장원이다.

> 경복궁에 행행(行幸)하였다. 경회루 아래로 나아가 문·무과 복시(覆試)를 보였다. …… 문과에서는 한혜(韓惠) 등 33인을 취하고, 무과에서는 전선생(田善生) 등 28인을 취했다.(『태종실록』 33권, 1417년 4월 8일)

장원 외에도 같이 급제한 사람들의 명단이 기록되기도 하는데, 이 경우는 급제자 동기생 명단을 한꺼번에 많이 파악할 수 있다. 아래의 기록은 1460(세조6)년에 실시된 별시 시행 기사로써, 이 과거에서 장원 문맹손을 비롯하여 유점, 한치례, 박숙선, 봉계손, 김계남 등이 합격했다는 내용이다.

> 새로 문과에 급제한 최경지(崔敬止)와 무과에 급제한 문맹손(文孟孫) 등이 사은(謝恩)하니, 후원에 나아가서 인견하고, 문과·무과로 하여금 짝을 지어서 사후(射侯)하게 하고 …… 무과에 급제한 유점(柳塹) · 한치례(韓致禮) · 박숙선(朴叔善) 등에게 각각 천동(天童) 10인, 청주 30병을 내려 주고, 봉계손(奉繼孫)·김계남(金繼南)에게 명하여 사복(司僕)을 겸하게 하였다.(『세조실록』 21권, 1460년 9월 19일)

이처럼 문무과 실행이 같은 기사에 기록되는 경우도 있지만, 아래와 같이 무과 시행에 관련된 사항만 기록한 경우도 있다.

> 단산부원군(丹山府院君) 이무(李茂)를 무과 회시 감교관(監校官)으로, 우군 도총제(都摠制) 조연(趙涓)을 동감교관(同監校官)으로 삼아서 황상(黃象) 등 28명을 뽑았다.(『태종실록』 9권, 1405년 4월 13일)

이와 같은 유형의 기사를 정리하면 무과 시행 시기, 급제 인원 및 장원 그리고 시험관 등에 대한 대체적인 내용을 알 수 있을 것이다.

2) 특정인의 급제 기사

조선왕조실록에 있는 직접적인 과거시행 관련 기사 외에도, 간접적인 다른 기사를 통해 과거 급제자의 명단과 그 시기에 대한 정보를 알 수 있다. 대표적인 것이 특정인의 죽음을 기록한 졸기이다. 특히 졸기의 주인공이 무신인 경우에는 무과합격 경력이 자세히 기록된다.

> 평안도 관찰사 김교(金嶠)가 졸하니, 철조(輟朝) · 조제(弔祭) · 예장(禮葬)을 예대로 하였다. 김교는 자가 고경(高卿)인데, 선산인(善山人)으로 판예빈시사 김시로(金時露)의 아들이다. 어릴 때 궁마(弓馬)를 닦아 경오년(1450년) 에 무과에 급제하고, 또 정축년(1457년)에 중시에 급제하여 훈련원 판관에 초배(超拜)되었다. (『성종실록』 124권, 1480년 12월 19일)

위의 예는 평안도 관찰사 김교의 졸기로써, 1450년과 1457년 두 번의 무과에 합격했다는 기록이 나온다. 이렇게 일반 기사 속에 수록된 무과합격 기록도 무과 합격자를 정리하는데 많은 도움이 된다.

3) 기타

이 외에도 합격 시기는 알 수 없지만 합격자 명단을 알 수 있는 기사가 실록이나 문집에 무수히 등장한다.

> 김교를 부원수로 삼아 보내었는데, 이기고 돌아오니, 정헌대부를 가자하였으며, 황제가 은(銀)으로 폐물을 내려 주었다. 곧 평안도 관찰사를 제수받고 졸하니, 나이 53세였다. …… 김교의 아우 김숭(金嵩)·김찬(金巑)·김아(金峨)·김기(金崎)·김호(金岵) 등이 모두 무과에 급제하였는데, 해마다 그 어미에게 쌀 20석씩을 내려 주니, 사람들이 영예롭게 여겼다.(「평안도 관찰사 김교의 졸기」,『성종실록』 124권, 1480년 12월 19일)

이렇게 급제자 명단만 확인이 가능한 경우는, 우선 합격자 명단을 정리한 후, 문집이나 족보 등 다른 자료와 교차 분석 확인함으로서 구체적인 시험명과 시기를 밝혀가는 후속 연구가 이어져야 할 것이다.

4) 이용자 게시글의 신뢰성

그렇다면 이용자기 제보한 내용의 신뢰성은 어느 정도 일까? 다음은 이용자가 한국역대인물종합정보의 자료수정등록 게시판에 남긴 무과 급제자 정보 제보 글 중의 하나이다.

No. 9587 [수정요청] 중종33년 탁영시 무과방목에 송순령을 기재해주시기 바랍니다
글쓴이 : 송○○ 등록일 : 2013-01-15
조선 중종 33년에 실시된 탁영시 문무과 방목에 문과 급제자는 대부분 방목이 되어 있는데 무과에는 장원 1명만이 기록되어 있습니다. 그런데 중종실록에 장원 1명 이외에도 김전, 송순령, 정세필, 오흡, 박견 등이 검색됩니다. 송순령은 진천송씨 족보를 참조하여 몇 개 항목을 추가한 전라도병마절도사 송안정의 부친으로 사료됩니다. 이성현감을 지내셨고 중종-선조 때 인물이고 보면 거의 확실한 것 같은데. 좀더 고증해보시고 가능하다면 탁영시 무과방목에 기록해주시면 감사하겠습니다. 자료 중종실록, 송은도씨가 제출한 진천송씨 정해보 중 송안정을 참고바랍니다.

이용자가 알려 준 위의 정보를 토대로 중종실록 기사를 검색하니 다음과 같은 기사가 있었다.

병조 판서 양연(梁淵)이 아뢰기를, "만호(萬戶) 이분(李芬)은 자급(資級)이 건공장군(建功將軍)인데, 지금 별시에 장원을 하였습니다. …… 지금 탁영시 합격자 중 전 현령(縣令) 김전(金澱)과 권지봉사(權知奉事) 송순령(宋舜齡)은 파직당한 사람인데 아직 서용하지 않았고, 전 판관 오흡(吳滃), 전 권지봉사 정세필(鄭世弼)과 박견(朴堅)은 모두 하등(下等)을 한 사람인데, 어떻게 해야 합니까?" (『중종실록』 88권, 1538년 9월 23일)

즉 "1538년 탁영시"에서 이분, 김전, 송순령, 오흡, 정세필, 박견 등이 급제하였다는 제보 내용이 사실이었음을 알 수 있다. 그리고 같은 해 기사에 "무과(탁영시)를 실시하여 전유담(全有淡) 등 23인을 뽑았다"는 내용이 있는 것으로 보아 탁영시 급제 인원은 총 23인이고, 이 두 기사를 바탕으로 총 5인의 급제자의 이름과 급제시기, 급제자의 전력 등을 확인하고 족보 등을 참조하여 본관 등을 다음과 같이 복원하였다.

〈표 2〉 복원된 1538년 탁영시 급제자

급제자	등급	전력	본관	자(字)	호	부
전유담 (全有淡)	갑과					
김전 (金澱)	을과	현령(縣令)				
송순령 (宋舜齡)	을과	권지봉사 (權知奉事)	진천 (鎭川)			송린 (宋麟)
박견 (朴堅)	병과	권지봉사 (權知奉事)				
정세필 (鄭世弼)	병과	권지봉사 (權知奉事)	영일 (迎日)	백훈 (伯勳)	임헌 (林軒)	
오흡 (吳潝)	병과	판관(判官)				

여러 사람이 공개적으로 협력하여 자료를 복원함으로서 생기는 장점은 또 있다. 복원 과정을 여러 사람이 동시에 보기 때문에 서로의 주장이 교차 검증이 될 수 있다는 점이다. 아래는 문집에 있는 과거 급제 기록을 가지고 무과를 복원하자는 한 참여자에 대하여, 다른 참여자가 문집의 오류 가능성을 지적하면서 그 보완책을

같이 제시해 주는 사례이다.

No. 12427 [기타의견] 문집의 기록을 믿기 어려운 사례 소개(魯認)

글쓴이 : 정○○　등록일 : 2013-12-15

금계집에 따르면 노인(魯認)은 만력 임오 1582년에 진사가 되었다고 하며, 백과사전도 이를 답습한 내용을 소개하고 있습니다.

『錦溪集』 卷之四 附錄 〈行狀〉 [李敎源]

先生姓魯 諱認 字公識 號錦溪

萬曆壬午 中進士 文章行義 爲世所推 乙酉 薦除別提

그런데 정작 그 해의 온전한 방목에는 魯氏가 한 명도 보이지 않습니다. 『금계집』에는 1822년 발문이 붙어 있고 행장은 1777년생 이교원(1814년 문과급제)이 작성한 것인데, 이교원은 1566년생인 노인보다 200년 이상 후대의 인물입니다. 후대에 기록된 단 하나의 출전 근거를 가지고 소급해서 판단하면 틀릴 수도 있다는 점을 보여주는 사례라 하겠습니다. 그러나 얼마나 상세한 기록인가, 복수의 문헌 근거가 있는가, 찬자가 신인도 높은 인물인가, 당대 기록인지 등을 종합적으로 고려하면 문집도 충분히 근거로 채택할 수 있을 것입니다.

향후에는 사료 내용 제보라는 유형의 참여를 통해 정리되는 자료가 점증할 것으로 예상된다. 즉 여러 자료의 내용 중에 드문드문 수록된 내용을 가지고 급제 기록을 복원할 수 있도록 그 내용을 알려주는 식의 참여가 많아질 것으로 추정된다. 현재까지 확인된 무과방목은 거의 정리되었기 때문에 정리되지 않은 새로운 방목을 발굴하는 것은 드물 것이기 때문이다.

4. 무과 급제자 복원 과정과 사례

자료 수정 및 복원은 주로 게시판에서의 소통을 통해 이루어진다. 사례를 하나 살펴보자. 먼저 이용자가 다음과 같이 요청을 한다.

> No. 2212. 무과합격자 본관 및 인물정보 수정보충요청
> 글쓴이 : 안○○. 등록일 : 2010-02-12
> 안신명 [무과] 선조 27년(1594) 갑오 별시(別試) 병과(丙科) 379위
> 위 인물 무과방목에 인물정보 오류수정 및 추가를 요청합니다.
>
> 안신명(安信命) 본관수정: 경주 -> 광주(廣州).
> 생졸년 : 1575-1636. 자 : 君實. 호 : 梅竹軒. 부 : 璟. 자 : 悓. 悌.
> 위 인명은 선조조 임진란 정유재란에 軍功이 탁월한 인물임. 방목기록에 慶州라 한 것은 (글자가) 廣州와 비슷하며 당시 거주지가 경주이기 때문임.

이용자로부터 이와 같은 불분명한 요청이 있을 경우 담당자는 이러한 사실을 입증할 수 있는 추가 자료를 요청한다. 이 때 보통 현대에 편찬된 2차 사료보다는 1차 사료를 요청하는데, 자료 대신 다음과 같은 식의 답변이 올 경우도 있다.

> No. 2223 [수정요청] 무과합격자 안신명에 관한 확인자료.
> 글쓴이 : 안○○. 등록일 : 2010-02-16
> 안신명(安信命)의 본관을 경주(慶州)가 아니라 광주(廣州)로 수

정해 줄 것을 요청하는 것입니다. 현재 "무과의 성관별 합격자 목록"에서 경주(慶州) 안씨(安氏) 8명중에 안신명이 있음은 오류이므로 광주(廣州)로 수정해 주시기 요청하는 것입니다. 즉, 경주안씨 목록에서 광주안씨 목록으로 옮겨주십시오. 아울러 생졸년을 추가해 주시기 바랍니다. 안신명공은 광주안씨 매죽헌공파(梅竹軒公派)의 파조(派祖)입니다. 이런 기록은 광주안씨 씨족사에 분명하며 그 기록은 족보와 문중기록에 분명합니다.

담당자의 요청에 대해 이용자가 위와 같은 증빙 글을 올린다. 위의 글은 이용자 개인의 의견이고 또 1차 사료가 뒷받침되지 않은 것이어서 재차 1차 사료의 제공을 요청한다.

No. 2254 [수정요청] 무과합격자 安信命의 廣州安氏 족보기록 자료

글쓴이 : 안○○. 등록일 : 2010-02-20 조회수 : 80

안신명의 족보기록 사진 자료를 제시합니다. 광주안씨世譜(1738년) 및 광주안씨대동보(1983년) 사진파일을 첨부합니다. [01.광주안씨世譜.JPG, 02.광주안씨대동보.JPG]

이러한 상호 증빙 과정을 거치고 나서 최종적으로 자료가 복원된다. 그러나 이 과정을 거쳐 한 번 수정한 자료라 할지라도 새로운 자료가 발견되면 위와 같은 과정이 되풀이 된다. 아래의 그림은 이 과정을 한 눈에 보여주는 실제 사례이다.

2209	수정요청	무과합격자 본관 및 인물정보 수정보충요청	안
2219	수정요청	RE 관련 자료를 올려 주십시오.	양
2223	수정요청	RE 무과합격자 안신명에 관한 확인자료.	안
2235	수정요청	RE 족보의 해당 부분을 찍어 올려 주십시오.	양
2248	수정요청	RE 안신명(安信命)의 본관 수정요청자료	안
2251	수정요청	RE 참고한 문헌을 정리하기 위해서입니다.	양
2254	수정요청	RE 무과합격자 安信命의 廣州安氏 족보기록 자료	안
2260	수정요청	RE 고쳤습니다.	양

〈그림 2〉 자료 수정 및 복원 요청 처리 사례

그런데 그림에서 보듯이 담당자와 참여자가 답변 - 재답변의 과정을 반복하면서 지속적으로 의견을 교환하기 위해서는 담당자의 전문성과 참여자의 적극성이 긍정적으로 조화되어야 한다. 조선왕조실록 같이 역사 연구자나 일반인 모두 이용하는 서비스의 이용자 참여글(오류 수정요청 건수) 수가 8년간 13,061건[11]임을 고려하면 인물정보 단일 서비스의 이용자 참여글 수가 같은 기간에 6,700여 건이 넘은 것은 참여자가 매우 적극적임을 반증해 주는 것이라 할 수 있다.

5. 무과 급제자 정보 복원 결과

위의 과정을 거쳐 복원된 무과 급제자 개요를 살펴보자. 우선 2005년과 2008년 두 차례에 걸친 국가DB 사업을 통해 1차 정리된 무과 급제자는 23,859명이었다. 그리고 위에서 언급한 여러 가지

11) 국사편찬위원회, 『조선왕조실록』 온라인 서비스(sillok.history.go.kr), 2014년 7월 20일 검색 기준.

방식을 거쳐 추가로 복원된 인원은 2,755명이다. 이 중 1차 구축 후 이용자 제보 및 자료 제공 등의 형식으로 추가로 발굴하여 정리된 무과방목의 내역은 다음과 같다.

〈표 3〉 2007년 이후 발굴된 무과방목

번호	시험년	방목명	급제자(명)
1	1528	嘉靖七年戊子九月日別試榜目	17
2	1577	萬曆五年丁丑十月初六日文武科別試榜目	34
3	1588	萬曆戊子文武榜目	28
4	1589	己丑增廣龍虎榜目	28
5	1599	己亥春庭試龍虎榜目	206
6	1599	己亥秋別試榜目	152
7	1602	萬曆三十年壬寅年十月二十二日文科榜目	102
8	1612	壬子增廣文科榜目	28
9	1629	己巳別試榜目-崇禎二年己巳皇太子誕生別試	162
10	1635	崇禎八年乙亥九月初四日謁聖文科榜目	4
11	1639	己卯龍虎榜目	20
12	1651	辛卯三月二十八日文武庭試榜目	56
13	1670	庚戌秋文武科別試榜目	365
14	1679	己未庭試榜	23
15	1694	甲戌別試龍虎榜目	170
16	1697	丁丑庭試文武科榜目	160
17	1711	辛卯文科榜目	100
18	1712	壬辰庭試別試榜文武科榜目	271
19	1787	崇禎三丁未春合慶庭試文武榜目	148
계			2,074

그리고 이용자가 제보해 준 내용에 따라 1402년부터 1468년까지의 조선왕조실록DB 및 국조문과방목 등의 무과 장원 명단을 참고하여 무과 급제자를 정리하였다. 다음은 실록 등의 기사를 참고하여 추출한 것으로서 정리된 인원은 비록 소수이기는 하지만 모두 60명이 넘는다. 이 결과와 다른 자료와의 지속적인 교차 확인 과정은 계속될 것이다.

〈표 4〉 조선왕조실록에 근거하여 복원한 조선 초기 무과 급제자

번호	이름	시험년	등위	본관	전력	급제자(명)
1	성달생(成達生)	1402	1			
2	장온(張蘊)	1402	제4		감무(監務)	
3	윤하(尹夏)	1402				
4	이천(李蕆)	1402				
5	하경복(河敬復)	1402		진주		
6	강유(姜裕)	1405	1			
7	황상(黃象)	1405	1			28
8	마희성(馬希聲)	1408	1			
9	윤하(尹夏)	1410	1		대호군(大護軍)	33
10	성달생(成達生)	1410	2			
11	하경복(河敬復)	1410		진주		
12	이천(李蕆)	1410				
13	김득상(金得祥)	1411	1			28
14	유승연(柳承淵)	1414	1		사정(司正)	
15	주맹인(周孟仁)	1416	1		부사직(副司直)	
16	이징석(李澄石)	1416	제2		사복소윤(司僕少尹)	
17	오익생(吳益生)	1416	제3		호군(護軍)	
18	이징옥(李澄玉)	1416	1		부사직(副司直)	

번호	이름	시험년	등위	본관	전력	급제자(명)
19	허수강(許壽康)	1416	제2		학생(學生)	
20	배양덕(裵陽德)	1416	제3		부사정(副司正)	
21	윤인부(尹仁富)	1416				
22	박종현(朴從賢)	1417	제3			
23	전선생(田善生)	1417	1			28
24	남우량(南佑良)	1419	1			28
25	배찬(裵欑)	1423	1			28
26	김의지(金義之)	1423				
27	이허(李栩)	1423				
28	이종번(李宗蕃)	1426	1			28
29	홍사석(洪師錫)	1427	1	남양		10
30	박연세(朴延世)	1427	1			
31	이중번(李重藩)	1427	1			
32	설유(偰猷)	1427	1			
33	조석강(趙石岡)	1432	1			
34	김수연(金壽延)	1434	1			10
35	설효종(薛孝宗)	1435	1			29
36	이종번(李宗蕃)	1436	1			12
37	이원손(李元孫)	1438	1			28
38	김요(金鐃)	1439	1			7
39	권숭후(權崇厚)	1441	1			28
40	박거겸(朴居謙)	1442	1			
41	강상보(姜尙甫)	1444	1			28
42	김정언(金精彦)	1447	1			18
43	민유(閔諭)	1447	1		사정(司正)	21
44	이양재(李樑材)	1447	1			28
45	유균(柳均)	1450	1			28
46	김계원(金繼元)	1453	1			28

번호	이름	시험년	등위	본관	전력	급제자(명)
47	어유소(魚有沼)	1456	1	충주		
48	남이(南怡)	1459	1	의령		
49	장효손(張孝孫)	1459	1			
50	박중선(朴仲善)	1460	1	순천		51
51	문맹손(文孟孫)	1460	1			1813
52	남이(南怡)	1460		의령		
53	유점(柳塾)	1460				
54	한치례(韓致禮)	1460				
55	박숙선(朴叔善)	1460				
56	봉계손(奉繼孫)	1460				
57	김계남(金繼南)	1460				
58	최적(崔適)	1466	1			41
59	금휘(琴徽)	1466	1			
60	남이(南怡)	1466		의령		
61	이병정(李秉正)	1466	1			
62	정사희(鄭賜禧)	1468	1			28

여기에 복원 상세 내역 전체를 제시하지 못했지만, 이와 같은 과정을 거쳐 현재 26,614명의 무과 급제자 명단 및 관련 신상 정보가 복원되었다. 전체 급제자를 약 15만 명으로 추정할 경우 복원된 자료의 전체 비율은 약 17.8%정도이며 이용자의 참여 정도에 따라 계속적으로 그 수치는 증가할 것으로 여겨진다.[12)]

12) 참고로 2014년 7월경에 500여명이 급제자가 수록된 『崇禎三乙卯秋合六慶慶科庭試文武科殿試榜目』(1795년도 정시 무과)을 이용자가 제보해 주었으나 논문 집필 시점의 차이로 인해 이 통계에는 포함시키지 않았다.

〈표 5〉 복원된 무과 급제자 개요 (2014년 6월 현재)

구분	복원된 급제자수
2006년 무과방목 최초 정리	10,068
2008년 무과방목 추가 정리	13,791
신규 방목 발굴	2074
기타 사료(실록 등)	681
계	26,614

V. 무과 급제자 복원에 나타난 집단지성의 조건

모든 상황에서 집단지성이 긍정적으로 작용하는 것은 아니다. 참여자들 간에 첨예한 이해 대립이 발생하여 지성이 분열하는 상황도 발생할 수 있다. 이러한 대립은 국가, 지역, 혈연에 따른 이해와 관련된 내용일수록 그 강도가 심해진다. 그렇다면 위에서 살핀 것과 같은 긍정적인 결과를 가져온 집단지성을 형성할 수 있었던 조건은 무엇일까? 무과 급제자 정보의 복원 사례를 바탕으로 분석하면 다음과 같이 정리될 수 있다.

첫째, 가치 판단을 최대한 배제할 수 있는 "기초 자료" 복원이라는 상황이 가장 적합하다. 연구 결과의 집필이나 평가 등에는 참여자의 가치가 개입될 수 있다. 특히 관련 주제에 첨예하게 대립되는 쟁점이 있는 경우는 참여자간 대립을 야기하여 소기의 성과를 거두기 힘들 수 있다. 무과 급제자 정보는 연구자의 주관적인 생각을 집필이라는 형태로 문서화 하는 것도 아니며 생성되는 자료의 형태도 단순하다. 또한 다른 자료와 교차 확인이 가능한 경우가 많아 복원 과정에 참여자의 가치가 개입될 수 있는 여지가 작다.

둘째, 열성적이고 자발적인 참여자가 있어야 한다. 이를 마케팅에서는 "충성고객"이라 한다. 인물정보 게시판에 글을 올린 이용자 중에 100번 이상 올린 이용자는 2014년 7월 현재 12명이었다. 20번 또는 30번 이상 올린 이용자까지 합하면 그 수는 더 많다.

〈표 5〉 인물정보 주요 이용자별 게시글 통계

번호	이름	게시글 수
1	이○○	776
2	이○○	711
3	정○○	461
4	장○○	323
5	이○○	238
6	이○○	157
7	정○○	153
8	민○○	139
9	안○○	138
10	안○○	130
11	오○○	112
12	박○○	112

셋째, 집단지성 형성에 참여할 사람들을 모음과 동시에 이탈하지 않도록 잡아둘 수 있는 구심점이 있어야 한다. 그 구심점이 공신력이 있으면 참여자를 끌어 모으는 힘은 더욱 커질 것이다. 이러한 구심점은 현실 세계에 있는 "조직"일 수도 있고, 사이버 공간에 존

재하는 "인터넷 커뮤니티"가 될 수도 있다. 이 논문의 관점에서는 분석 대상인 한국역대인물종합정보시스템이 그러한 구심점 역할을 할 수 있었다고 여겨진다. 이 데이터베이스는 수록된 자료의 양도 가장 방대하며 제공되는 정보도 거의 유일한 것이다. 또한 10여년을 꾸준히 운영함으로써 집단지성을 응집시키는 신뢰성을 확보할 수 있었다고 판단된다. 때문에 특별한 메리트를 제공하거나 이벤트성 홍보를 하지 않아도 자발적인 방문자를 꾸준히 끌어당길 수 있는 구심점이 될 수 있었던 것이다. 이상의 세 가지 조건은 "집단지성적인 지식 생산이 가능하려면 자발성, 다양성, 목적성이 충족되어야 한다"[13]고 유용민 등이 지적한 조건과 유사하다. 필자는 여기에 하나를 더 추가하고자 한다.

즉, 넷째로 참여자를 "꾸준히" 조직하고 안내하고 더 나아가 혹시 있을 수도 있는 갈등을 합리적으로 조정할 수 있는 전문가가 있어야 한다. 인물정보는 출범 초기부터 이용자와의 상호작용을 전담할 운영자를 두었고 지금까지도 그 담당자가 변함없이 운영하고 있다. 그 결과 자료 관리 및 이용자와의 상호작용과 관련한 전문성이 매우 향상될 수 있었다. 업무 담당자를 수시로 교체하는 공직 사회를 고려해 보면 이것은 매우 어려운 일일 수도 있다.

---

13) 유용민・김성해・심영섭, 「블로그와 글로벌 공론장 : '그리스 위기' 담론에서 집단지성의 가능성과 한계」, 『사이버커뮤니케이션 학보』 28(2), 2011, 44쪽.

Ⅵ. 결 론

집단지성은 정보기술의 발전으로 태동한 후 사회과학 분야에서 주로 사용된 용어이지만, 생소해 보이는 역사학 분야 특히 사료 및 사전편찬 분야에서도 관심을 둘 만한 용어이다. 하지만 모든 부분에서 집단지성이 유용하고 긍정적으로 작용하는 것은 아니다. 이러한 한계를 인식하고 이 논문에서는 참여자의 주관적 평가를 가능한 배제할 수 있는 분야, 특히 흩어져 있는 자료를 수집하여 원형을 복원하는 부분에서 집단지성이 긍정적 역할을 할 수 있는가를 살펴보았다. 그 결과 집단지성을 활용하여 여러 곳에 흩어져 있는 사료를 모아 무과 급제자 정보를 복원한 사례를 분석한 후 집단지성의 긍정적인 면을 확인하였다. 급제자 전체가 하나의 책으로 정리된 문과와 달리 자료가 전 세계에 산재해 있는 무과 급제자 정보를 수집하고 집대성하는 일은 집단지성의 긍정적 기능을 확인하는데 매우 부합하였다. 다만 유명인들의 문집(文集), 『무보(武譜)』, 『선전관청천안(宣傳官廳薦案)』과 같은 군사 관련 사료와 조선시대 족보 등에도 무과 급제 기록이 많이 있는데 이를 활용할 방안에 대해서는 추가적인 연구가 더 필요하다.[14)]

역사 자료를 복원하거나 역사의 주체가 되는 인물의 행적을 복원

14) 우리나라의 역대 문집들을 종합적으로 검색할 수 있는 한국고전번역원 한국고전종합DB에서 "무과 급제"라는 두 단어를 검색한 결과 2,074건의 결과가 제시되었다. 제시된 모든 것이 무과 급제 기록 복원에 활용할 수 있는 의미 있는 결과일 수는 없지만, 문집에도 상당한 무과 급제기록이 있을 것으로 추정할 수 있는 근거가 된다. 한국고전종합DB(http://db.itkc.or.kr, 2014년 7월 20일 기준) 참고.

하는 것은 역사 연구의 기초가 된다. 과거에는 이것이 열정을 가진 소수의 연구자 개인의 역량에 많은 부분을 의존하였다. 이로 인해 연구 결과의 질적 차이도 많았고 연구의 진척도 느릴 뿐 아니라 복원되어 축적되는 정보의 양에도 한계가 있을 수밖에 없었다. 또한 그 결과를 검증하기도 쉽지 않았다. 그러나 인터넷을 통해 수많은 연구자 및 관심 있는 일반인들이 한 주제에 대하여 집단지성의 핵심이라 할 수 있는 협업과 토론[15]을 통해 역사 자료의 복원은 더욱 탄력을 받을 수 있게 되었다. 이러한 사례는 많은 부분에서 현실화되고 있다.

그런데 이러한 긍정적 환경은 조건 없이 이루어지는 것이 아니다. 현대의 정치적 사건과 관련된 위키피디아 항목 서술에서 드러나듯이 참여자들의 가치관 대립으로 인해 콘텐츠의 신뢰성에 문제가 발생할 수도 있다. 하지만 가능한 원 자료를 복원하는데 초점을 맞추는 식으로 집단지성의 역할을 한정하면 그 결과는 매우 긍정적일 것이다.

---

15) 황주성, 「집단지성의 유형에 따른 참여자 특성분석 : 위키백과와 지식iN에 대한 한미 비교연구」, 『사이버커뮤니케이션 학보』 27(4), 2010, 273쪽.

〈참고 문헌〉

『국조문과방목』, 『崇禎三年甲寅春謁聖文武龍虎榜目』, 『壬辰庭試別試榜文武科榜目』 등 방목류.

나영일, 『무과총요 연구』, 서울대학교출판부, 2005.

유용민・김성해・심영섭, 「블로그와 글로벌 공론장 : '그리스 위기' 담론에서 집단지성의 가능성과 한계」, 『사이버커뮤니케이션 학보』 28(2), 2011.

유은호, 「집단지성 및 백과사전의 한계, 그리고 미래 : 한국어 위키백과와 집단지성 위키들을 중심으로」, 한국사전학회 학술대회 발표논문집, 2012.

이남희, 「과거제도, 그 빛과 그늘」, 『오늘의 동양사상』 18, 2008.

정해은, 「조선시대 무과방목의 현황과 자료적 특성」, 『군사』 47, 2002.

정해은, 「朝鮮後期 武科 及第者 硏究」, 韓國精神文化硏究院 韓國學大學院 박사학위논문, 2002.

최항섭, 「레비의 집단지성 : 대중지성을 넘어 전문가 지성의 가능성 모색」, 『사이버커뮤니케이션 학보』 26(3), 2009.

한승희, 「집단지성을 활용한 시소러스 갱신에 관한 연구 : 위키피디아를 중심으로」, 『정보관리학회지』 26(3), 2009.

홍태영, 「지식과 권력 그리고 지식인 : 집단지성 시대 지식인의 새로운 상을 위하여」, 『현대정치연구』 6(1), 2013.

황주성, 「집단지성의 유형에 따른 참여자 특성분석 : 위키백과와 지식iN에 대한 한미 비교연구」, 『사이버커뮤니케이션 학보』 27(4), 2010.

「차길진 칼럼」, 『한국경제』, 2007년 11월 11일자.
위키피디아(http://www.wikipedia.org)
조선왕조실록(http://sillok.history.go.kr)
한국고전종합DB(http://db.itkc.or.kr)
한국민족문화대백과사전(http://encykorea.aks.ac.kr)
한국역대인물종합정보시스템(http://people.aks.ac.kr)

[*이 글은 동양고전학회 학술지 『동양고전연구』 56집(2014.9)에 수록된 것이다. 이후 동양학연구원 사전학총서 3집 간행의 취지에 부응하여 재수록하였다.]

필자 약력(원고 수록순)

1. 김지영

【主要履歷】

- 檀國大學校 中語中文學科 卒業, 北京大學 中文系 現代漢語(語法) 專業 碩士卒業
- 高麗大學校 中語中文學科 現代中國語 語法 專攻 博士修了
- 現在 檀國大學校 東洋學硏究院 編纂室 編纂員

【主要著作】

- 「『통합디지털한한대사전』의 DB구축과 온라인 사전편집기」, 『東洋學』 54, 2013.
- 「『통합디지털한한대사전』 DB구축과 웹서비스」(공저), 『한국학 사전편찬 방법론의 모색』, 고려대학교 민족문화연구원, 2013.
- 「現代中國語 支配式離合單位의 문법 특징에 대한 고찰」, 『中國語文論叢』 22, 2002.

2. 邵永海

【主要履歷】

- 北京大學 中文系 漢語專業 畢業(博士學位), 香港科技大學 文學院 博士後硏究
- 現在 北京大學 中國語言文學系 教授

【主要著作】

- 「“君美甚”的層次構造及其相關問題」, 『語言學論叢』 第36輯, 商務印書館, 2007.
- 「《韓非子》中的使令類遞系結構」, 『語言學論叢』 第27輯, 商務印

書館, 2003.
- 「"枕之股"的語義與句法」, 『語言學論叢』 第25輯, 商務印書館, 2002.
- 「《韓非子》中"多"的語義與句法」, 『漢語史論文集』, 武漢出版社, 2002.
- 『中國山水文化大觀』(共著), 北京大學出版社, 1995.

3. 沖森卓也

【主要履歷】
- 東京大學 文學部 國語國文學科 卒業, 東京大學 文學一般(文學博士)
- 現在 立教大學 文學部 教授

【主要著作】
- 『上宮聖徳法王帝説』(共著), 吉川弘文館, 2005.
- 『出雲国風土記』(共著), 北山川出版社, 2005.
- 『三省堂五十音引き漢和辞典』(編著), 三省堂, 2004.
- 『文字と古代日本(全5巻)』(共編), 吉川弘文館, 2004.
- 『ベネッセ表現読解国語辞典』(共編), ベネッセコーポレーション, 2003.

4. 許學仁

【主要履歷】
- 國立臺灣師範大學 國文研究所(文學博士)
- 現在 臺灣 國立東華大學 中國語文學系 教授

【主要著作】
- 「從'拆白道字'看漢字結構分析與別裁」, 『東華漢學』 第14輯, 2011.
- 「出土文獻中的孔門弟子形象瑣記」, 『國際儒學研究』 第17輯, 2010.
- 「"存古"與"合時"—兩漢至唐代之正字運動管窺」, 『傳統中國研究集刊』 第7輯, 2010.
- 「山東臨沂銀雀山漢簡《定心固氣》疏義」, 『2010年海峽兩岸儒學交流研討會論文集』, 中華孔孟學會, 2010.
- 「漢字教學的理據與策略」, 『中國文字學報』 第3輯, 2010.

5. 金昌謙

【主要履歷】
- 嶺南大學校 國史學科 卒業, 成均館大學校 大學院(文學博士), 韓國史 專攻
- 現在 韓國學中央研究院 首席研究員, 新羅史學會 會長, 文化財廳 文化財專門委員

【主要著作】
- 「신라 경순왕의 가계와 그 신분」, 『신라문화』 44, 2014.
- 「9세기 신라인의 출현에 대한 일본의 대응」, 『신라사학보』 28, 2013.
- 『흥무대왕 김유신 연구』(공저), 경인문화사, 2011.
- 『지역문화 콘텐츠 제작의 실제』(공저), 북코리아, 2009.
- 『한국민족문화대백과사전 수록 인물 추가 선정방안 연구』(공저), 한국학중앙연구원, 2008.

6. 이건식

【主要履歷】
- 檀國大 國語國文學科 卒業, 檀國大 大學院 國語國文學科(文學博士)
- 現在 檀國大學校 國語國文學科 教授, 東洋學研究院 編纂室長

【主要著作】
- 「『經國大典註解』의 系統과 國語 語彙에 대하여」, 『국문학논집』 22, 2013.
- 「均如 鄕歌 請轉法輪歌의 내용 이해와 語學的 解讀」, 『구결연구』 28, 2012.

- 「朝鮮 時代 文獻 資料에 나타난 말의 部分 毛色 名稱 借用語의 起源에 대하여」, 『국어학』 64, 2012.
- 「『華嚴經傳記』 德圓傳과의 내용 비교를 통한 「新羅華嚴經寫經造成記」 語彙의 해독 재고」, 『구결연구』 29, 2012.
- 「한국 고유 한자 旀의 시대별 용례와 始原的 意味」, 『국문학논집』 21, 2011.

7. 양창진

【主要履歷】

- 韓國學中央硏究院 韓國學大學院 政治學科(政治學博士), 電子政府論 專攻
- 現在 韓國學中央硏究院 韓國學學術情報館 資料情報化 室長, 責任硏究員

【主要著作】

- 「조선시대 무과 급제자 정보화 사례 연구」, 『동양고전연구』 56, 2014.
- 『한국학 사전 편찬 방법론의 모색』(공저), 고려대학교 민족문화연구원, 2013.
- 「한국 고전(古典) 영문 명칭 DB 구축 및 공유 방안 연구」, 『통번역학연구』 16권 1호, 2012.
- 「포털 사이트의 사전과 학술 정보 연계 검색 방안 연구」, 『정보관리학회지』 28권 1호, 2011.
- 「학술 논문의 주제어 표기 및 활용방안 연구」, 『인문콘텐츠』 19호, 2010.